六庵
文库

排序按作者姓氏笔画：

问题驱动的
广义修辞论

谭学纯　著

人民出版社

教育部人文社科规划基金项目（15YJA740039）
资助成果

序

陆游诗曰:"呜呼大厦倾,孰可任梁栋? 愿公力起之,千载传正统。"(《喜杨廷秀秘监再入馆》) 这四句吟论,反映了诗人对传统学术正脉的孜孜追求,也俨然是中国古代正直知识分子学术情操的典型写照。清儒方东树所谓"表人物,正学脉,综名实,究终始"(《刘悌堂诗集序》),方宗成云:"标名家以为的,所以正文统也"(《桐城文录序》),皆合斯旨。因此,我常想,对先辈优秀学者的最好纪念,莫过于承传其学术,弘扬其文绪。

一所百年高校,必有深厚的学术蕴蓄。福建师范大学创校于清光绪三十三年(1907),百余载间,英贤辈出,晖光日新。若如国学宗师六庵先生者,其宏敷艺文的纯风休范,允属我校文学院在特定时期中国古代文学学科建设的学术标帜。记得他在二十世纪五十年代所撰诗有"及门子弟追洙泗,开国文章迈汉唐"之句,多年来为学界识者所激赏,盖缘诗句抒发了一位敦厚学者对所从事的教学和著述事业的豪迈情怀。

先师六庵教授,姓黄氏,讳寿祺,字之六,自号六庵,学者称六庵先生。民国元年(1912)生于福建霞浦,公元1990年卒于福州。早岁游学北平中国大学国学系,师事曾国藩的再传弟子尚节之(秉和)及章太炎的高足吴检斋(承仕)等著名学者。曾执教于北平中国大学、华北国医大学、国立海疆学校、福建省立师范专科学校等高校,1949年以后,长期担任福建师范大学(初名福建师范学院)中文系教授、系主任、副校长等职,兼任福建省政协常委、福建文学学会会长、福建诗词学会会长、中国周易学会顾问等。先生毕生以教书育人为己任,敦于培才,勤于著述;精研群经子史,尤深于《易》;通贯诗律,博赡文词。有《群经要略》、《易学群书平议》、《汉易举要》、《周易译注》、《楚辞全译》、《六庵诗选》等行世。

学科建设,固需旗帜,更需队伍,尤其是组建能承前启后的优质学术团队。我校文学院各学科的建设多年来卓有成效,蜚声海内外,端赖于有这样的体认和措施。如现代文学学科以桂堂先生为旗帜,形成了坚壮的学术群体;古代文学学科以六庵先生为旗帜,聚合着谨实的科研力量。今文学院以六庵、桂堂的名义编为文库,分别捃采古代与现代文学两大学科群中诸多学者的学术成果,汇集出版,其用意宜颇深厚:既可缵绍前修,又堪率勉后学,于我院将来学科建设的进一步发展,及与学术界的多方交流共谋进步,应当均有重要意义。

《六庵文库》初辑,汇合了我院古代文学学科文学专业与语言专业十二位教授的学术著作,人各一集。其中治古文学专业者六,有陈庆元《文学文献:地域的观照》,述八闽文学之史迹;郭丹《经典透视与批评》,探索先秦两汉文学经典之源头与精华;李小荣《晋宋宗教文学辨思录》,寓佛道文学之潭思;欧明俊《古代文体学思辨录》,作各类文体之谛辨;涂秀虹《叙事艺术研究论稿》,论古代小说戏剧叙事之精义;拙稿《学约斋文录》乃滥厕其间,略抒关乎旧学的些微浅见,未足道也。治语言专业者亦六,有马重奇《汉语音韵与方言史论稿》,判析音韵而兼及方言;谭学纯《问题驱动的广义修辞论》,宏拓修辞而绎寻新义;朱玲《中国古代小说修辞诗学论稿》,推扬修辞而衍及诗学;陈泽平《福州方言的结构与演变》,专注一域而精研其语;祝敏青《文学言语的修辞审美建构》,立足文学而考鉴修辞;林志强《字学缀言》,辨字考文而泛涉金石。凡诸家所论撰,皆不离本学科范畴,其学术造诣之浅深若何,固有待于学界确评,但其中所呈现的克承前辈学风,商兑旧学、推求新知的精神,则是颇为鲜明的。

我曾忝列六庵先生门墙,1982 年研究生毕业后即留校任先生的学术助手,直至先生辞归道山。回思数十年的为学历程,每前行一步,都凝聚着先师培育的心血。今承命为《六庵文库》制序,不胜厚幸之至,因就文库的编纂始末,略书数语,以赞明其意义。同时,也藉此企望与学界同道共勉互励,取长补短,为踵继先辈学者的优良学风,"传正统"、"正学脉",而共同奉献绵薄之力。

张善文谨述于福州

公元 2014 年 7 月岁在甲午大暑后三日

目　录
C O N T E N T S

导言　中国修辞学：学科之问和学术之问

　　国内语言学其他子学科的学者对修辞学的印象见仁见智，其中有一种评判出自陆俭明教授。这位来自中国第一学府的学术高富帅，学科观察直击修辞研究之"**难**"与"**挑战性**"："**修辞研究关乎提高国民语文素养的大问题。而修辞研究比起语音研究、词汇研究、语法研究来，应该说其难度要大得多。**"（黑体字为引用者标示）理由是：

　　　　修辞研究要求研究者要综合具有较好的有关语言学、文学、美学、哲学、心理学知识，语言学方面又要求具有修辞学、语法学、词汇学、语义学、语用·篇章学、认知语言学等多方面的知识，这样，修辞研究才能不断向纵深发展，才能对语言学理论作出它应有的贡献。①

这里所说的研究主体的知识结构，隐藏着中国修辞学科复杂的问题链。

　　分析中国修辞学科的问题链，需要追溯历史，也需要正视现实；有客观原因，也有主观原因；受学术体制的规约，也受学术"生产—消费"模式在学科大生态的哪一个层级运作之影响；甚至可能触及一些灰色地带。在错综复杂的背景和关系中，本书采用"问题意识驱动话题提炼"的框架设计，篇章标题均以"问题驱动的XX研究"为纲；各章首节标题均以"问题意识"提炼

---

　　① 　陆俭明：《汉语修辞研究深化的空间》，《福建师范大学学报》2008年第2期。

话题,上篇侧重"学科之问";下篇侧重"学术之问"。全书直面一个核心问题;围绕三个关键词挖掘派生问题;结合理论与应用,探索解决问题的可能性。

问题链的逻辑起点,是修辞学的学科身份,以及与之相关的学科认知。

中国修辞学在语言学科注册而游离于语言学的学科结构,问题出在哪里? 问题的核心是什么? 问题之间如何相互缠绕? 由于修辞学与"交叉学科/跨学科/多学科"的关联度极高,修辞学的学科生态大于修辞学在现行学科目录中被规定的学科外延,这一重要的学术事实未经充分阐释。为此有必要再思考:"交叉学科/跨学科/多学科"等掩盖的学科认知理据,及其在何种意义上与"修辞学"关联? 这种关联如何在修辞学的学科性质和学术视野、学科生态和学术空间等不同层面产生多米诺骨牌效应? 由此转动的学术魔方如何影响着学科利益、学术资源、学术体制相互制衡、相互协调、共同作用的活动和文化资本的博弈?

受学科身份影响的学科建设和学科发展,如何理性面对学术评价? 学术评价的观测点应该是学术成果? 还是学者? 或是学科? 抑或上述观测点对应于不同权重的综合考量? 学术体制的正能量应该激发学术创新意识? 还是驱动学科投胎意识? 前者重视学术研究的主体,后者重视学术研究的平台。后者的部分合理性是否掩盖着学术人对学科红利的期待? 是否会引导学术人追逐能够发放学科红包的强势学科? 以致淡化一个常识:学科强弱和学者研究能力强弱,不呈现正相关;强势学科的学术资源相对充足,但成果产出与资源富足程度也不一定呈现正相关。我曾经设想:中国学术体制能不能借鉴世界顶级足球俱乐部的运作模式? 皇马、巴萨、拜仁,拥有高身价的教头,汇聚了来自不同国家的优秀球员,不管这些球员是出自豪门,还是起于草根。这样的运作机制,推进着全世界参与人数最多的体育运动,并且像好莱坞"后电影产业"一样,充电"后足球产业",例如阿迪达斯的兴旺,例如欧冠、西甲、世界杯赛事现场直播和转播激起的集体狂欢,包括世界杯举办国的经济效益。很遗憾,至少目前中国的学科建设做不到像足球俱乐部一样真正的开放性运作和最优化地选择人才资源。皇马可以为团队的每一个球员优选与自己一样优秀的伙伴,这一机制本身成为强势皇马的公共福利,但强势学科无法保证体制内的学者研究能力都很强。国内以学科分类为基础的学科组织模式和以**学科分割**为特征的科研管理模式面对的学术现实是:强势学科有研究能力很一般的学者;弱势学科有研究能力很强的学者——就像体育弱国牙买加有强势的短跑飞人博尔特。在这样的情况下,评价强势学科或弱势学科,评价思路是"学科优先"? 还是"成果优先"? 就不能不涉及学术公正、评价合理的问题。

学科评价有很多参照指标,其中学术成果在学科主流期刊的显示度,一定程度上成为体制内学术界认知学科形象的权重指标之一。虽然国内学术界认定主流期刊的通行标准不一定能够完整地反映学科面貌,一些忽视学科特点及多种复杂因素的期刊计量统计,我们不盲从,但是需要正视学术市场的潜在逻辑。这个潜在逻辑是:主流期刊有一定的学术公认度→中国学术评价体制在有一定学术公认度的价值区间运作→体制内学者倾向于在有一定学术公认度的主流期刊发表研究成果。学术成果在学科主流期刊"在场"或"缺席"的表象,掩盖了未被追问的学术机制:观察同时涉足包括修辞学在内的语言学者的学术产品,除修辞研究成果之外的其他学术产品频见语言学主流刊物,而同一位学者体现同样学术水准的修辞研究成果,极少被语言学主流刊物接纳。这是修辞学出了问题? 还是其他方面出了问题? 或者问题不在于(至少不完全在于)这位学者的研究水准? 如果同样质地的一只股票,在香港交易,股票面值溢价;在内地交易,股票折价,甚至跌破发行价,那么究竟是股票出了问题? 还是其他方面出了问题? 或者是其他方面的问题在股票自身的问题中发酵?

这样说不是回避修辞学科自身的问题,事实上本书不乏严肃的自我反思和自我叩问:

修辞学科以什么样的方式体现问题意识和原创意识? 以什么样的姿态彰显修辞学研究的大气象、大格局? 如何召唤学理厚重、对社会公众生活介入力强、干预力强、解释力强的研究成果? 修辞学研究成果如何丰富学科封面可标示的学术看点? 如何延长学科成果的保鲜期? 作者的学术叙述能否让读者真切感受到提振中国修辞学科形象的气场? 当前写作的学术文本能否刺激下一次的预约? 能否让读者明白学术智慧因修辞思维而精彩? 读《共产党宣言》、读《家庭、私有制和国家的起源》,读者能否理解语言是思想的直接现实同时语言也参与建构着思想的现实——这是一个修辞哲学问题，修辞学研究如何证明并阐释这个问题？

基于交叉学科性质、体现跨学科视野、面向多学科共享学术空间的修辞学研究，如何在多元学术语境和价值坐标中把握相关学科的前沿走向和修辞学介入的可能性？如何融入多层级学术共同体构建的学科大生态？融入大生态的修辞学研究，学术逻辑是否清晰？实践路径是否清晰？学术逻辑与学术实践能否互相支持？预设情境中的学术设计与真实情境中的学术生产呈现什么样的关系？每一位修辞学研究者，都以自己的方式参与中国修辞学科史的书写，这种学术参与，如何汇聚为推动中国修辞学科发展的动能？

推动中国修辞学科发展，是修辞学界较关注的问题，但学术关注的方式不一样：

1. 以学术喊话的方式；

2. 以学术转播的方式；

3. 以自己的学术实践为基础、以自己的理论为支撑的学术呼吁。

我在尊重 1、2 的前提下选择 3。我以为学术喊话容易流于务虚的清谈；而学术转播的思想和观点，属于原创方，不属于转播方，转播权≠话语权。修辞学科需要脱虚入实的研究，需要有自己的学术思考和学术创新的研究。究竟如何推动修辞学科的发展？我愿意搁置抽象的争论，沉入具体的语言事实和文本事实，挖掘社会事件中的语言驱动能量，用研究成果表明理论倾向以及将这种理论倾向付诸学术实践的执行力。

学科以自身的特点而存在，更以体现学科特点的话语而存在。不同学科解释世界的方式有别，学术表达的话语面貌也有差异。这个问题对修辞学科来说至为重要，它提醒我们考虑：以什么样的话语推动中国修辞学的学科发展？

1. 遮掩修辞学科弱势形象，话语面貌"去修辞化"；

2. 直面修辞学科弱势形象，体现修辞学科的话语面貌。

我尊重 1 的存在，理解 1 的无奈，自己倾向于选择 2。我注意到一些研究范围属于修辞领域的学术产品变换了学术表达的关键词，以"去修辞化"的话语谈论修辞问题，这本身也是一种修辞行为，但映射出的是"哀修辞之不幸"的苦涩。推动中国修辞学科发展，不能想象学科面貌失语。"去修辞化"导致"修辞"成为隐身的学术符号,最终会不会导致"修辞"成为退出学术视线的学科符号? 会不会在修辞界学人的修辞韬晦中不知觉地自己黑了修辞学?

学科形象是国家形象的学术版本,与此相关的问题是:提振中国修辞学科形象,依托什么样的民族身份? 体现什么样的国家意识?

1. 基于西方中心论的"去中国化";

2. 基于全球视野的中国学术立场。

我尊重 1 作为学术思想的权利,自己选择 2。提振中国修辞学科形象,需要全球视野,但全球化≠去中国化。推助中国修辞学研究进入全球视野的前提,是对汉语事实的深度观察与深度解释,是继承传统学脉,用中国立场、中国智慧、中国声音与国际学术前沿对话。中国修辞学振兴之路,是每一位参与者共同踩出来的,不一定拷贝西方修辞学复兴的现成套路。在"去中国化"的学术表达和不失民族身份的学术表达背后,是思想的碰撞,也是价值取向的交锋。问题是我们以什么样的学术立场参与这种文化软实力的对垒?

问题链中的"去修辞化"和"去中国化",都体现为相应的学术话语,在修辞哲学的意义上,话语参与话语主体的精神建构,由此建构的主体精神,是有利于找回学科自信? 还是有可能滋生更强烈的学科自卑感?

如果说以上问题偏于宏观,那么,在微观领域,也存在融入学科大生态的修辞学研究如何体现自身解释力的问题——

在中医、文学、绘画、声乐、舞蹈、书法、建筑园林等不同场域,"气"是多学科共同使用的公共概念,但却是一个能指、若干个所指。同一个"气",在同一篇文献中,义位可能不止一次转移;在不同的文献中,义位转移的可能性更大。且意义含混有时未必观察得到,所以,"气"到底指的是什么? 进入不同语用环境的"气",有没有共同义素? 如果有,是什么? 有没有区别性义素? 如果有,如何区别? "气""味""势""骨""风""韵""象"之类的原初语义,如何经由修辞化路径进入艺术语义场和人的精神世界,成为不同场域的公共概念? 这些公共概念及其派生概念之间具有什么样的认知关联和纠葛? 其间的认知机制是什么? 如何发生? 如何演变? 如何描述? 如何解释?

　　问题驱动的广义修辞学研究关注学科前沿,也关注传统修辞学研究的主打品种辞格。面对辞格研究近年遭受的质疑,本书倾向于:从尊重学术史的角度看问题,应该承认辞格研究产生过高质量的成果;从正视学术发展的角度看问题,应该直面辞格研究遭致的诟病。前者提醒我们:继承修辞学研究传统是否等于在《修辞学发凡》出版八十多年后的今天复制当时的辞格研究模式?后者引发我们的思考与探索:后陈望道时代,辞格研究如何走出难局?

　　"人是语言的动物,更是修辞的动物",是我近年持续关注的问题,也是本书"接着说"的话题。修辞不断地延伸被抽象概括的语言屏蔽的认知空间,也可能不断地覆盖语言已经呈现的认知场所。普遍意义上作为语言动物的人,找到修辞动物的感觉,即修辞的意义生产过程、世界的修辞化建构过程,其建构机制、建构规则,作用于按修辞化的方式认知世界的经验主体。擅长悟性思维和诗性表达的中国人,在很多情况下,更多地以修辞化的方式与人对话,与自然对话,与神对话。即使在专门化的领域,例如在文论话语中,中国人也很少借助抽象概念表述世界,而常常以修辞化的生动形式抵达认知对象:比较"分叙"和"花开两朵,各表一枝"、"起伏"和"文似看山不喜平"之类的同义表达,表面上,这是"修辞动物"的"说法"更为生动;在深层折射的是"修辞动物"的"活法"更贴近鲜活的生命。这是我们的语言教育理念应该正视的文化事实,也是我们的语言教育实践应该面对并积极解决的现实问题。从这个意义上说,语言教育的修辞缺失所匮乏的,难道仅仅是狭义修辞学意义上的知识点? 语言教育是否失落了更值得挖掘和解释的修辞资源?

　　书名《问题驱动的广义修辞论》意在表明:学科发展和学术创新,无需避讳存在的问题。问题本身就是召唤解决问题的"框填结构"。本书不可能涉及学科问题的全部,我们能做的,是力图抓住问题的核心,分析问题背后的隐蔽逻辑,探索解决问题的突破口。

　　本书是作者的广义修辞学系列论著之四[①],书中主要观点仍然只是作

---

　　① 另三种分别为:《广义修辞学》(谭学纯、朱玲),安徽教育出版社 2001 年版、2008 年修订;《文学和语言:广义修辞学的学术空间》,上海三联书店 2008 年版;《广义修辞学演讲录》,上海三联书店 2012 年版。

者用以解释认知对象的一种方式、一种角度,不影响作者对不同学术观点的尊重。

《当代修辞学》2014 年第 2 期刊出一组"广义修辞学研究"专栏文章,我应编辑部邀约,忝为主持人,草拟几句主持人的话,似可引述:

> 中国修辞学研究有开放性的域外参照,更有深厚的历史积淀和本土传统。如果丢弃参照坐标,可能找不准自己的位置;如果割断传统学脉,也就屏蔽了当代修辞学的历史记忆。20 世纪以来,中国修辞学几代学者的学术接力,有共同的探索精神和艰辛付出,有体现自己学术智慧的共同努力。但有不同的学术背景、思想资源,有对修辞学的不同认知和表述这一切的概念术语。见仁见智的修辞观,以不同的声音向社会发言,体现了学术研究的良性秩序。
>
> 作为众声合唱中的一种声音,广义修辞观尊重不同的思想权利,尊重多元共存的研究范式和学术风格,同时不讳言自身的局限。无局限,只是一种修辞幻象;有局限,才有超越局限的攻坚;承认局限,也即坦承认知无极限。广义修辞学及其学术实践,曾经并将继续直面局限,在直面局限的新一轮探索中自我修正。

这几句话也是本书写作的基本立场。

上篇 问题驱动的中国修辞
学科观察与发展思路

第一章 问题驱动的学科认知:指向"修辞学"的三个关联性概念及其学理

学科建设与发展的框架设计和学术研究的操作路径,通常围绕学科定位引发种种争议。本书的问题意识,由此而生。

一、问题意识: 指向修辞学的"交叉学科 / 跨学科 / 多学科"之辩

在中国语言学学科框架内,相对于语法学、方言学、训诂学、文字学等学科身份清晰的学术表达,修辞学的学科身份似乎有些模糊。

学术文献中,关于修辞学学科身份的表达,呈现出某种复杂的一致。不同的学术表达都认同修辞学的学科渗融性,这是"一致"的认识前提;而"复杂"则显隐互见:

显性的"复杂",是"交叉学科 / 跨学科 / 多学科"及其组合形式分别成为"修辞学"的匹配项。例如:

——与"交叉学科"匹配的修辞学,如谭学纯、陆俭明的相关研究。①

——与"跨学科"匹配的修辞学,如高万云、温科学、刘亚猛的相关研究。②

——与"多学科"匹配的修辞学,如郑媛、陶红印的相关研究。③

——与"跨学科交叉"匹配的修辞学,如柴改英、张翠梅的相关研究。④

——与"多学科交叉"匹配的修辞学,如胡曙中的相关研究。⑤

——与"介于多学科之间的边缘学科"匹配的修辞学,如宗廷虎、郑子瑜、曹德和的相关研究。⑥

隐性的"复杂",是众说纷纭的学术表达不在同一义域使用相关概念,作为匹配项的"交叉学科/跨学科/多学科",不是全部指向"修辞学学科性质",也不是全部指向"修辞学研究",需要结合来源文献的具体语境,作不同的理解。

客观地说,学术研究中的概念纠缠,可能任何学科都难避免。在某种意义上,概念不统一可以求同存异,或者引发讨论,促进认识深入。讨论的前提,是廓清相关表达的实际所指。如果学术表达与理解面对所指相异的同一能指,可能制造学术对话的黑色幽默。我们曾在《接受修辞学》中描述过这类情形:一次关于"上帝"的激烈争辩中,一人崇尚的"上帝",概念内涵是另一人的"魔鬼"。论争者严肃地吐槽,"上帝"和"魔鬼"同时发笑。

我记住了这则黑色幽默的话外之意,同时注意到:修辞学与"交叉学科/跨学科/多学科"的概念纠缠,隐藏着学术运作机制中某些不容易观察到

---

① 参见谭学纯:《基于修辞学交叉学科性质的观察与思考》,《修辞学习》2008 年第 2 期;陆俭明:《汉语修辞研究深化的空间》,《福建师范大学学报》2008 年第 2 期。

② 高万云:《跨学科与跨世纪——中国修辞学的个性与出路》,《学术月刊》1997 年第 10 期;温科学:《当代西方修辞学理论的发展与创新》,《福建师范学院学报》2003 年第 6 期;刘亚猛:《当代西方人文学科的范式转换及中国修辞学的发展模式》,《修辞学习》2009 年第 6 期。

③ 郑媛:《21 世纪的中国修辞学:路在何方——"首届中国修辞学多学科高级学术论坛"述评》,《语言文字应用》2004 年第 1 期;陶红印:《多学科视野下修辞学研究的理论与实践》,《当代修辞学》2013 年第 2 期。

④ 柴改英、张翠梅:《从修辞学定义管窥西方新修辞学特点和发展动态》,《修辞学习》2007 年第 6 期。

⑤ 胡曙中:《西方新修辞学概论》,湘潭大学出版社 2009 年版,第 451 页。

⑥ 宗廷虎:《在修辞学建设中吸取心理学、美学营养》,《复旦学报》1987 年第 6 期;郑子瑜:《〈宗廷虎修辞论集〉序》,吉林教育出版社 2003 年版,第 2 页;曹德和:《对否定修辞学为边缘学科理由的考察》,《修辞学研究》,上海文化出版社 2004 年版,第 29 页。

的东西。学者选择某个概念，同时也就选择了与这个概念相关联的学术表达，而某种学术表达的背后有概念使用与理解的学理和逻辑。这种学理和逻辑透露出概念使用与理解的主体对修辞学科问题的认知，有关修辞学"研究什么／怎样研究／为什么这样研究"等学术理念和学术操作的一些具体问题，在深层都纠结于"交叉学科／跨学科／多学科"这几个基本概念。

　　学术研究是思想的馈赠，学术表达如何选择"交叉学科／跨学科／多学科"等与"修辞学"的匹配？是思想的权利。我无意指认"交叉学科"、"跨学科"抑或"多学科"哪一个概念是修辞学的自然原配？如果越过概念术语的语义，让概念 A 取代概念 B 或概念 C，可能制造概念术语的不可承受之重。"交叉学科／跨学科／多学科"，它们当中的任何一个概念，都无力删除与"修辞学"匹配的其他概念。在这个问题上，我尊重他人思想的权利，也坚守自己思想的权利，深思细察可以发现：关联修辞学的"交叉学科／跨学科／多学科"有不同的语义指向，需要从不同层面、不同角度观察与解释。概念的语义指向，以及概念掩盖的认知逻辑，是概念之辨所需要的理论清醒。所以概念之辨的结果并不重要，重要的是过程，以及这个过程中展现的思想、智慧和逻辑的力量。不奢望通过概念之辨找到一个标准答卷。学术争鸣在很多情况下，都是不同观点的相持，很少有论争的一方心甘情愿地撤出自己的理论站位，但是难求共识不等于没有理论收获。每一轮概念之辨，都可能引入不同的观察和思考角度，站上不同的认识深度。

　　区分这几个概念在何种意义上与"修辞学"关联？这种关联产生什么样的多米诺骨牌效应？探讨这种关联所反映的修辞学学科生态系统和学术空间，是本书问题意识的核心，也是问题驱动的学科认知的起点。

（一）"交叉学科／跨学科"的区别性语义：学科性质和研究视野

　　概念纠缠的实质是语义理解模糊，因此，坚守思想的权利也许可以从语义还原和语义辨析开始。

　　1."交叉／跨"：语义分析和"交叉学科／跨学科"的区别性所指

　　"交叉／跨"都是多义词，进入"交叉学科／跨学科"话语结构的"交叉"

和 "跨",在《现代汉语词典》中的释义是:

> **交叉** 有相同有不同的;有相重的。(《现代汉语词典》举例:各学科之间相互相互~)

> **跨** 超越一定数量、时间、地区等的界限。(同上举例:~行业)①

根据以上释义和所举例证,似可描述:

(1)交叉学科之 "交叉",核心语义指向 "同" 与 "异" 之间的状态:交叉的部分,倾向于 "同";未交叉的部分,倾向于 "异"。"交叉学科" 一般指相关学科的外延部分重合,学科外延重合区间,可以进行彼此关联、彼此影响的研究。

(2)跨学科之 "跨",核心语义指向 "超越……界限",倾向于某种边界因行为主体的 "超越" 而松动。"跨学科" 一般指走出本学科视界,在更开阔的视域,审视同一学术对象,吸收不同学科的研究特长,融入本学科的研究。

(3)"交叉学科" 是针对学科性质的表述,"交叉" 的形容词性表明其状态大于行为;"跨学科" 是针对研究主体学科视野的表述,"跨" 的动词性表明其行为大于状态。

据此似可推导——

2. 修辞学的交叉学科性质和修辞学研究的跨学科视野:区别和联系

如果倾向于学科性质,强调修辞学的交叉学科属性;如果倾向于研究主体的学科视野,强调修辞学的跨学科取向,一般不会造成认知纠缠。但是,如果将跨学科归为修辞学的学科性质,也许需要斟酌。

我注意到:连续数年,中国教育部人文社会科学研究项目申报、优秀成果评奖通知和填表说明所列项目申报的 "学科范围",有 "交叉学科",而无 "跨学科"。这是否体现了一种认知:"交叉学科" 可以进入 "学科范围","跨学科" 不宜视为 "学科范围"。这与我们分析 "交叉/跨" 的语义,区别 "交叉学科/跨学科" 的不同所指,在学理上是一致的。

国家社科基金项目申报填表说明也提示:"跨学科" 课题,填写为主的学科分类代码,似也体现了一种认知:"跨学科" 本身不是学科分类,因此才需要 "填写

---

① 《现代汉语词典》,商务印书馆 2013 年版,第 645、752 页。

为主的学科分类代码",以便研究视野属于"跨学科"的评审材料分组送审。

假设一个简单的提问——修辞学所属学科是:

(1)交叉学科

(2)跨学科

如果回答(2),不但与国家教育主管部门的学科菜单有悖,语感也别扭。

可以佐证的是自然语言处理。从学科性质说,自然语言处理是以语言学为主,涉及计算机科学、数学、心理学、哲学、逻辑学、统计学、电子工程、生物学各个领域的多边缘交叉学科。从研究视野说,具有跨学科取向的自然语言处理吸引着众多学科的介入。①

语义分析及可以佐证的学术事实也许可以共同支持一种区分:

从学科性质着眼,修辞学属于交叉学科——以语言学为主,涉及符号学、文学、传播学、新闻学、心理学、教育学、民俗学、宗教学、社会性、人类学、哲学等众多领域的交叉学科。

从研究视野着眼,修辞学是跨学科的——可以广泛介入相关学科领域,同时可以是相关学科领域的公共关注对象。

应该进一步区分的是:进入跨学科视野而成为公共关注对象的修辞学,本身的学科属性不是跨学科。语言学、文艺学、心理学、哲学、生命科学……都可以进行跨学科视野中的隐喻研究、通感研究,但不能证明隐喻和通感本身属于跨学科。"跨学科"是研究视野,不是学科属性。

修辞学的交叉学科性质,提供了松散型的跨学科学术共同体的对话平台。促进松散型的跨学科研究转化为有一定集中度的研究格局,需要考虑问题的两个方面:一方面,与修辞学交叉的不同学科,获取的学术信息不对称,修辞学研究的跨学科视野一定程度地填充了信息获取不对称留下的思想空间;另一方面,跨学科视野对修辞学的多重审视产生外在冲撞力,因修辞学的交叉学科性质而获得一定程度的合法性。

3. 基于全球化背景和本土传统的修辞学交叉学科性质和跨学科视野

作为他山之石的异域资源和中国修辞研究的传统学脉,可以为修辞学的交叉学科性质和修辞学研究的跨学科视野提供学术事实方面的双重支持。

① 冯志伟:《自然语言处理的学科定位》,《解放军外国语学院学报》2005年第3期。

　　在西方,一些走出国界的修辞学著作共有一个特征:学术视野是跨学科的。尼采《古修辞学描述》,瑞恰兹《修辞哲学》,W. C. 布思《小说修辞学》,詹姆斯·费伦《作为修辞的叙事:技巧、读者、伦理、意识形态》,高辛勇《修辞与文学阅读》,保罗·德曼《阅读的寓言》、《解构之图》,巴赫金《长篇小说的话语》、《关于长篇小说的修辞》、《马克思主义与语言哲学》,肯尼斯·博克《宗教修辞学》、《动机修辞学》,福柯《事物的秩序》、《权力／知识》、海登·怀特《元史学:十九世纪欧洲的历史想象》等等,都有着修辞学对相关学科的深度参与,都在不同的学科有较高的显示度和关注度,都在不同的学科被引用、被研究。作者的学科背景和知识结构,决定了他们介入修辞学研究的路径,往往与语言本体研究的路径不完全相同。这些学者介入修辞学研究的跨学科视野,决定了他们的研究成果较多地进入跨学科的公共阅读。

　　在中国,修辞研究的文化传统早自先秦时代就广泛渗入了当时的社会生活,从个人修言修身,到言语交往、诸侯国之间的外交活动,乃至国家政治,都有修辞的介入。诸子关于修辞问题的丰富论述,一直是中国修辞学重要的本土资源。国内各种版本的中国修辞学史诠释的修辞观、修辞原理,无不交织着中国古代诗论、文论、词话、曲话、小说评点,以及美学、哲学话语,包括一些早期的跨文化交流经验,实际上可以看作多重话语渗融的翻译修辞论。近代以前,进入中国修辞学史的历史人物,几乎同时都是其他学科史圈点的文艺学家、美学家、哲学家、翻译家。虽然学科意义上的修辞学是 20 世纪的概念,但是现代学者有关中国修辞学的历史记忆,始终在交叉学科领域缠绕,对传统修辞学研究的现代审视,每每在跨学科视野中汇聚。20 世纪以后,在中国现代修辞学史上占有重要地位的著作,如唐钺《修辞格》、陈望道《修辞学发凡》、郭绍虞《汉语语法修辞新探》等,都不同程度地呈现了作者的跨学科视野。由陈望道奠基的中国现代修辞学,没有完全限定在语言学的学科框架内。唐钺和郭绍虞则分别是心理学家和文学批评家。从《文心雕龙》到《修辞学发凡》,从唐钺到郭绍虞,作为学术史的中国修辞学,始终流贯着交叉学科的声音。

　　当修辞学的交叉学科性质与修辞学研究的跨学科视野相遇,客观上可能影响狭义的学科自足,但这不一定是坏事。学术研究需要智慧:修辞学科的学术"游戏",难在交叉学科性质和跨学科研究视野;也利在交叉学科性质和跨学科研究视野。修辞学科的优化生存,在学科交叉的结合部也许具有更为宽广的生长地带;在跨学科视野中也许具有更为多元的阐释路径。二者合成了修辞学科区别于语言学其他学科的生态系统和学术空间。

由此引出了修辞学的另一个关联性概念——

(二)"多学科":修辞学交叉学科性质和跨学科视野的逻辑延伸

指向"修辞学"的"多学科",包含了双重语义:

1. 多层级学术共同体构建的学科大生态

修辞学的交叉学科性质和跨学科研究视野决定了修辞学的学科生态系统相对开放。

按中国目前的学科建制,修辞学的学科生态由三个层级的学术共同体共同构筑,分别对应表述为"小同行"、"大同行"、"超同行"。

小同行:以修辞学研究为主要学科身份的三级学科学术共同体。

大同行:以语言学研究为主要学科身份的二级学科学术共同体。

超同行:以非语言学研究为主要学科身份的一级学科/跨一级学科人文学科学术共同体。

依据国家标准 GB/T13745–2009 学科分类目录,修辞学在三级学科定位,归属二级学科(语言学)。比照国内不同版本的学科目录,修辞学所属学科层级多为三级学科,少为二级学科,都隶属语言学。[①] 但是观察实际的学术领域,基于交叉学科性质和跨学科视野的修辞学研究不仅仅属于语言学科。

2001 年第 3 期《华东师范大学学报》"中西修辞学论坛"专栏"编者按"曾强调:

> 修辞学不仅仅是语言学的,更应是众多学科共同拥有的。

理由是:

(1)修辞学的很多基本概念在方法论意义上渗入各个学科。

(2)很多修辞现象为众多学科共同关注。

---

① 高万云:《中国修辞学的学科重建和科学再造》,《福建师范大学学报》2013 年第 3 期。按:修订后的《学位授予和人才培养学科目录(2011 年)》,未涉及语言学及所属相关学科的层级调整。

这也可以换一个角度理解:"众多学科共同拥有的"修辞学,生态系统不仅仅在语言学科之内,也向语言学之外的相关学科延伸。

2003 年第 6 期《福建师范大学学报》开辟"修辞学大视野"学术专栏。栏目策划宗旨是:

> 汇聚多学科的学术人气,搭建高层次的学术平台。

"修辞学大视野"专栏延续至今,作为专栏特邀主持人之一,我曾通过专栏"编者按"和"主持人话语"持续强调:修辞学的学科建设应该正视多学科构建的生态系统。

《华东师范大学学报》和《福建师范大学学报》"修辞学大视野"专栏,分别是教育部高校哲学社会科学名刊和名栏,作为互相呼应的学术话语平台,共同强调修辞学与"多学科"的学术关联,似有一定的学术召唤意味。

在修辞学学科生态的意义上,"多学科"是一个层级性的构架:**修辞学作为三级学科(小同行),归属于二级学科语言学(大同行),交叉于一级学科中国语言文学以及相关的非中文一级学科(超同行)。**在三个层级的学科生态中,小同行和大同行、超同行可以共同探寻修辞学科的生长点,共同开发学术空间。但由于小同行、大同行、超同行的修辞学研究依据的前沿理论、采用的研究方法,及其置身的评价体系不尽相同,因此,不同的学术共同体之间能否对接?信息交换是否畅通?影响修辞学科良性生态的构筑。一般来说,在系统对接涉及的范式、术语、学科史、学科前沿理论、研究方法、技术路线、评价体系比较相近的情况下,比较利于跨学科交流:

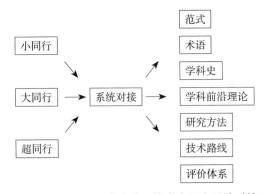

图 1-1　不同层级学术共同体学术研究系统对接

可能面临的难题是:学术生产属于个体劳动,即使在小同行圈内,也各有所专。但在部分学术问题上,小同行、大同行、超同行的研究有重叠的可能:

	学 共	
超同行		超同行
	科 享	
大同行		大同行
	空 空	
小同行		小同行
	间 间	

图 1-2　大生态中的学科空间和共享空间

上图暗影部分,是大生态中可以由多学科共同开发的学术空间,小同行、大同行、超同行就跨学科视野中共同关注的学术问题发言,尝试学科大生态系统中的对接。

这种对接是不同学科的修辞学思想、观点的碰撞;而不是小同行放弃自己的话语,换用大同行、超同行的话语包装。前者是平等的双向交流;后者是小同行自我认同弱化的表现形式。详见本书第二章相关讨论。

小同行、大同行、超同行共同构筑的修辞学科生态系统,可以从两个方面理解:

以小同行为主体的学术机构(团体),如何向大同行、超同行开放,吸收非修辞学科学者的加盟? 这方面已经有一些作为:入选教育部高校哲学社会科学名栏的"修辞学大视野"学术专栏(《福建师范大学学报》),是面向小同行、大同行、超同行的话语平台;学术专刊《当代修辞学》七位学术顾问是由超同行、大同行、小同行组成的学术阵容。他们是:陈平、克里斯蒂娃、陆俭明、沈家煊、屈承熹、游汝杰、宗廷虎。

大同行和超同行,在思想的权利所涉范围不同的学术视野和知识结构中,观察、思考、解释修辞问题,但他们是以主体身份、还是"客串"身份出场? 输入的外部动能不一样:前者的研究主体始终在场;后者的研究主体偶尔出场。而后者是近年大同行、超同行进入小同行话语场域的主要形式。这里既有学术体制的约束,也有非修辞学界的研究者学科身份的自我定位问题。当然,以"客串"身份介入修辞学研究的大同行、超同行,仍然给小同行提供了契机,至少可以启发修辞学科突破自身限制的思考和实践探索。

多层级学术共同体构建的学科大生态,决定了修辞学的另一个特点:

2. 多学科共享的学术空间

从学科大生态系统观察,中国修辞学科属于资源不足的学术共同体。具体表现为:

人才资源不足,学科队伍中成员出逃和转场现象时有所见。详后。

经费资源不足,尤其是各级项目支持的经费不足。

学术园地资源不足,学科唯一的专业刊物初为《修辞学习》,后更名《当代修辞学》,扩版后每年约 60 个印张。

有感于学科资源不足,以及由此加剧的学科萎缩,我在十多年前提出"修辞学研究突围"。突围的学术目标,即走向多学科共享的学术空间。①

既然修辞学的学科生态是多学科构建的,那么理想状态下,处于大生态系统的修辞学研究,就存在小同行、大同行、超同行共同在场的多学科共享空间。这也可以解释:为什么陈望道认为修辞学是介于语言学（谭按:大同行）和文学（谭按:超同行）之间的边缘学科;宗廷虎认为修辞学是介于多学科之间的边缘学科。

既然修辞学研究的学术空间是多学科共享的,那么理想状态下,修辞学研究成果的目标读者或潜在的目标读者,似应包括小同行、大同行、超同行。小同行讲述的学术故事,能不能激起大同行和超同行的反应,决定了修辞学研究是在现实的意义上还是在虚拟的意义上进入多学科共享的学术空间。前者实质性地影响大生态系统中的修辞学研究能否与相关学科对话? 在什么层次对话? 以什么样的理论框架和研究范式对话? 以什么样的学术形象向相关学科的研究领域推进? 这既是小同行、大同行、超同行互相注入相关资源、相关智慧的机会,也是自我延展、自我提升的机会。很难设想,介入相关学科、相关领域的修辞学研究成果,不出小同行宅门,处于大同行、超同行

---

① 参见谭学纯:《修辞学研究突围:从倾斜的学科平台到共享学术空间》,《福建师范大学学报》2003 年第 6 期。

的弱接受甚或零接受状态。如果研究法律修辞的成果,法学界不当一回事;研究符号修辞的成果,符号学界不关注;研究文学修辞的成果,文学界激不起回响,那么,小同行与大同行、超同行的学术对话,实际上就处于虚拟状态。

这一切,从根本上说,均源自与修辞学关联度极高的"交叉学科／跨学科／多学科",其间的关系可以直观地示如下图:

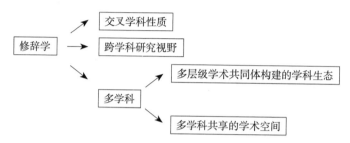

图1-3 与"修辞学"匹配的"交叉学科／跨学科／多学科"的区别性所指

区分"交叉学科／跨学科／多学科"与"修辞学"匹配的意义指向,有助于厘清背后的学理和认知逻辑,也便于再讨论——

二、关联"交叉学科／跨学科／多学科"的 广义修辞观

不同层级学术共同体介入修辞学研究的学术面貌,区别特征明显:小同行和大同行的学术资源主要来自语言学;超同行的学术资源主要来自超语言学。也许正因为这样的缘故:巴赫金批评"纯语言学"的修辞研究,倡导"超语言学"的修辞研究。[1] 朱莉娅·克里斯蒂娃同样表示,描述词语的文本功能不能满足于单纯的语言学,需要使用"超语言学"方法。[2] 这在某种程度上也许需要走出学科硬约束,在"纯语言学"和"超语言学"之间重建

---

[1] ［苏］M.巴赫金:《陀斯妥耶夫斯基诗学问题》第五卷,白春仁等译,钱中文主编《巴赫金全集》,河北教育出版社1998年版,第239页。

[2] ［法］J.克里斯蒂娃:《互文性理论对结构主义的继承与突破》,黄蓓译,《当代修辞学》2013年第5期。

生态平衡系统。在开放性的学科生态中,小同行与大同行、超同行进行信息交换,共同为学科生长注入创新性能量。这也是广义修辞观在"纯语言学"和"超语言学"之间寻找平衡的支点,正视多学科构建的学科生态,分析修辞学生存处境、探讨学科发展途径的认知理据。

广义修辞观之"广义",意在更多地关注学科大生态中相关学科的同类研究,促进自己的学术调整、思维拓展和研究深化;同时关注大生态中刺激自我质疑、自我否定的他性参照,尤其是其他学科经验的参照。因为:不同的学科经验,不同程度地受着研究视野的规约,在各自设定的逻辑边框中,对思维空间进行我性的切割,从认知模式、理论取舍、价值判断到方法运用都有鲜明的学科特点。研究过程中,问题意识的差异、材料挖掘和阐释路径的差异,本质上都是主体经验系统的差异。这可能使得不同学科研究视野的整合和研究方法互补在进入实际操作时,较多地伴有某种难度。与其说这是认知主体对其他学科相对陌生,不如说是对本学科经验世界的固守。这在学科建设的意义上,有合理性,也有负面影响。学科经验为研究者提供不同的认知平台,投射出研究者把握世界的不同视域,在此说和彼说之间保持一定的距离,这种距离对保持学术的纯粹性来说,是必要的,但是它多半只能发现学科视界允许研究者发现的意义,因此常常以丧失研究者经验世界拓展的可能性为代价,从而使得学科壁垒之内的研究在部分地照亮对象的同时,可能留下理论的盲点。当学科压力和运行机制控制了我们的认知系统时,相关学科的学术风景,相关领域的公共阅读,好像都远离了自己,久而久之,会不会形成认知死角?当知识专门化影响了学理兼容时,对其他学科的盲视,会不会影响本学科的洞见?会不会在学科知识谱系的名义下,合理化地导向认知阻隔?

置身于某一个知识系统中的认知主体,受这个系统的经验模式引导和控制,在这个系统设定的经验平台上自我审视,也依据自我经验,模式化地审视他人、处理外部信息。认知主体在这个经验系统内看到的,通常只能是这个经验平台限定的视域范围,这可能因为视域的限制而不可靠。超越这个视域范围,需要扩展既定的经验系统,把通过其他渠道得到的经验碎片、灵悟和思考,扩充到自己的经验系统中来,以此重建一个经验平台,依据修补的经验系统,重建一个解释框架:不是用"我"的价值系统遮盖或者压抑"他"的价值系统,而是参照"他"的价值系统丰富"我"的价值系统。用"他"的眼光,反观"我"的不足,激活"我"的思想,完成自我的提升。

为此,广义修辞学理论体系的开放性建构,在接受学科限定又超越限定的动态平衡中寻找新的生长点,既不至于封闭在自我设定的模槽中,也避免迷失在他人构建的认知框架中。强调通过不同学科经验的挪移和互渗,包括通过不同学科经验方式自我表述系统的整合,拓展研究空间,像皮亚杰竭力主张的那样,实现"学科的跨越",实现修辞学研究在不同层级的学术共同体之间的交流和互补。而广义修辞学理论开放性建构的逻辑原点,正是关联"修辞学"的"交叉学科 / 跨学科 / 多学科"。

广义修辞观的理论核心,是"三个层面、两个主体":

"三个层面"(修辞技巧、修辞诗学、修辞哲学),是广义修辞学基于交叉学科性质和跨学科视野,正视多学科构建的大生态,面向多学科共享的学术空间的一种框架设计。

"两个主体"(表达者和接受者),贯穿于修辞技巧、修辞诗学、修辞哲学三个层面,或许可以在更完整的意义上,支持基于话语行为发生与理解的修辞学研究。

基于广义修辞观,我希望看到的中国修辞学研究格局是:在学科大生态中,小同行 + 大同行 + 超同行,共同开发多学科共享的学术空间,共同推动修辞学科的健康发展。这是双向互动的行为:

小同行向大同行、超同行走去　广义修辞观倾向于:融入大生态需要可以观察到的形态,比较直接的形式,是小同行在区别于大同行、超同行关于同类学术问题的解释角度和解释力的前提下,以自己的学术产品寻求与大同行、超同行的思想碰撞。学术产品是学科名片,也是学科对话可以直接感知的物质形态。

大同行、超同行向小同行走来　修辞学的公共学术空间吸引大同行、超同行的学术智慧。广义修辞学观希望构建开放性的研究格局,也许相对有利于汇聚相关学科能量,共同开发修辞学研究的学术资源。

但现实的学术格局耐人寻味:

一方面,大同行、超同行向小同行走来,聚集了一定的学术人气。2008

年复旦大学"望道修辞论坛"上,沈家煊表示在学术研究方面自己是向修辞界靠拢的语法界学者之一;屈承熹希望语法和修辞"合则双赢";陆俭明近年对国内修辞学研究态势的敏锐观察以及一些大同行对修辞学科的切实支持,体现了"有容乃大"的学术胸襟。至于非语言学科的"修辞学转向",更反映了超同行向小同行走来的一种学术动向。

另一方面,小同行向大同行、超同行走去,似乎有些底气不足。观察小同行参与大同行、超同行学术活动的出场率,观察小同行的研究成果在大同行、超同行主流刊物的显示度,让人感到:小同行在观念层面认同与大同行、超同行的学科对话,但在行为层面呈现出明显的弱势倾向。

这种学术格局影响修辞学科的良性发展,由此进入下一章的观察与思考。

三、小结

梳理中国修辞学学科建设理论探讨中高频显现、但使用和理解比较乱的"交叉学科/跨学科/多学科",廓清修辞学与这三个概念术语的关系,是本书学术讨论的逻辑起点。

(一)语义分析显示:"交叉学科"和"跨学科",分别指向学科性质和研究主体的学科视野,二者不宜混淆,也不宜互换。

修辞学的交叉学科性质,提供了松散型的跨学科学术共同体的对话平台。促进松散型的跨学科研究转化为有一定集中度的研究格局,需要考虑问题的两个方面:一方面,与修辞学交叉的不同学科,获取的学术信息不对称,修辞学研究的跨学科视野一定程度地填充了信息获取不对称留下的思想空间;另一方面,跨学科视野对修辞学的多重审视产生外在冲撞力,因修辞学的交叉学科性质而获得一定程度的合法性。修辞学科的优化生存,在学科交叉的结合部也许具有更为宽广的生长空间;在跨学科视野中也许具有更为多元的阐释路径。二者合成了修辞学科区别于语言学其他学科的生态系统和学术空间。

作为修辞学交叉学科性质和跨学科视野的逻辑延伸,是多学科构建的学科大生态。按中国目前的学科建制,构筑修辞学学科生态的学术共同体包括

三个层级,对应表述为:

"小同行"(以修辞学研究为主要学科身份的三级学科学术共同体);

"大同行"(以语言学研究为主要学科身份的二级学科学术共同体);

"超同行"(以非语言学研究为主要学科身份的一级学科/跨一级学科人文学科学术共同体)。

小同行和大同行涉足修辞学的学术资源主要来自语言学;超同行涉足修辞学的学术资源主要来自超语言学。这也许可以部分地解释:为什么一些具有国际性学术影响的学者如巴赫金、克里斯蒂娃等认为不宜拘于"纯语言学"的修辞研究,而倡导"超语言学"的修辞研究;这也是广义修辞观在"纯语言学"和"超语言学"之间寻找平衡的支点,正视多学科构建的学科生态,分析修辞学生存处境、探讨学科发展途径的认知理据。

既然修辞学的学科生态是多学科构建的,那么理想状态下,处于大生态系统的修辞学研究,就存在小同行、大同行、超同行共同在场的多学科共享空间;既然修辞学研究的学术空间是多学科共享的,那么修辞学研究成果的目标读者或潜在的目标读者,似应包括小同行、大同行、超同行。很难设想,介入相关学科、相关领域的修辞学研究成果,不出小同行宅门,处于大同行、超同行的弱接受甚或零接受状态。

由此,学术表达中与"修辞学"匹配的"交叉学科/跨学科/多学科",被纳入一个具有各不相同的逻辑理路但又互相关联的认知框架。参见图1-3。

(二)广义修辞学理论开放性建构的逻辑原点,正是关联"修辞学"的"交叉学科/跨学科/多学科"。广义修辞观的理论核心,是"三个层面、两个主体":

"三个层面"(修辞技巧、修辞诗学、修辞哲学),是广义修辞学基于交叉学科性质和跨学科视野,正视多学科构建的大生态,面向多学科共享的学术空间的一种框架设计。

"两个主体"(表达者和接受者),贯穿于修辞技巧、修辞诗学、修辞哲学三个层面,或许可以在更完整的意义上,支持基于话语行为发生与理解的修辞学研究。

第二章 问题驱动的学科思考：大生态中修辞学科的生存现状

承接第一章的逻辑思路，考虑"交叉学科／跨学科／多学科"与修辞学的关联，观察与分析学科大生态中的修辞学科运作机制，问题接踵而来——

一、问题意识："学科分类"推动抑或束缚学科建设

学科的出现是人类对客观世界的认识趋于科学、认识世界的思路趋于清晰的智慧成果。学科按照反映客观事物的知识谱系，划分出了学问的若干门类，按学科分类从事学术活动的研究主体由此形成相应的学术共同体。作为学术共同体区别标志的学科分类，可以推动学科发展，也可能成为学科围城。这取决于：谁在做？怎样做？在什么样的学术体制下做？

世界学术史上很多伟大的先驱，他们自己曾经是学科设置的倡导者，但并没有为学科归属所束缚。被称为"百科全书式"的学者亚里士多德，研究领域广泛涉及哲学、逻辑学、修辞学、政治学、经济学、美学、教育学、物理学、生物学等，亚里士多德式的研究成为西方学术传统，从培根到黑格尔，再到马恩，无不在众多领域卓有建树，以至于我们有理由认为，如果没有吸取多学科的学养，这些学者可能难以在其中任何一个领域让世界永远地记住他们

的名字。

然而,如果按照中国现行学科分类,将有一大批不同国籍的高端学者的学科身份很难认定:列维—斯特劳斯、雅柯布逊、维科、阿尔都塞、福柯、拉康、尼采、克里斯蒂娃、瑞恰兹、利奇、英迦登、罗兰·巴特、德里达、保罗·德曼、巴赫金、哈贝马斯、海登·怀特,甚至包括主要学术领域在经济学的亚当·斯密……如果定位这些学者属于什么学科,不啻于用"学科"绑定了学术研究;如果将他们归入语言学下位层次的修辞学科,可能很难被接受,也委屈了这些学者。其实,重要的不是这些学者的研究是不是可以归入修辞"学科"?而是修辞学研究领域有没有他们真实的在场? 阅读这些作者的著作,不管书名有没有出现"修辞学"字样,都可以不同程度地读出超"学科"意义的更开阔、更深邃、更睿智的修辞思维,他们的学术思想对修辞学乃至哲学社会科学的影响力,体现了人类共有精神财富在公共学术空间的跨学科动能。

反观中国修辞研究传统,同样可以丈量出公共学术空间。虽然古代不存在学科意义上的修辞学,但是中国古老的修辞研究根系呈开放性的伸展。从周易"修辞立其诚"的表述,解析中国修辞学的发生及其与西方修辞学不同的关怀之路[①];从先秦诸子色彩纷呈的修辞论[②],分析其间叠现的语言学、文艺美学、文化哲学等多重话语谱系,我们读出的,是在开放性的理论场域生长的修辞。

随着现代学科意义上中国修辞学的诞生,随着 20 世纪 50 年代学科细分的苏联模式被中国拷贝,修辞学在"学科归属"的认知框架中,疏离了公共学术空间。在某种意义上,"交叉学科/跨学科/多学科"与"修辞学"的关联,成了空壳资源。

但是中国修辞研究的古老记忆没有退出当代学术话语;域外风景也每每为中国修辞学的学科身份认证提供参照。

---

① 参见朱玲:《修辞立其诚:中国早期修辞理论的核心——兼与古希腊修辞理论比较》,《福建师范大学学报》2004 年第 6 期。

② 近期的研究如丁秀菊:《先秦儒家修辞研究——以孔子、孟子、荀子为例》,山东大学 2007 年博士学位论文;《论〈淮南子〉的修辞美学取向》,《山东大学学报》2010 年第 6 期;池昌海:《先秦儒家修辞要论》,中华书局 2012 年版。

我曾在首期"修辞学大视野"专栏"编者按"中谈道：

> 中国古代修辞学的理论资源来自多学科，当代修辞学研究的学术走向关联着多学科，在这样的学术背景下，21世纪的中国修辞学研究怎样与风景看好的西方当代修辞学进行前沿对话？怎样在开放性的视野中为自身作更为科学的定位？①

追问伴随着学科定位的争鸣，争鸣出自不同的修辞观。不同的修辞观共同诠释的"学科归属"，在不同的学术视界和学术目标中，定义了自己理解的修辞学研究：

出于对修辞学的狭义理解，着眼于修辞学研究对象的**语言性**，依据教育部颁布的学科分类目录，以及修辞学在现行学科目录中隶属于语言学的下位层次、修辞学在中国高等院校课程体系中属于语言学的一个知识板块等既定事实，认为修辞学的学科身份只能在语言学科定位。与此相应，强调修辞学研究的语言学理论资源、研究范式、研究方法、技术路线。

出于对修辞学的广义理解，着眼于修辞学研究对象是**语言性与言语性的统一**以及修辞学与众多相关学科互相缠绕的关系，承续中国修辞研究的历史传统，参照国外修辞学的发展状况，倾向修辞学区别于语言学其他子学科的学科身份认证，认为修辞学的学科身份不同于语言学其他子学科的"纯正血统"，是语言学的"学术特区"。② 修辞学研究离不开语言学的观察与解释，但不拘于语言学框架。强调吸纳、改造、整合多学科的理论资源、阐释路径、研究方法。

对修辞学的广义理解，正视修辞学的生态结构，认为学术资源共享、学科利益分配，以及不同学科知识的融合等等，都与修辞学科的大生态密切相关。三个层级的学术共同体共同建构的学科大生态，在理论上要求中国修辞学科明辨自身所处生态系统的位置，并与大生态形成良性互动。修辞学研究不是小同行关起门来的学术生产，修辞学研究成果不应该成为"不知有汉，遑论

---

① 《福建师范大学学报》2003年第6期"修辞学大视野"专栏编者按。

② 参见谭学纯：《理论修辞学·序》，张宗正《理论修辞学——宏观视野下的大修辞》，中国社会科学出版社2004年版，第5页。

魏晋"的学术版本。小同行需要听到不同学术共同体的声音,并在可能的范围内与之进行必要的跨学科对话,吸收其他学科的理论滋养。

既然修辞学科的很多问题因大生态而起,那么考虑解决问题的思路,也就有必要回到学科大生态中来。

二、学科大生态中多层级学术共同体对修辞学的 关注度及相关问题

大生态系统中修辞学与相关学科的层级性交叉,必然产生学科认同环节同行评价的层级性架构。因此,修辞学研究在理论上似应分别成为小同行、大同行、超同行的学术认同对象:小同行、大同行、超同行对修辞学的认同,分别来自三级学科学术共同体、二级学科学术共同体、一级学科/跨一级学科学术共同体的公共视野。

问题在于,修辞学科的生态系统中, 同行学术认同的理想形态和现实形态产生了矛盾:

学术认同的理想形态:小同行 > 大同行 > 超同行(圈内认同为主流评价)

学术认同的现实形态:超同行 > 小同行 > 大同行

问题更在于,这种状况不利于小同行和大同行、超同行共同构建和谐平衡的学科生态系统,也在一定程度上影响了中国修辞学科的建设与发展进入良性循环。现行学术体制中,超同行对修辞学认同度较高,但不能改变学科的弱势格局。修辞学在语言学科的尴尬地位又使得小同行的自我认同处于失语状态,小同行作为修辞学科的"原住民",在大生态中的声音偏弱,在关系到学科建设和发展的重大问题上,几乎没有参与机会。语言学科相对强势的大同行对修辞学科的认同度偏低,而大同行的话语权对语言学科走向的影响,高于小同行和超同行,因此对修辞学科兴衰的影响,也高于小同行和超同行。

毋庸置疑,大同行在中国当代修辞学的学科建设中,可以并且能够有所作为。大同行有我尊敬的师长和朋友,他们当中不乏关注修辞学科发展状况和学术走向的有影响力的学者,不乏支持修辞学科形象重建的学术理性,不

乏直接参与修辞学科建设的学术热情,不乏与修辞学科的亲近感。语言学科大同行较之修辞学科小同行更具有对修辞学科产生影响的话语权,也许是国内学术体制在一定条件下的选择。但选择的同时,不宜丢掉一个不应该忽略的基本事实——

学术史上的经典文献清楚地告诉我们:除修辞学之外的语言学其他子学科,解释世界的方式"趋同"大于"相异";修辞学解释世界的方式与语言学其他子学科是"相异"大于"趋同",二者的区别作为不同的学术基因延续在后世注疏及相关研究中。如果说语言学在传统研究范式向现代研究范式的转换中,除修辞学之外的其他子学科不同程度地呈现出某种接近自然科学的学术面貌;那么,修辞学则最多地保留了人文科学的特征:从研究范式到概念术语,从技术路线到学术表达,修辞学科有着区别于语言学其他子学科的纯正血统。不同的血统,是各自的出身、各自的基因。血统不可改变,出身不可过户,学科的知识谱系由学科基因框定。学科评价需要考虑这个前提,不宜出于转基因想象,给出忽视学科特点的评价标准。表 2-1 的文献对照所示修辞学与语言学其他子学科的差异,或许可以支持上述观点。

(说明:下表的信息提取分别依据《中国大百科全书·语言 文字》,中国大百科全书出版社 1988 年版;萧国政主编:《现代语言学名著导读》,北京大学出版社 2008 年版;郑子瑜、宗廷虎主编:《中国修辞学通史》,吉林教育出版社 1998 年版;温科学:《20 世纪西方修辞学理论研究》,中国社会科学出版社 2006 年版。)

表 2-1 纵向参照:汉语语言学和修辞学本土文献

汉语语言学本土文献	汉语修辞学本土文献
《尔雅》 《方言》 《说文解字》 《释名》 《广韵》 《中原音韵》 《音学五书》 《马氏文通》	先秦诸子的修辞观 《诗大序》 《文心雕龙》 《文赋》 《文则》 《文体明辨》 《艺概》 《修辞学发凡》

表2-2　横向参照：汉语语言学和修辞学的西方理论滋养

汉语语言学的西方理论滋养	汉语修辞学的西方理论滋养
索绪尔《普通语言学教程》 叶斯柏森《语法哲学》 布龙菲尔德《语言论》 乔姆斯基《最简方案》 韩礼德《功能语言学导论》 克罗夫特《语言类型学和普遍语法特征》	理查兹的修辞哲学 伯克"戏剧主义"修辞理论 佩雷尔曼"新修辞学" 格拉斯"新人文主义"修辞学 哈贝马斯的交际理论 福柯的话语理论

　　表中提取的学术文献是不同版本的学术史共同关注的对象，但我们没有据此反映学术史的意图，只是提供一种直观的对比：忽视表2-1和2-2左右两列学术文献解释世界方式的差异，对修辞学科是致命的，它直接造成了大生态系统中修辞学科的尴尬。

（一）超同行墙外开花，爱莫能助

　　超同行对修辞学研究的学术认同度较高，有国内外的学术背景。

　　从全球视野看，全球化提供了巨大的修辞消费市场，修辞对社会公众生活的解释力与干预力受到更多的重视：国际秩序中的国家形象塑造和修辞策略，政治智慧和经济运作中的话语能量，突发事件中的官方修辞和民间修辞……修辞研究广泛渗入社会生活的公共空间。

　　从国内学术走向看，全球视野中的外围风景和国内社会科学学术热点的结构性转移，激起了学术眼光敏锐的超同行对修辞学研究的关注热情。超同行在相关学科现有研究空间被逐渐填满、研究成果比较密集的情况下，部分地面临新的方向性选择。由此产生的结果是：非修辞学科的能量转换，部分地向修辞学科聚集。中国知网搜索的学术成果信息显示，超同行主流期刊在"修辞学转向"背景下汇聚了广义的修辞学研究能量。[①]主要分布在：

---

① 参见谭学纯：《新世纪文学理论与批评：广义修辞学转向及其能量与屏障》，《文艺研究》2015年第5期。

表2-3　汇聚广义修辞学研究成果的中文一级学科／相关一级学科主流期刊

学科门类	刊　名
文学艺术	《文学评论》《文艺理论研究》《中国现代文学研究丛刊》《中国比较文学》《外国文学评论》《外国文学研究》《外国文学》《文艺研究》《人民音乐》
历史哲学	《历史研究》《史学理论研究》《哲学研究》《哲学动态》《自然辩证法研究》《中国哲学史》《周易研究》
新闻传播	《新闻与传播研究》《现代传播》
其他学科	《社会学研究》《中外法学》

流向这些刊物的广义修辞学研究成果，有的在相当长的时期对国内学术热点的形成和持续，产生了重要影响，如《文艺研究》1986年关于小说话语研究的策划，汇聚了一批出手大气的成果，引导了20世纪80年代中后期以来成为热点的语言学批评／修辞学批评，它以话语汇集的方式产生了规模效应，又以话语扩散的方式产生了辐射效应。这次策划，拉动了一批学术形象好的刊物加盟，并且从理论辐射到创作，20世纪80—90年代创作界渐成气象的"语言实验"，与上述刊物在理论上的推动是有关的，其中《文艺研究》功不可没。

超同行对修辞学研究认同度较高却爱莫能助，是忽视修辞学的交叉学科性质、过于强调"学科"概念的学术思维使然。学术体制为这种学术思维提供了生长环境。超同行进入修辞学场域，在突出"学科"概念的学术体制中，被认为是墙外开花，任其墙外结果，很少有人思考：**墙外的学术动向可能影响墙内的学术格局**。

（二）小同行圈内认同，信心不足

与超同行看好修辞学研究的学术市场不同，部分小同行似乎比较看淡学科大势。下面的学术现实令人堪忧。

1."去修辞化"：离场和换装

离场是告别曾经玩过的游戏；换装是重新包装原先的游戏。

（1）离场

修辞学研究不是不作为，而是难作为，于是走为上策成为行为选择之一。一些早期在修辞界走场的学者，先后离席，他们当中有我的朋友。这些朋友离场后仍关注修辞学，但是以"华侨"身份。他们离场，分散了修辞学研究的人才资源，加剧了修辞学科的学术智慧外流，减少了能拿出高端成果的学者为修辞学研究奉献精彩的机会。另有一些刚入道的学术新人，也许还没有来得及涉足修辞学的深水区，就斩断修辞情结，蹒跚步入他途。知难而退的人们，远眺语言学其他学科的星光大道，转身去玩自己觉得更容易上手的游戏。学术跳槽隐含从边缘到中心的期待，期盼从弱势到强势的翻转。这可以理解，在价值迷茫的学术秩序中，学科群体出现分化是必然。如果利益选择和学术选择能够调和，行为主体希图双赢；如果二者不能调和，hold 不住的无言告别也不足为怪。迷茫离场的背影，昭示着学科自我认同的降级。

（2）换装

有一种失语，叫学科话语改容。研究范围属于修辞领域的学术产品变换学术表达关键词，进入学术表达的"修辞"变换为"非修辞"符号，如同进入国际消费的人民币兑换成美元一样。"修辞"被"非修辞"话语重新包装，映射出不同学科符号资本的博弈，传递出"哀修辞之不幸、痛修辞之不争"的苦涩。更换话语包装的背后，有难言的无奈。问题的严重在于："去修辞化"导致"修辞"成为隐身的**学术符号**，最终会不会导致"修辞"成为退出学术视线的**学科符号**？会不会在修辞界学人的修辞韬晦中不知觉地自己黑了修辞学？

离场和换装，在"去修辞化"的共同倾向中释放出的信息是：学科的自我认同出现了危机，同时也在一定程度上放大了学科悲观情绪。进而导致——

2. 修辞学科"空心化"

检索中国社科院和各高校研究生招生目录，明确列出"修辞学"或与修辞学有学术关联的招生专业，为数很少。坚定地"打修辞牌"的团队和学术机构，为数更少。有些高校，纵有实力不错的修辞学研究队伍，在研究生招生目录中，也采用躲躲闪闪的表达。修辞学科"空心化"，在国内很多高校的语言学科,已经或正在成为令人担忧的学术事实。

浏览国内研究生课程设置,可以观察到同样的问题:修辞学作为国家官方公布的学科目录中的语言学成员,在汉语言文字学、语言学及应用语言学、中国少数民族语言文学构成的语言学学科群中,课程资源的利用率和开发率,远低于同属语言学的其他子学科。(当然,这是就全国范围内的总体情况而言,不排除极少数高校的修辞学科执著的坚守。)

如果说修辞研究"去修辞化"可能逐步耗竭修辞学科建设的热情;那么修辞学科"空心化"则可能迅速掏空学科建设与发展的动能,二者互为学科建设的负能量。当负能量积聚到积重难返的程度时,一些失望的小同行难免产生打酱油心态。"我修辞,故我在",就此而言,修辞学科的边缘身份乃至某种意义上的缺席,也许都可以从修辞研究"去修辞化"和修辞学科"空心化"的学术现实中解读出某种逻辑。

这还不是最不利的现实处境,接下来的问题增加了修辞学科的压力。

(三)大同行认同偏弱:原因及其马太效应

比小同行更看淡修辞学科的,是大同行。[①]

观察修辞学科的生存状态,有很多参照指标,其中修辞学研究成果流向本学科主流期刊的显示度,在一定程度上成为体制内学术界认知学科形象的学术参照物。虽然认定主流期刊的通行指标不一定能够完整地反映学科面貌,一些忽视学科特点及多种复杂因素的期刊计量统计,我们不盲从。但是需要正视学术市场的潜在逻辑:

主流期刊有一定的学术公认度

↓

中国学术评价体制在有一定学术公认度的价值区间运作

↓

国内学者倾向于在有一定学术公认度的主流期刊发表研究成果

---

① 这是总体印象,作为个体的学者,大同行不乏体现个人学术智慧的价值判断,例如本书《自序》转述陆俭明的观点以及第一章述及陆俭明、沈家煊、屈承熹的学术眼光。

与前文所述超同行主流刊物频现修辞学研究进场信号形成反差的是,修辞学研究成果淡出了大同行视线:语言学主流期刊较少接纳修辞学科的学术产品。网络搜索可以直观地显示修辞学研究成果在大同行主流期刊的弱接受状况。有的语言学刊物,已经多年没有接受被归入语言学科框架的修辞学研究成果。

学术期刊基于不同的刊物定位和目标诉求,选稿用稿各有侧重、各有自己的原则。少量专业期刊少发表或不发表某一专业领域研究成果,实属正常。但是,如果一个二级学科(语言学)的主流期刊,在相当长的历史时期不同程度地共同看淡修辞学研究成果,而按照国内学术体制,二级学科(语言学)又是评价修辞学科的最有话语权的学术共同体,那就可能形成学术"生产—流通"链条中的马太效应。如果屏蔽这一点,看到的是修辞学研究在语言学话语中心失语;但是如果还原这里隐含的学术逻辑,观察问题和解释问题的思路可能就需要调整:

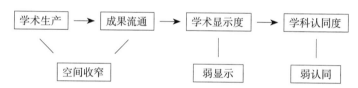

图 2-1　学术"生产—流通"链条中的学术显示度和学科认同度

处于"生产—流通"链条下游的学科认同度,反馈到上游的学术生产环节,进一步滋生负性心理,导致新一轮的成果流通环节及其后的链条继续产生负效应。负循环撬动的学术魔方,是弱势学科更弱。作为弱势形象的修辞学科,游离于语言学学科结构,有时似乎失去了自我解释的能力。

面对上述情况,应该反思问题出在哪里,导致修辞学科弱势形象的,究竟是:

——修辞学的学科归属?

——修辞学在语言学学术共同体中的学科差异?

——大同行对修辞学科的误解?

——修辞学研究的学术水准?

多种可能性都关涉与"修辞学"匹配的"交叉学科 / 跨学科 / 多学科",

需要具体分析：

如果是**学科归属导致了修辞学科的弱势形象**，是否需要从顶层设计考虑有利于解决问题的方案？例如调整修辞学的学科注册。西方国家的修辞学科，归属于文学、哲学、传播学等学科的都有，原因正在于修辞学的交叉学科性质。从名目上说，修辞学的学科归属，只是一个身份问题。然而学科身份反映的，除了本领域的学术共同体是否具有共同的学术经验以外，更重要的是能否共享学术资源？如果修辞学归属语言学的学科身份名实不太相符，可能会给一个学科的生存与发展带来一些该学科自身无法解决的问题。如何避免修辞学作为语言学科的下位概念类似"空洞的能指"？困扰着修辞学科建设与发展。这种状况近年有所改变，不过更多地出于学者个人的学科关怀和学术胸襟。作为体制性的框架设计，国家教育管理机构应重视但未重视。

如果是**学科差异导致了修辞学科的弱势形象**，需要透过表象，进入深层次的观察——大同行认知修辞学科形象的主要参照是学术成果，进入主流视野的学术成果多在主流期刊显身，修辞学研究成果在大同行主流期刊的显示度的确不高，但这只是表象。

透过表象，可以进行比较观察：例如观察同一位学者，同样的学术水准、同样的研究能力，他们的非修辞学研究成果，频频见于语言学主流刊物，而同出他们之手的修辞学研究成果，极少被语言学主流刊物接纳——这究竟是修辞学出了问题？还是其他方面出了问题？抑或，问题并不在于这位学者的研究水准？ 如果同样质地的一只股票，在香港交易，股票面值溢价；在内地交易，股票市值折价，甚至跌破发行价，那么究竟是股票出了问题？还是其他方面出了问题？ 或者是其他方面的问题在股票自身的问题中发酵？

透过表象，还应该看到，修辞学的学科交叉性质掩盖了研究成果流向的真实状况：

1. 学科交叉和学术刊物审稿机制

由于学科交叉，修辞学研究成果与同属语言学科的语音、词汇、语法、语言理论、语言学史等研究成果在学术面貌方面有较大区别，而目前国内有影响的语言学期刊审稿专家多为非修辞界学者，可能偏向于按照自己熟悉的研究领域的思路（某种程度上，也包括自己所在学科学术表达的元话语），取舍修辞学稿件。这意味着,语言学其他子学科的稿件,在语言学主流期刊由熟悉本领域游戏规则的裁判决定取舍;而修辞学稿件,在语言学主流期刊由语言学其他子学科的裁判裁定,后者"入围"的可能性,远远小于语言学其他学科。由此,一方面减少了修辞学成果进入大同行主流刊物的可能性;另一方面增加了学术含量较高的修辞学成果进入超同行学术刊物的可能性。

2. 学科交叉和修辞学研究成果流向

由于学科交叉,修辞学研究成果需要更多的园地。但在语言学主流期刊相对冷落修辞学成果的学术生态中,国内唯一专门化的修辞学刊物《修辞学习》及改版后的《当代修辞学》,难以满足修辞学研究成果发表的刚性需求。从而导致部分介入相关学科的修辞学研究成果**主动选择**向相关学科主流刊物流动。事实上,确有一些在相关学科学术显示度较高的刊物、包括主流刊物,接纳审稿人认为具有学术看点且解释角度区别于相关学科的修辞学研究成果。参见表 2-3。

由此又导致下面的问题——

3. 学科交叉和修辞学研究成果统计中的疏忽

由于学科交叉,流向相关学科刊物、包括主流刊物的修辞学研究成果,在语言学科的统计中被忽视。中国当代语言学研究成果年鉴、10 年综述、20 年综述、学术史等主要文献来源,均为语言学主流刊物,这必然导致作为学术成果文献来源的修辞学研究成果在统计中被遗漏,进而导致上述文献统计不符合修辞学研究成果的真实状况。中国学术界强调"学科化"、"专业化"的认知定势,从另一个角度导致了修辞学研究流向相关学科的成果处于隐身状态。例如"东方语言学"网站"修辞写作"类目录显示一位修辞学研究者发表的论文篇数,大约只是这位学者在网上可以搜索到的成果数量的 3%。这位学者个人不会介意这种统计,但是当类似这种个人成果统计累积成为修辞学科研究现状的时候,是否需要追问:量化统计追求真实,但如果量化统计框定的来源文献本身就不真实,量化统计的真实性基础何在?

如果排除上述因素,是不是**学科误解导致了修辞学科的弱势形象**呢?

前文分析过,在不同层级的学术共同体构筑的学科大生态中,大同行对修辞学科的印象起主导作用。当然,这也许需要坦言:大同行对修辞学研

究当前状况的了解,限于小圈子。多数大同行的修辞学印象主要是"修辞格"——下表的统计或许可以反映一些问题:

表 2-4 《中国语文》1978 年复刊以来发表的修辞学研究成果

作 者	篇 名	发表时间
张永鑫	谈互文见义	1979 年第 4 期
倪宝元	说"互喻"	1983 年第 5 期
杨庆蕙	试谈修辞上的"同异"格	1984 年第 2 期
尹黎云	"借题"格刍议	1984 年第 5 期
王维贤	说"省略"	1985 年第 6 期
王希杰	类聚格	1987 年第 1 期
孙雍长	《诗》"雀无角""鼠无牙"解——修辞中的偷换格	1989 年第 1 期
崔荣昌	修辞上的限制格	1989 年第 2 期
王 伟	"修辞结构理论"评介（上）	1994 年第 4 期
王 伟	"修辞结构理论"评介（下）	1995 年第 2 期
刘德周	同语修辞格与典型特征	2001 年第 4 期
曾毅平	语体仿拟浅说	2001 年第 4 期
陈青松	比喻相异点的句法实现	2004 年第 4 期
杨润陆	由比喻造词形成的语素义	2004 年第 6 期

表 2-4 显示:

1979—2004 年,16 年间《中国语文》发表修辞研究成果 14 篇,其中 10 篇直接讨论修辞格问题,两篇《"修辞结构理论"评价》讨论对象也主要是修辞格,另两篇分别是修辞格在语体层面和造词层面的观察与解释。

1980—1982 年、1986 年、1988 年、1990—1993 年、1996—2000 年、2002—2003 年,16 年间《中国语文》发表修辞研究成果为零记录。2005 年以来《中国语文》发表修辞研究成果为零记录。

如果按照广义修辞观,《中国语文》2010 年以来发表的 4 篇成果,涉及修辞问题：

2010 年第 5 期 冯胜利《论语体的机制及其语法属性》

2011 年第 6 期 吴洁敏《试论感情语调的超常韵律特征》

2012 年第 4 期 吴福祥《语序选择与语序创新——汉语语序演变的观察和断想》

2012 年第 4 期 董秀芳《上古汉语议论语篇的结构与特点：兼论联系语篇结构分析虚词的功能》

但是，阅读这些文献，可以发现作者的学术目标似乎不是解决修辞问题；《中国语文》发表这些成果，也不是出于修辞学考虑。

《中国语文》1978 年复刊以来发表的修辞学研究成果，也许可以从一个侧面印证多数大同行的修辞学印象主要是"修辞格"，原因可能是大同行获取修辞学信息的主要渠道来自《修辞学发凡》和现代汉语教材。《修辞学发凡》一直是中国现代修辞学最有影响的研究范式，作者陈望道学术成就虽然远不止修辞格、也远不止修辞学，但是《修辞学发凡》的修辞学思想及书中第一次提炼归纳出的 39 个修辞格，影响了中国几代修辞学研究者。《修辞学发凡》1932 年出版，如今八十多年过去，修辞学学科面貌的变化，多数大同行是陌生的。流通面较广的现代汉语教材，有的几经增订或修订，新增内容最少的是修辞，修辞格仍是教材反映修辞知识的主菜单。

修辞格是修辞学知识构成的一个方面，但并不意味着人们对修辞格的印象可以等同于修辞学印象，这就像人们对白天鹅的了解并不能解释黑天鹅现象。当人们了解白天鹅并认为天鹅都是白色的飞鸟的时候，黑天鹅不仅成为"未知"的代名词，而且可能引发一系列的连锁反应。这表明：人们尚未了解的现实比已经了解的现实可能具有更重要的研究价值。《中国语文》复刊以来发表的修辞学研究成果，几乎是修辞格全覆盖，一定程度上反映了部分大同行既定经验中的修辞镜像，但修辞学研究的实际状况是：修辞学≠修辞格。这一点，不管修辞观如何不同，修辞学科内部几乎没有争议。而反思修辞格研究之不足，拓宽修辞学研究领域，至少从 20 世纪 90 年代就开始了。进入 21 世纪的中国修辞学研究，学者们的探索与开发，更不限于"辞格中心论"。这并不是否定修辞格研究，恰恰相反，自我反思是为了自我提升。学者们意识到:修辞学研究对象不仅仅是修辞格。为此,以开放的理论资源和研究视界为再出发的起点,重建多元化的修辞研究格局,成为研究主体努力探寻的目标。

当然,大同行的误解有修辞学科自身的问题:修辞学研究的确存在价值提升和技术升级的要求,但修辞学科在共享学术空间展示学术智慧的实力不足或意识不强——这也是我们主张修辞学研究融入大生态的原因之一。详后。

那么,是不是**修辞学研究的学术水平导致了学科弱势形象呢**?

学术研究水平评价的前提是**价值公正**,如何在价值公正的前提下评判修辞学研究水平? 学术评价的观测点应该是学术成果? 还是学者? 或是学科? 抑或上述观测点对应于不同权重的综合考量? 学科是学者所属学术共同体的共同身份,学者是作为学术人的个体符号,学术成果才是反应学术含量可以真实触碰的物质形态。学科或学者,可能是一个传说;学术成果可能不是传说(排除伪鉴定或水军点赞)。证明学者存在感和学科价值的,是学术成果。学术震撼来自学术产品会展,而不是学者秀,更不是以学科的名义为学者加分,进而为所属学科的学者成果加分。因此,作为学术评价指标的权重分配,我个人倾向于:**学科<学者<学术成果**。

但在实际操作中,可以越过以上基于个人理解的排序,考虑普适性的价值标准,设定基于学术成果、学者、学科等不同角度的观测点。

1. 如果以学术成果为评价对象,是否可以包括这样一些共同的观测点

(1)不同学科的代表性著作,原创性如何?

(2)不同学科的代表性著作,引领学科发展动向的影响力如何?

(3)不同学科的代表性著作,创新学科体系的可能性如何? 激发学术创新的能量如何?

(4)不同学科的代表性著作,理论资源的丰富性如何?

(5)不同学科的代表性著作,介于理论与应用之间的解释力如何?

(6)不同学科的代表性著作,研究方法的科学性如何?

(7)不同学科的代表性著作,研究方法的多样性如何?

(8)不同学科的代表性著作,在本学科的显示度如何?

（9）不同学科的代表性著作,在相关学科的显示度如何?

（10）不同学科的代表性著作,能够在什么样的学术层次与国际同类研究对话?

2. 如果以学者为评价对象,是否可以包括这样一些共同的观测点

（1）不同学科的代表性学者,学术视野是否开阔? 是否善于在国际学术大背景下为自身定位?

（2）不同学科的代表性学者,学术思维是否开放? 是否能够兼容多学科的理论和研究方法,以适应学科交叉的发展态势? 有无能力将来自相关学科的外源性理论改造成本学科理论?

（3）不同学科的代表性学者,学术眼光是否敏锐? 是否敏于发现有原创价值的问题?

（4）不同学科的代表性学者,理论建构的创新性如何?

（5）不同学科的代表性学者,具有什么样的知识结构支持他的理论创新?

（6）不同学科的代表性学者,是否具有创学派的奠基性成果?

（7）不同学科的代表性学者,是否具有创学派的持续性成果?

（8）不同学科的代表性学者,学科凝聚力如何?

（9）不同学科的代表性学者,所依托的学科平台如何?

（10）不同学科的代表性学者,所依托的学科平台和他的学术产出是什么样的比例关系?

3. 如果以学科队伍为评价对象,是否可以包括这样一些共同的观测点

（1）不同学科的学者队伍,发表学术成果的园地情况如何?

（2）不同学科的学者队伍,由本学科公认的标志性学术成果的人均产出情况如何?

（3）不同学科的学者队伍,在学术接力中体现的趋势如何（渐强 / 渐弱 /持平）?

（4）不同学科的学者队伍,与同层级学科享受公共学术资源的比例如何?

（5）不同学科的学者队伍,获得高规格资助的自然权力和其他可能性如何?

（6）不同学科的学者队伍,介入体现政府行为的学科规划的有决策力的人数比例如何?

（7）不同学科的学者队伍，参与本学科体现学科行为的重要学术活动的人数比例如何？

（8）不同学科的学者队伍，产生本学科领军人物和核心成员的自身条件如何？

（9）不同学科的学者队伍，产生本学科领军人物和核心成员的外部条件如何？

（10）不同学科的学者队伍，综合条件（1）—（9）和这支队伍的学术产出构成什么样的比例关系？

以上评价标准，不一定完全公正，因为仍不能排除变数，不能排除设定的评价指标之外的一些不确定因素。假定以学者为评价对象，上述10个观测点，也只能减少学术评价失衡的可能性，但是进入实际的学术评价过程，很难拒绝价值失衡不确定因素的干扰。

瑞恰兹在剑桥大学做过一个耐人寻味的实验：将一些实名诗作改为匿名形式，分发给文学系的受试，要求受试作出评价。实验结果显示：很多受试低评一流诗人的优秀作品，高评三、四流诗人的平庸之作。这项著名实验说明了一个道理：正像诗人姓名干扰文学评判，学者姓名也会干扰学术判断。作者姓名作为隐含信息，可能从当前学术文本的外围或边缘向文本之内乃至中心扩散，影响学术判断。学术体制往往放大了作者姓名指向学术层次的身份符号意义，学术评判会因此赋予作者姓名"超姓名"的意义。

在实名评价机制下，作者的学术身份干扰评价机制；作者的非学术身份同样干评价机制。当非学术权力处于比学术权力更强势的地位时，与实名对应的作者身份符号构成一定程度的威压，诱使或迫使学术权力妥协；当学术权力与非学术权力的界限模糊时，更容易出现后者越位，甚至形成威逼学术权力的非学术暴力。

在匿名评价机制下，作者姓名的身份符号意义被屏蔽，由此切断了作者姓名对被审读学术成果先入为主的潜在影响。但极少数作者的部分成果，以风格独特的个人话语及其包蕴的思想和智慧，使得成果审阅人可能还原出处于匿名状态的作者；或通过被审读学术成果的注释、参考文献等相关信息，还原出匿名作者。这时候，作者身份符号的附加值又会不同程度地干扰评价机制。

　　尽管有这么多变数，但还是可能更接近价值公正。毕竟，根据相同的指标得出综合积分（假如可以把各项指标量化为相应的权重分的话），比起印象式（包括不完整印象）的评价，至少可以避免单纯按照语言学其他子学科的评价标准来评价修辞学科的研究水准。

　　修辞学研究需要接受语言学其他子学科的审视和批评；同时相关学科也需要考虑修辞学科在大生态中的位置，考虑修辞学的学科性质和特点。有些问题也许可以在学科伦理学的层面讨论，比如说，如何在价值公正的前提下，考虑学科的平等生存权？如果这类问题短时间解决不了，那么有一点应该可以达成共识：天上的飞鸟评判水中的游鱼，评判标准不宜是鱼会不会飞；水中游鱼评判天上飞鸟，评判标准不宜是鸟会不会潜水。否则在双方眼中，对方都不符合"我"的评判标准。所以，不能简单地看大同行如何评价修辞研究；也不能简单看修辞学界如何评价大同行的研究，而应该看学术评判背后的标准是不是合理？胡范铸曾以"语法研究的修辞性"为考察对象，分析语法研究，文章得出的结论值得深思。①

　　正像游鱼和飞鸟互相评判需要考虑对方的差异性，学术评判需要考虑学科差异，如果超越"我"的学术标准，观察不同学科流向同一层次甚或同一刊物、同一栏目的研究成果，也许会发现，对修辞学研究成果的学术评判，有失公正。

　　以上是针对问题成因的分项分析，如果导致修辞学科弱势形象的原因是上述多重因素的综合作用，也应该找出主因，探求有利于修辞学科生存与发展的路径。

三、学科"强势／弱势"背后的隐蔽风景及相关问题

　　审视"强势／弱势"的学科状况，需要一种理性的眼光。因为：

---

　　①　胡范铸：《语法研究的修辞性：中国现代语法学史的另一种考察》，《修辞学习》2007 年第 2 期。

（一）"强势 / 弱势"是历史的过程

孔子的儒家思想,在两千多年前的鲁国和孔子游说的各诸侯国备受冷落。孔老夫子当年四处颠簸,搏上位,他未必想到儒术的弱势传播后来占据了话语中心;更未必想到一定历史时段不被看好的学说,后世奉为至尊,汉代以后长时期地强势介入国家意识形态,有力地控制着中国人的历史生存和现实生存。

"多年的媳妇熬成婆",是弱势角色向强势角色的华丽转身,也是中国传统社会媳妇的角色期待。可是今天的媳妇一旦熬成婆,情况正好相反。历史地看,这是弱势媳妇对强势婆婆的逆袭。

切换到学科视点,不难观察到同样的现象:20 世纪 80 年代,相对于文学学科来说,经济学、法学似乎相对弱势,但是今天,昔日风景不再。教育学更是经历了由弱势到强势的强劲反弹。钱锺书写作《围城》的年代,教育学科边缘化:

> 工学院的学生看不起文学院的,文学院的学生里外文系的看不起中文系的,中文系的看不起哲学系的,哲学系的看不起社会学系的,社会学系的看不起教育学系的,教育学系的学生没有学生可看不起,只好看不起系里的先生。

直到我读大学的 70 年代末、80 年代初,教育学仍是学生逃课最多的。记得一次大班上课,教育系主任(当时住教授楼的、为数极少的"腕")授课,应到 120 人,实到 19 人,有刻薄的学生说,这 19 名听课者还是看在授课教授女儿(跟我们同班上课)的份上。但近年以来,教育科学价值飙升,"课程改革"和类似课改指南的"新课标"成为教育新形势下的优质资源,教育学科一改曾经的弱势,进入强势周期。

所以,不要让"强势"/"弱势"的静态符号锁住了动态风景。

（二）"强势"/"弱势"是集体概念，也是个体概念

"强势"/"弱势",指向团队,也指向个人。以学科为观测点,审视学者;或者反过来,以学者为观测点,审视学科,情况就可能就比较复杂,因为:**学术共同体≠同质的整体**。

　　强势学科有弱势学者，弱势学科也有强势学者。学科强弱和学者研究能力强弱，不呈现正相关。作为集体，美国是体育强国；作为个体，美国有竞技水平很一般的运动员。作为集体，牙买加是体育弱国，但有强势的短跑团队；作为个体，有博尔特、弗雷泽等百米飞人。国际奥委会将金牌授予创造优秀成绩的运动员，而不是拥有优秀运动员的强势集体，体现的是"人的体育"。中国学术体制是否也应该更多地着眼于"人的学术"？

　　注重"人的学术"，就是"以人为本"。不幸的是，"以人为本"落实到学术活动中常常变形为"以人的所属为本"。当学科成为学术人的所属时，学科的强势或弱势作为集体意义上的附加值转置给了个体意义上的学科成员，人们据此植入对学科成员不一定符合真实状况的想象。

　　假定有两项研究成果，一项是关于鲁迅作品的国民性批判和现代性启蒙研究；另一项是关于鲁迅作品教材教法的研究，二者出自同一研究者之手，例如都是北京大学已故教授王瑶的旧稿，如果这两项成果在同一学术评价环节相遇，即使后者的学术含量超过前者，后者胜出的可能性也远远小于前者。在这样的情况下，与其说是两项研究成果的学术 PK，不如说是研究成果所属强势学科或弱势学科的没有悬念的游戏。然而，这是公正的学术评价吗？

　　优化的学术体制，是注重作为学者的个体研究能力？激发研究主体的**学术创新潜能**？还是滋长研究主体的**学科投胎**意识？引导个人期待学科红利？客观地说，修辞学科目前不具备强势学科的学术分红能力，不具备强势学科的资源优势和学术人气聚集效应。学科成员无缘学科红利，对学科来说，是一种无形的压力。

　　这种无形的压力，是容易观察的简单事实，遗憾的是我们的学术评价系统忽略了这一简单事实。而如果越过简单事实，深入观察，会发现更为复杂的情形——

（三）"强势／弱势"背后的逻辑链条及复杂组合

　　越过学科"强势／弱势"的现实图像，细察"强势／弱势"背后的隐蔽风景和复杂组合的多种可能性，学术界对学科"强势／弱势"的既定认识更有必要调整：学术研究对象属于强势学科，学术研究成果不一定进入强势传播;进入强势传播的研究成果,不一定进入主流学术视野;进入主流学术视野的学术成果,不一定在公共学术空间有影响力;在公共学术空间有影响力的研究成果,不一定辐射社会公共领域。例如"鲁迅研究",作为研究对象,强势特征明显,但是有的学者研究了一辈子鲁迅,研究成果甚至不为鲁迅研究的主流圈所了解;有的研究者研究的是公共学术领域的热门话题,研究成果也发表于主流学术期刊,但是看不出在公共学术空间的影响力,查阅这类研究成果的引证文献,清一色出自本学科、本领域。同样的反向组合,也可能见于弱势学科。弱势学科的学者研究所在学科的问题,谈论所在学科的话题,所在学科的理论建设绕不开他的研究,相关学科的学术目光关注他的研究。比较上述反向组合的多种可能性,是否应该细致地观察强势和弱势背后的逻辑链条及复杂组合?

以上描述,示如下表:

表 2-5　学科"强势 / 弱势"和学术认同—学术影响的复杂组合

学科状态	传播状态	学术认同	学术影响	社会影响
强势学科 +	强势传播 +	主流学术视野 +	影响公共学术空间 +	辐射社会公共领域 +
弱势学科 +	强势传播 +	主流学术视野 +	影响公共学术空间 +	辐射社会公共领域 +
强势学科 +	强势传播 +	主流学术视野 +	影响公共学术空间 +	辐射社会公共领域 −
弱势学科 +	强势传播 +	主流学术视野 +	影响公共学术空间 +	辐射社会公共领域 −
强势学科 +	强势传播 +	主流学术视野 +	影响公共学术空间 −	辐射社会公共领域 −
弱势学科 +	强势传播 +	主流学术视野 +	影响公共学术空间 −	辐射社会公共领域 −
强势学科 +	强势传播 +	主流学术视野 −	影响公共学术空间 −	辐射社会公共领域 −
弱势学科 +	强势传播 +	主流学术视野 −	影响公共学术空间 −	辐射社会公共领域 −
强势学科 +	强势传播 −	主流学术视野 −	影响公共学术空间 −	辐射社会公共领域 −
弱势学科 +	强势传播 −	主流学术视野 −	影响公共学术空间 −	辐射社会公共领域 −

表 2-5 显示:学科的"强势 / 弱势"产生的多种组合,都有对应形式。学科强势不是个人研究能力趋强的保证;学科弱势也不是个人研究能力趋弱的理由。学科弱势不是学术共同体的硬伤,更没有必要视为学科内伤。就学术研究而言,重要的不是所属学科强势抑或弱势,而是研究主体本身体现的学术活力,是研究成果的接受反应能否走出弱势状态。学科熊势背景下掘

金,也许更能见出研究者的能力。如果研究对象属于强势学科,但学术研究激不起学术兴奋点甚至不能引起学术注意,同样可能搁浅在弱势传播区间;如果研究对象属于弱势学科,但学术研究本身深入、厚重,并积聚了改变学科面貌的理论能量,甚或成为学术史、学科史无法删除的符号,同样可能进入强势传播通道。

毋庸讳言,中国修辞学科的现状属于弱势品种,分析其间的复杂成因和复杂关系,可以观察到一些被遮盖的征象:修辞学科的**体制性弱势 > 结构性弱势 > 学术性弱势**。学术性弱势存在于修辞学科,也存在于其他学科,因此学术性弱势不是修辞学科的孤岛风景。修辞学科的结构性弱势大于学术性弱势,如果熟悉中国修辞界的学科地图,也就熟悉当代修辞学研究的不同版本。人们说中国足球之殇在体制,其实,中国学术之困又何尝不在体制?体制将思想学术、智慧学术变味成政绩学术,调包了学术品质。体制性弱势强化了学术性弱势,学术性弱势加剧了结构性弱势,固化了体制性弱势。互相影响、互相作用的负性认知,PS 了修辞学科的弱势形象。

四、小结

(一)出于对修辞学的狭义理解,注重修辞学研究对象的语言性;出于对修辞学的广义理解,注重修辞学研究对象是语言性与言语性的统一,后者正视修辞学与众多相关学科互相缠绕的关系,承续中国修辞研究的历史传统,参照国外修辞学的发展状况,倾向修辞学区别于语言学其他子学科的学科身份认证,认为修辞学的学科身份不同于语言学其他子学科的“纯正血统”,似可看作语言学的学术特区。

(二)大生态系统中修辞学与相关学科的层级性交叉,产生学科认同环节同行评价的层级性架构。因此,修辞学研究在理论上似应分别成为小同行、大同行、超同行的学术认同对象:小同行、大同行、超同行对修辞学的认同,分别来自三级学科学术共同体、二级学科学术共同体、一级学科/相关一级学科学术共同体的公共视野。但修辞学科的生态系统中,同行学术认同的理想形态和现实形态产生了矛盾,分析问题所在,有利于修辞学科建设与发展。

（三）观察中国修辞学的学科状况，需要一种动态的眼光：既要看到学科"强势／弱势"的现实，也要看到"强势／弱势"背后的隐蔽风景和复杂组合的多种可能性，甚至不能排除反向的组合——学术研究对象属于强势学科，学术研究成果不一定进入强势传播；进入强势传播的研究成果，不一定进入主流学术视野；进入主流学术视野的学术成果，不一定在公共学术空间有影响力；在公共学术空间有影响力的研究成果，不一定辐射社会公共领域。同样的逻辑，也可以反向地用于弱势学科。正如美国是体育强国，但有竞技水平很一般的运动员；牙买加是体育弱国，但有强势的短跑团队，更有博尔特、弗雷泽等强势运动员。

第三章 问题驱动的学科发展思路：
融入大生态的广义修辞学研究

　　事物都有两面性：修辞学科不如人意的生存处境，修辞学科自我证明的难度，是修辞学界的"痛"；但是如果学科生存环境如亨利·戴维·梭罗笔下的瓦尔登湖，可能也就少了一些对学术人的挑战。

　　学科生态是学科生存条件，同时也可以成为学术研究的一部分。修辞学置身多层级学术共同体构建的大生态，但有效生态在哪一层级？却是自我选择的弹性空间：可以拓宽，也可以收窄。如同一个庄园主，如果他希望守在居所，足不出户，那么庄园及其周边环境对他来说，只是理论上的大生态。同样的道理，如果在学科大生态中踞守一方水土，也许正是自己选择了修辞学科深感无奈的边缘化？

　　为此，我倾向于修辞学研究融入大生态，向共享学术空间突围。

一、问题意识：广义修辞学研究融入大生态之
学术逻辑

　　从某种意义上说，学术共同体希望走进什么样的学术空间，他们实际上就在这个学术空间与学科生态互动，并在互动中构筑相应的研究格局。不同

的研究格局,显示了作为学术事实的修辞学"是什么"? 作为学术目标的修辞学"应如何"? 但深层掩盖着的,是学科利益、学术资源、学术体制相互制衡、相互协调、共同作用的活动。当学科处于压力情境时,学科成员自觉或不自觉地权衡,实际上也就自觉或不自觉加入了上述博弈。所以,在深层影响修辞学科生存的,是学术共同体需要建构什么样的学科身份和学科形象,以及被建构的学科身份和学科形象,如何成为学术共同体的隐形资源?

从全球视野观察,国外有影响的修辞学家,多具有巴赫金、克里斯蒂娃等推崇的"超语言学"知识结构,研究思路开阔。自亚里士多德以来的国际学术明星,往往同时在修辞学、文艺学和哲学领域发言。亚里士多德本人自不必说,著有《修辞哲学》的瑞恰兹兼涉修辞学、语义学、哲学,西方新修辞学代表人物博克同时涉足修辞学、文艺学、哲学,西方新历史主义文艺批评代表人物海登·怀特同时涉足修辞学、历史哲学、文艺学。这一学术事实对于广义修辞学来说,具有双重参照意义:它使得广义修辞学从修辞技巧向修辞诗学,再向修辞哲学的延伸,具有了交叉学科性质和跨学科视野的认识论基础;也具有了融入学科大生态、面向多学科共享的学术空间的实践论基础。

从本土学脉考量,中国人文学术传统擅长以文史哲不分家的方式解释世界。有着浓郁的人文传统和底蕴的修辞学研究,不应该割断这种传统;与"交叉学科/跨学科/多学科"有着难解之缘的修辞学研究,更不应该割断这种传统。但是在学科细分的学术体制中,这种传统似有淡化趋向。即使理论上强调传统,一旦涉及实际操作或学术评价,"学科化"、"专业化"的学术研究,有时还是变形为学术圈地运动。广义修辞学研究如何在理论与实践结合的意义上接续文史哲不分家的学术记忆?

从国际版本到传统资源,无论是全球视野中有国际影响的修辞学家同时在修辞学、文艺学和哲学领域发言,还是本土传统文史哲不分家的解释世界方式,都是小同行、大同行、超同行共同在场的修辞学研究。于是问题产生了:如果修辞研究仅仅是小同行的业内游戏,那么中国修辞研究既可能缺少融入全球视野的前提,也可能丢弃传统学脉? 但这些问题,较少进入学科发展的观察角度。学科成员一般理解的学科形象,只是学科活动和学科成员学术成果的总和,较少思考学科框架、研究格局、学科建设思路、提振学科形象等等多重因素的相互牵扯和相互作用力，也较少思考这背后的学术逻辑。在这个逻辑链条上，问题的产生和解决思路共同指向——修辞学研究为什么要融入大生态？如何融入大生态？怎样在学科大生态中寻找有利于修辞学科建设与发展的位置，需要智慧，更需要执行力。

融入大生态的修辞学研究，可以在更开阔的学术视野和思想空间产生问题意识，推助问题驱动的学术研究；可以在更宽广的学术空间聚集，有利于学术传播的规模效应，提升学术成果的公共影响；可以开放性地选择多元的话语平台，有利于增强研究主体的自主权和学术活力，引导研究主体跟踪相关学科前沿态势，也有助于注入创新动能，与学科内在驱动能量产生合力，推动修辞学研究与相关学科的智慧相互碰撞，推动大生态中的相关学科共同发展，更好地体现修辞学的交叉学科性质和跨学科视野；而基于交叉学科性质和跨学科视野的修辞学在大生态系统中也能够更好地体现存在价值：让大同行、超同行了解修辞学科"做什么"？"怎样做"？"为什么这样做"？

促进大同行、超同行对小同行学术作为的了解，不在于修辞学科的**话语音量**，而在于学科成果的**学术含量**。正像足球场上漂亮进球激发的人气高于先进的足球理念。"足球用脚说话"，学术研究用成果说话。研究成果在学科生态系统中的显示度和关注度，是修辞学科无声的语言；正像客场的漂亮进球比主场的漂亮进球含金量更高——它可以博得更多对方球迷的喝彩，显示度和关注度更高的修辞学研究成果，在大同行和超同行的话语平台。

学术成果的显示度和关注度，隐含了"看"和"被看"的关系：通常情况下，被"关注"的对象，在可"看"的视域"显示"，才有可能"被看"——除了偷窥。

问题正在这里，由于历史的原因，中国效仿前苏联的学科细分，弱化了公共阅读，学者们习惯于阅读本学科的主流期刊。因此，希望小同行话语平台的学术"显示"引起大同行、超同行的学术"关注"，可能不太现实。在学术信息海量汇积的现状下，大同行和超同行关注更多的，自然是自己所在学科的主流刊物。

在这样的学术背景下，为提振修辞学科形象而提高研究成果显示度和关注度的最直接可行的方式，是融入大生态的修辞学研究成果在大同行、超同行的学术视野显身。既然修辞学研究的学术认同需要考虑学科大生态，那么小同行走出自家庭院，在别人的话语场，行云流水地叙述，应是另一种气象、另一种格局的学术美学。小同行的研究成果在大生态中的主流期刊跟大同行、超同行的成果共同进入阅读视野，让大同行、超同行从他们阅读的学术文本，接触修辞学科的思想、理论，以及其将转化为学术叙述的学术话语，也许更具有实际意义，并可能产生"话后行为"。当然，小同行必须面对的困局是：弱势学科向强势学科展示研究成果的学术含量，必当增加难度系数。但难度系数同时也是自我提升的刺激因素：刺激有思想、有智慧、有方法、有技术、有文献支持的学术生产。

武林中人期待知遇，拳术或棒术、刀法或剑法，是他们无言的表达。没有交手的时候，他们可能互相蔑视，甚至呵斥对方"快快下马受降"。一旦彼此交手，他们会从彼此出招和接招读出对方的攻防能量：是否快、准、狠？是否老辣？是否流畅？有无破绽？如果说交手是在共同的游戏规则中使武林中人通过近距离接触互相欣赏（《水浒传》中的王伦之类除外），那么学林中人则在小同行、大同行、超同行彼此的学术叙述和学术阅读中互相发现和相互走近（自视"学术帝"者除外）。而修辞研究融入大生态的意义，就是促进小同行、大同行、超同行的互相发现和相互走近。假如你有一套中国服装，你认为具有中国元素，为什么不穿上它和别国的服装品牌在同一个 T 台亮相？如果 T 台印象就是你 out，那就承认现实（除非审美取向转轨）；如果你的中国服装有看点，为什么不融入更广阔的消费市场？难道我们宁愿相信：守在闺中的抱怨反而更能集聚市场人气？

以上所述可能招致反诘——我因自己的学术兴趣与修辞相遇，为自己的学术信仰而研究，别人怎么看，与我无关。学术研究当然需要这种精神。但是从另一个角度说，学术研究是向社会发言，修辞学研究更是在大生态向社会发言，如果始终激不起回响，是否有悖修辞学引导"认同"的本质？这就像"我参与，故我在"的体育运动，哪怕只是"一个人的奥运"，也是一个人在全球视野中的奔跑。至于中国军团的奥运、中国主办的奥运，更是同行同台共舞的激情表演。

二、探索十年: 广义修辞学研究融入大生态之学术实践

融入大生态的修辞学研究突围,需要理论证明,更需要实践探索。为避免理论空谈,本章所述,侧重后者。

实践考量的一个重要维度,是观察个人行为—团队行为—学科行为能否产生和谐共振。下文的梳理,分别指向个人、团队和学科。

（一）个人探索:学术关注度较高的"问题"转换为广义修辞学视野中的"话题"

钱冠连《中国修辞学路在何方》曾论及《广义修辞学》是"成功突围的实际先行"[①],"成功"和"先行",是钱先生溢美,但作为《广义修辞学》作者之一及"修辞学研究突围"和融入大生态最早的参与者之一,愿意以身相试。

尝试性的探索,从学术"生产—消费"模式考量:

学术研究在"问题驱动—话题提炼—话语出场"的转换中实现,从"问题驱动"到"话题提炼",都关涉学术研究如何走出自给自足的学术"生产—消费"模式,同一学术"问题",经小同行、大同行、超同行不同的"话题"提炼,以学术叙述的不同"话语"形象,在同一话语平台共同出场,促进不同学科就共同关注的学术问题进行有具体所指的对话,而不是无边际的泛对话,或虚拟对话。

为减少学术"生产—消费"自给自足的惯性,我倾向于融入大生态的修辞学研究成果部分地向大同行、超同行主流刊物流动。

作为个人探索,带着广义修辞学的印记,落实为"问题"向"话题"的转换:

1. 将大同行 > 超同行关注的"问题"转换为广义修辞学视野中的"话题"

主要立足于大同行层级的学科生态,修辞学研究由所在三级学科向所属

---

① 钱冠连:《中国修辞学路在何方》,《中国社会科学报》2010 年 1 月 5 日。

二级学科语言学相关领域延伸,兼及超同行的同类研究。选择大同行、超同行目光所及但可以重新解释的研究对象:

(1)语用环境中的语义变异

这是国家社科基金项目语言学课题指南曾连续几年强调"应加强"研究的问题。同类研究多有大同行的智慧成果,也有超同行介入。

吸纳同类研究智慧,同时避免重复性研究,"广义修辞学视野中的语义变异及相关探讨"系列论文,依据广义修辞学"三个层面,两个主体"的解释框架,解释语用环境中的语义变异,从四个方面区别于同类研究:

1)在"修辞技巧"层面,注重解释语言事实与语言规则的匹配在自然语义或逻辑层面断开后进行修辞连接的动因与机制。构拟解释框架,提出相关概念,提取相应解释模式——

由于语义变异是从不变的源语义到可变的目标语义的转移过程,我们采用"参照点—变动项"的研究思路和流动视点。参照点的观察对象是义位,变动项的观察对象是义位变体,据此构拟"义位—义位变体"解释框架。

作为参照点的义位可以根据词典释义提取;作为变动项的义位变体则需要下位概念支撑。这就涉及"义位变体"下位概念的选择以及选择标准问题。为避免选择角度和条件纷乱,我们采用统一标准,设定统一的参数条件:

——语义变异的承载体是否具有自然语言的词条身份?

——语义变异的承载体是否具有词典记录的固定义项?

——语义变异的承载体是否可以依据词典释义概括出相应义位?

依据以上参数条件,尝试选择处于变动项的"亚义位"、"自设义位"、"空义位",作为"义位变体"的下位概念。

表 3-1　义位、亚义位、自设义位、空义位的区别特征

参　数	义　位	亚义位	自设义位	空义位
自然语言的词条身份	+	+	+	−
词典记录的固定义项	+	~	−	−
依据词典释义概括的义位	+	−	−	−

依据给定的参数条件,似可区分义位、亚义位、自设义位、空义位。从+、－符号分别标示的具有或不具有某参数观察,只有义位具有全部条件,记作 [＋＋＋];亚义位、自设义位、空义位分别记作 [＋~－][＋－－][－－－],这样比较利于排除概念内涵与外延的交叉,也便于识别。处于亚义位的语义已经凝固,但未进入词典记录的静态词义系统。从有无词典记录的固定义项观察,它不完全"有",也不完全"无",所以上表用"~"标示。

遵循"参照点—变动项"的研究思路,以义位是否转移,判断语义变异;依据语义变异呈现的义位转移路线,提取相应模式:

表 3-2　语用环境中语义变异的四种模式

研究思路	参照点—变动项	覆盖语义变异类型
解释框架	义位—义位变体	
语义变异模式	义位 A → 义位 B	源语义(自然语义 X)→目标语义(自然语义 Y)
	义位→亚义位	源语义(自然语义 X)→目标语义(自然语义 Y′)
	义位→自设义位	源语义(自然语义)→目标语义(非自然语义)
	义位→空义位	源语义(自然语义)→目标语义(非自然语义′)

该解释框架及提取的相应模式,似可解释同类研究未全部覆盖的语义变异事实[①],希望探讨推进同类研究的可能性。当然也需要在进一步的探讨中观察该解释框架的解释力以及需要完善修正的理论支持。

2)在"修辞诗学"层面,注重解释语用环境中的语义变异如何在大于词和句的语言单位中释放修辞能量,如何观察并解释语义变异推动的语篇叙述及其可推导性。[②] 样本分析如余秋雨《废墟》的语篇叙述,由义位(记作"废墟0")/自设义位(记作"废墟1……n")交叉推动。

---

① 参见谭学纯:《语用环境中的语义变异:解释框架及模式提取》,《语言文字应用》2014 年第 1 期;《语用环境中的义位转移及其修辞解释》,《语言教学与研究》2011 年第 2 期;《亚义位和空义位:语用环境中的语义变异及认知选择动因》,《语言文字应用》2009 年第 4 期。

② 参见谭学纯:《"这也是一种 X":从标题话语到语篇叙述》,《语言文字应用》2011 年第 2 期;《"这也是一种 X"补说:认知选择、修辞处理及语篇分析》,《语言教学与研究》2012 年第 6 期。

《废墟》全文 29 个自然段,"废墟 0"和"废墟 1……n"所处叙述位置如下图:

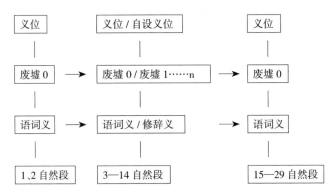

图 3-1 "废墟"语义和《废墟》语篇叙述结构

进入《废墟》语篇的关键词"废墟",不仅仅是词典中的一个词条,同时也是《废墟》语篇结构中的一个不可变成分(废墟 0)和可变成分(废墟 1……n)的结合体。

"废墟 0"和"废墟 1……n"合成了《废墟》语篇叙述的动力系统。出于叙述结构的需要,叙述起始位置和全篇后半部分,锁定在义位上的"废墟 0",消除所指的含混,确保语篇叙述始于并终于一个固定的语义对象。但语篇中段的叙述展开,在"废墟 0"/"废墟 1……n"之间频频切换,以免拘于"废墟 0"语义的思想空间受挤压,同时阻止文中不断临时生成的"废墟 1……n"在自设义位造成"撒得开,收不拢"的思想漫游。语义开放的"废墟 1……n"对"废墟 0"的语义偏离方向是离散的,但不是杂乱无章,而是汇聚为一个有序的系统,支持语篇生成。

"废墟 0"展现的是一个灾难性事件的现场。由于认知主体的心理参与,这个现场的物理形态,可以转化为审美现场和文化现场。这个现场的过去形态,可以转化为重新建构的废墟记忆和感悟。已知的世界在"废墟 0"定格,未知的世界从"废墟 1"开始。语篇叙述从"废墟 0"出位,在"废墟 1……n"重新定位。后者在自设义位进行话语扩张。语篇叙述中被追踪的"废墟 1……n"不断携带新的语义,重建关于"废墟"的修辞形象。这让人想到德里达的精彩表述:所指在能指的漂移中不断偏离自身。

德里达的表述很睿智,但需要修正:一方面,当前文本中"废墟 1……n"的所指在能指的漂移中不断偏离"废墟 0"的语词义;另一方面,"废墟 1……n"语义的修辞化变异,不是为了语篇叙述最终抛开"废墟 0"的语词义,走向与人们关于"废墟 0"的公共经验无关的"废墟 1……n"。所以,作家在自设义位构建"废墟 1……n"的语义,并间或启动义位上的"废墟 0"。义位上的"废墟 0"和自设义位的"废墟 1……n",轮番为语篇输入叙述能量。

作为对"废墟 0"和"废墟 1……n"的认知支持,《废墟》全文轮番依托概念认知/修辞认知,交叉调动认知主体的公共经验和个人经验,义位上的"废墟 0"和自设义位的"废墟 1……n"在概念认知和修辞认知之间游移,一步步地接近语篇主题。①

修辞诗学研究与超同行的"叙述学"研究,存在交叉的可能,二者如何区别? 修辞诗学研究与大同行主流的"语篇"研究,也存在交叉的可能,二者如何区别? 有学者论及这一点 ②。本书第四章也将涉及这一点。

3)在"修辞哲学"层面,展开和延伸广义修辞学的主要观点之一:"人是语言的动物,更是修辞的动物"。语用环境中的语义变异,体现人作为"修辞动物"的认知特点及其话语权和解释权。样本分析如《四个动词的七种修辞化诠释》,比较"躺"、"坐"、"站"、"走"的语词义和修辞义,认为前者的语义在词典释义中封闭,指向人的日常化存在方式;后者的语义在解释的自由中开放,指向人的审美化存在方式。人对存在的体验,更多地借助修辞,而不是借助抽象的语言。"躺"、"坐"、"站"、"走"的修辞化释义,作为人与外部世界对话的激活点,以鲜活的语言事实诠释"人是语言的动物,更是修辞的动物"③。此类研究希望探讨人究竟如何以修辞的方式认知世界? 以及修辞如何丰富了认知主体的精神世界? 也希望据此走出修辞学研究曾遭诟病的"小儿科"格局,在修辞学理论与实践层面进行价值提升的尝试。

4)在"表达—接受"互动关系中,提取语用环境中的语义变异和认知

① 参见谭学纯:《广义修辞学演讲录》,上海三联书店 2012 年版,第 195—196 页。
② 参见朱玲:《广义修辞学:研究的语言单位、方法和领域》,《福建师范大学学报》2013 年第 3 期;肖翠云:《文学修辞批评两种模式及学科思考》,《福建师范大学学报》2013 年第 3 期。
③ 参见谭学纯:《广义修辞学演讲录》,上海三联书店 2012 年版,第 155—166 页。

主体的信息加工 / 理解模式,在不涉及更为复杂的因素的语用环境下,信息运动的起点和终端,有 4 种类型:

表 3-3　语义变异和认知主体的信息加工 / 理解模式

言语表达	言语接受	信息运动
概念认知	概念认知	公共经验→公共经验
概念认知	修辞认知	公共经验→个人经验
修辞认知	概念认知	个人经验→公共经验
修辞认知	修辞认知	个人经验→个人经验

作为表 3-3 的延伸形式,"表达—接受"互动过程中的信息处理可能呈现为复合模式:

其一,"表达—接受"互动关系中基于双轨认知的信息处理。

其二,特殊交际语境中信息处理的概念认知和修辞认知。

其三,可能出现的更为复杂的情况:例如军事行动代码由表层的修辞表达产生了修辞接受,则可能意味着作为军事行动修辞代码的能指和所指的唯一性不再成立。以"沙漠风暴"为例,脱离海湾战争的语用环境,言语"表达—接受"过程中的信息运动将从复合模式退回简单模式,并因语用环境的不同,产生认知分化:

概念认知→概念认知　例如气象概念的"沙漠风暴",在强制性语用环境中,表达者的公共经验与接受者的公共经验对接。

概念认知→修辞认知　例如气象概念的"沙漠风暴",在非强制性语用环境中,表达者的公共经验向接受者的个人经验转换。

修辞认知→概念认知　例如非军事行动的修辞代码"沙漠风暴",在非强制性语用环境中,表达者的个人经验向接受者的公共经验转换。

修辞认知→修辞认知　例如非军事行动的修辞代码"沙漠风暴",在非强制性语用环境中,表达者的个人经验与接受者的个人经验对接。

军事行动的修辞代码带有密语性质,如果接受者在偶然语境中,获悉了密语的意义,等于接受者事实上参与了这句密语的语义设定。如果在集团对抗中,密语的意义被密语交际圈之外的接受者截获或破译,同属此类。

考虑认知主体在信息处理过程中表达者和接受者之间的角色转换所体现的更为复杂的情形,并据此考察概念化的世界如何进入修辞化的"编码—解码"秩序,希望为语义认知和中文信息处理提供现有解释之外的广义修辞学观察与分析。[①]

（2）语言教育

这是大同行、超同行、小同行共同关注的问题。其中超同行批判音量更高,如孙绍振的批判以"炮轰"、"直谏"为关键词,直谏中学语文教学;大同行的关注更具规模效应和平台依托,后者涉及宏观、中观和微观层面,相对集中的探讨如:

1）母语教育成效,《中国大学教学》曾连载两组笔谈[②],另有王宁、李宇明、马庆株等学者先后介入讨论。[③]

2）语言教育思想和策略,张志公、邢福义、李如龙、陆俭明均有睿见。[④]

本书作者部分成果将超同行、大同行强烈关注的"问题",转换为广义修辞学视野中不重复同类研究的"话题":

针对1）,指出语言教育的对象是活生生的人,但实施语言教育的手段主要是干巴巴的概念。如何使活生生的人在接受语言教育的过程中找回鲜活的修辞思维,是我们的语言教育从理论到实践应该面对的问题。[⑤]

针对2）,提出"三基于"的语言教育策略:基于国家发展战略的语言教育,基于言语运用与理解实践的语言教育,基于双轨认知（概念认知／修辞认知）途径的语言教育。[⑥]

---

① 参见谭学纯:《语用环境:语义变异和认知主体的信息处理模式》,《语言文字应用》2008年第1期。

② 参见蒋绍愚、邢福义、刘焕辉、黄德宽:《语言学教学改革笔谈（一）》,《中国大学教学》2002年第5期;曾宪通、王宁、黄国营、尉迟治平:《语言学教学改革笔谈（二）》,《中国大学教学》2002年第6期。

③ 参见李宇明:《语文现代化与语文教育》,《语言文字应用》2002年第1期;马庆株:《信息时代高校语文教育刍议》,《中国大学教学》2002年第1期;王宁:《语文教学与提高言语运用能力》,《中学语文教学》2005年第8期;于龙、陶本一:《教材编写没过认字关》,《语言文字应用》2010年第1期。

④ 参见张志公:《关于语言教育的几个问题》,《安徽师范大学学报》1979年第3期;邢福义:《双语教育与民族精神》,《中国教育报》2003年3月11日;李如龙:《关于语言教育的改革》,《云南师范大学学报》2003年第1期;陆俭明:《词汇教学与词汇研究之管见》,《江苏大学学报》2007年第3期。

⑤ 参见谭学纯:《语言教育:概念认知和修辞认知》,《语言教育与研究》2005年第5期。

⑥ 参见谭学纯、肖莉:《全球化背景下的中国语言教育对策和话语权》,《语言文字应用》2006年第4期。

（3）中国的国际话语权

中国的国际话语权，是政治问题、文化问题，也是经济问题、军事问题，同时也是学术研究中的身份认同问题，鲁国尧有感于语言学理论的学术传播多重播欧美的声音，追问语言学概念术语为什么总由欧美人提出？邢福义强调处理好引进外来理论与汉化的关系。李宇明从国际秩序思考"中国的话语权"。大同行的追问与思考，关系到全球化格局中的主权国家如何捍卫平等话语权的尊严。①

作为一种学术参与，本书作者强调：全球化背景呼唤全球视野，但应警惕学术研究的洋务运动，警惕以全球化的名义唱空中国学术，警惕全球化扭曲为"去中国化"。全球化不是西方学术必定优于中国学术的文化想象，不是"西方创造—中国制造"的学术版本，不是为西方学术话语出具中国学术证明。中国学术需要在接受国际化的公共概念系统的同时，输出属于我们自己的、同时又能够进入国际认同的公共概念系统的话语，推动中国话语进入全球化的交际平台。中国学者不要忘了在全球化语境中做中国学问，体现中国立场，播放中国声音，维护中国形象，护卫全球化格局中有实质意义的中国话语权，否则将导致国家文化软实力竞争在全球格局中的颓势。②

2. 将超同行＞大同行关注的"问题"转换为广义修辞学视野中的"话题"

主要立足于超同行层级的学科生态，修辞学研究由所属二级学科向所涉一级学科延伸，兼容中国语言文学一级学科的学术优长、整合相关学科有解释力的研究方法。兼采大同行同类研究之长。

（1）为"重写文学史"提供广义修辞学的观察与思考

作为新时期以来中国最有影响的学术口号和学术事件之一，"重写文学史"的初始平台是《上海文论》1988—1989 年间推出的专栏，从 20 世纪 80 年代末以上海和北京为中心，以《上海文论》为主要学术园地组织的相关讨

---

① 参见鲁国尧：《词语创造的心路历程》，《语言教学与研究》2005 年第 1 期；邢福义：《朱斌等〈汉语复句句序和焦点研究〉序》，世界图书出版公司 2012 年版，第 1 页；李宇明：《中国的话语权问题》，《河北大学学报》2006 年第 6 期。

② 参见谭学纯、肖莉：《全球化背景下的中国语言教育对策和话语权》，《语言文字应用》2006 年第 4 期。

论，到《文艺研究》强势介入，到 90 年代中期文学界"重排文学大师座次"，再到 2005 年复旦大学出版社出版中译本夏志清（美国）《中国现代小说史》，直到更为晚近的研究，可以不断地读出按照多元标准重新洗牌的文学思潮、文学社团、文学期刊、文学流派、文学地图、文学家、文学经典、文学批评……茅盾出局，金庸入场；张爱玲、沈从文从边缘入主中心，现象的背后，是文学史的学术生产机制中符号资本与文化权力的博弈。20 世纪末中国当代文学史著作扎堆，从文学的自我认同到历史分期，从材料的重新挖掘到重新解释，以及围绕这一切的文学史叙述，在"重写文学史"的学术兴奋中轮流坐庄。

本书作者部分成果，介入但不重复同类热点研究，指向不同于同类研究的学术目标。见附录 3。

（2）广义修辞学视野中的文学语言和文学修辞研究

修辞学研究领域能够吸引小同行、大同行、超同行共同关注、并且都能够发表学术见解的问题，莫过于文学语言和文学修辞。由于学术背景、学科经验的差异，小同行、大同行、超同行共同参与的此类研究，可以区别为不同的模式：

模式 1：小同行、大同行基于语言学学科经验的研究

提问角度：提出文学文本中的语言学问题。

研究目标：对提出的问题作语言学解释。

学术面貌：偏向于语言学的学术面貌。

理论资源和研究方法：偏向于语言学理论资源；偏重形式验证、定量研究、实证研究、统计分析、数理分类、规则提取等，以微观研究为主。

成果流向和接受反应：研究成果主要流向语言学刊物或综合期刊的语言学栏目；主要面向语言界读者，接受语言界的学术评价，研究主体较少考虑研究成果在文学界的学术关注度。

研究实例：蓝纯、赵韵《〈红楼梦〉中跨等级道歉的语用研究》以社会地位为主要研究变量，结合语用学中的面子理论和礼貌准则，分析《红楼梦》前八十回 11 次跨等级道歉行为，结论是：下级道歉者通常遵循（Gu, Yueguo 1990）提出的贬己尊人准则，采取独立性策略乞求宽恕，上级道歉者通常遵循 Leech（1983）提出的同情准则，在采取参与性策略的同时注重保护自己的面子。这

与 Scollon，R.&Scollon，S.W.（2000）提出的跨等级礼貌体系大体吻合。①

模式 2：超同行基于文学学科经验的研究

提问角度：提出文学史、文学思潮、文学叙述、文学批评中的修辞意识和修辞策略问题。

研究目标：对提出的问题作文学解释。

学术面貌：偏向于文艺学的学术面貌。

理论资源和研究方法：偏向于叙事学、尤其是后现代叙事理论资源；偏重定性研究、审美研究、理论思辨和命题演绎等，兼及微观研究和宏观研究。

成果流向和接受反应：研究成果主要流向文学刊物或综合期刊的文学栏目；面向文学界读者，接受文学界的学术评价，研究主体较少考虑研究成果在语言学界的学术关注度。

研究实例：张清华《时间的美学———论时间修辞与当代文学的美学演变》从提问角度、研究目标、学术面貌到理论资源、研究方法及成果流向，都明显区别于模式 1。论文在宏观的历史文化和艺术背景中，深入挖掘决定作品美学特征的时间修辞，认为来源于"革命"和"现代性"的当代红色叙事，主要的时间修辞是"区段化"和"断裂式"；这种修辞导致了革命叙事特有的喜剧与壮剧的美学特征；20 世纪 90 年代，民族传统的"循环论"时间修辞的复现，以个体生命为时间刻度的"完整的历史长度"的出现，使文学叙事重现了中国传统典型的悲剧结构与悲剧历史美学，民族独有的叙事特质与古老的美感神韵再度呈现。②

区别于小同行、大同行、超同行的同类研究，作者探索兼容模式 1—2 所长的第三种模式：

模式 3：整合语言学—文学学科经验的研究

提问角度：提出与"语言世界—文本世界—人的精神世界"相关联的文学语言、文学修辞问题。

研究目标：打通语言学和文学的研究空间，解释提出的问题。

---

① 蓝纯、赵韵：《〈红楼梦〉中跨等级道歉的语用研究》，《当代修辞学》2010 年第 2 期。

② 张清华：《时间的美学——论时间修辞与当代文学的美学演变》，《文艺研究》2006 年第 7 期。

学术面貌:体现文学语言、文学修辞研究在跨学科视野中的交叉学科学术面貌。

理论资源和研究方法:兼容语言学—文艺学理论资源,综合运用模式1、2的研究方法,注重文献梳理、比较观察、形式验证、规则提取,及文学现象、文学思潮、文学史的整体把握,微观分析和宏观审视并重。

成果流向和接受反应:研究成果主要流向语言学/文学刊物,面向语言界和文学界的读者,接受两种学科眼光的审视。

研究实例:谭学纯《身份符号:修辞元素及其文本建构功能》以人民文学出版社1977年版《李双双小传》为版本依据,对小说修辞角色李双双21个身份符号的语用频率做穷尽统计。在量化分析的基础上,阐释这些身份符号作为修辞元素在文本中的分布及其承担的文本建构功能,解析与李双双身份符号相关联的身份认证、话语权力、作品的文化主题,以及相应的修辞策略。 由此延伸出对文学修辞研究方法的探讨,提出"从语言学/文学的文学修辞研究,走向兼容语言学—文学理论资源和研究方法的文学修辞研究"[1]。

依据模式3的研究思路,需要回答:

1)文学语篇的修辞结构和叙述结构是什么样的关系? 哪些修辞元素支撑了语篇叙述结构,并对人的精神世界有解释力?

2)这些修辞元素通过什么样的修辞设计完成了语篇的整体建构? 这些修辞元素在语篇整体建构和解释人的精神世界的意义上,为什么是效果优化的?

3)分析成功的文学修辞"该如何"和不成功的文学修辞"是如何",既注重语言在语篇修辞化建构中的积极能量,也解析语言如何成为语篇修辞化建构过程中的负性元素。从正反两极逼近同一个审美尺度:文学经典,应该同时是语言经典。

模式3的研究重点相对集中在探索从语言学/文艺学各自为政的文学语言/文学修辞研究,走向兼容语言学—文艺学理论资源的研究,整合语言学和文艺学的学科智慧和研究方法,重建不同于语言学界/文学界文学语言和文学修辞研究的第三种模式。

---

[1]　参见谭学纯:《身份符号:修辞元素及其文本建构功能》,《文艺研究》2008年第5期。

不同的研究模式,各有存在的理由和价值。研究模式与研究成果的质量之间没有直接的对等关系。研究模式只是产生研究成果的一种可能性,研究成果本身才反映实现这种可能性的执行力。正像好莱坞模式可以制作奥斯卡经典,也可能留下失败的记录。同样的模式生产出的研究成果,可能是精品,也可能是泡沫;学术面貌可能新潮,也可能陈旧。一些选择模式1、2且对象可控、方法可行、结论可信的研究成果,不同程度地为我们提供过有益的学术参照,本书作者有过倾向于模式1、2的写作经历。从20世纪80年代中后期语言学转向背景下的文学语言热,及延续到90年代前期的文学语言学批评,再到修辞学转向背景下文学修辞批评[①],有自己的持续性参与。在后来的研究中,观察和思考模式1、2的优长,探讨二者兼容互补在学理上的可能性和技术上的可操作性[②],在打通语言学和文学学科界限的意义上开始倾向于模式3的系列探索。[③] 同时继续注视模式1、2的学术智慧,尊重多元共存的研究风格——这样说,不是学术作秀,因为我相信:当学术研究的多元格局归为一种套路的时候,这唯一的一种套路一定显得孤独而苍白。

(二)团队协作及其拉动的学科生长点培育

这里所说的团队,指的是修辞观相近的学术群体,成员包括:《广义修辞学》作者、及在其所在学位授权点有过学习或研究经历的硕士、博士和出站、

---

① 参见谭学纯:《文学和语言:广义修辞学的学术空间》附录3之三"系列论文6组",上海三联书店2008年版。

② 参见肖莉:《语言学转向背景下的小说语言变异研究综论》,《福建师范大学学报》2007年第1期;肖翠云:《中国语言学批评:行走在文本与文化之间》,黑龙江人民出版社2010年版,第122—123、144—146页;高万云:《理论与方法:新世纪文学语言研究之研究》,《当代修辞学》2011年第2期。

③ 参见谭学纯近期系列论文:《"这也是一种X":从标题话语到语篇叙述》,《语言文字应用》2011年第2期;《"这也是一种X"补说:认知选择、修辞处理及语篇分析》,《语言教学与研究》2012年第5期;《再思考:语言转向背景下的中国文学语言研究》,《文艺研究》2006年第6期;《中国文学修辞研究:学术观察、思考与开发》,《文艺研究》2009年第12期;《身份符号:修辞元素及其文本建构功能》,《文艺研究》2008年第5期;《"存在编码":米兰·昆德拉文学语言观阐释》,《中国比较文学》2009年第1期;《巴赫金小说修辞观:理论阐释与问题意识》,《中国比较文学》2012年第2期;《巴金〈小狗包弟〉:关键词修辞义素分析和文本解读——兼谈文学修辞研究方法》,《华东师范大学学报》2007年第5期;《一个微型语篇的形式、功能和文体认证》,《华东师范大学学报》2011年第6期;《小说修辞批评:"祈使—否定"推动的文本叙述》,《文艺研究》2013年第5期。

在站博士后（包括一位戏称"第三代"的博士,即由倾向于广义修辞观的学习和研究经历的博士博导指导的博士）。

简单梳理融入大生态的团队广义修辞学实践及其拉动效应。

1. 团队融入大生态的成果流向和国家资源配置:数据预处理和数据分析

基于交叉学科性质和跨学科视野的修辞学成果流向,可以逆向地传递学术研究融入大生态的部分信息:假如历史哲学研究成果分别出自历史学科和哲学学科的学者,分别流向本学科专业期刊,哪怕是主流期刊,也不一定能够很好地证明历史哲学研究融入大生态。而如果历史学科的历史哲学研究成果流向哲学学科的专业期刊;哲学学科的历史哲学研究成果流向历史学科的专业期刊,传递的学术信息可能不一样。后一种成果流向的学术意义容易被忽视。广义修辞学团队尊重前一种成果流向,也注意到后一种倾向,并在学术实践中尝试性地改变前一种倾向。

近十年广义修辞学团队 13 位成员流向语言学类、文学艺术类权威期刊的成果 43 篇,流向 CSSCI 来源期刊的论文 131 篇,涉及国内 45 种刊物。对照高群 2012 年年底统计的《广义修辞学》作者近年成果流向,可以观察到一些共性特征:"《广义修辞学》出版以来,两位作者发表的 100 多篇论文中,近 50 篇见于《文艺研究》、《中国比较文学》、《外国文学》、《语言文字应用》、《语言教学与研究》、《语言科学》、《南大语言学》、《外语与外语教学》、《清华大学学报》、《华东师范大学学报》、《南京师范大学学报》、《暨南大学学报》、《华南师范大学学报》、《郑州大学学报》、《辽宁大学学报》、《辽宁师范大学报》、《安徽师范大学学报》、《湖南科技大学学报》《学术界》、《东方丛刊》、《湖南社会科学》、《社会科学研究》、《古籍研究》、《辞书研究》、《光明日报》、《中国社会科学报》等刊物。"[①] 成果流向也许可以从一个侧面印证本书图 1–3 所示"修辞学"与"交叉学科 / 跨学科 / 多学科"的关联;从实践层面部分地支持本书上篇的理论表达:修辞学研究需要并且能够走出学术"生产—消费"自给自足模式,融入学科大生态。

---

① 　高群:《反思广义修辞学:学科建设价值与局限》,《福建师范大学学报》2013 年第 3 期。

上述不算亮眼的统计数字,如果在一个参照系中观察,也许可以传递团队融入大生态的部分信息:由于多方面的原因,修辞学研究的成果流向,相对集中在小同行的专业刊物。而修辞学科生态中话语权分配以及修辞学科在大生态中的位置,决定了淡出大同行、超同行视线的修辞学研究成果的关注度弱化。另据高志明、高群整理的修辞格研究学术文献显示:新时期以来三十多年间四万多条成果记录,主要发表园地是专科学报和一些以普及语文知识为主体面貌的刊物。① 这些研究成果不乏有内涵的品种,也不乏之于学科建设有积极意义的学术文献,但在国内"被权威"、"被高端"的学术体制中,学者们殚精竭虑的付出,没有得到应有的尊重。主流视野中学术关注度的提升,较多地关联着学术成果在大同行、超同行学术视线中的显示度。融入大生态的团队突围,进行了这方面的尝试。

小同行和大同行共同熟知的另一个学术事实是:修辞学科在课题立项方面长期处于弱势。自 1986 年启动国家社科基金项目资助以来,修辞学科获得的立项支持,寥若晨星。其间虽有间隔性收获,但"空窗"记忆化作了修辞学科的持续沮丧,原因可以从多方面分析,此处不赘。但其中有一个问题不能不提出来,希望引起国家资源分配主管部门的重视:修辞学科置身多层级学术共同体构建的大生态,高级别科研课题立项基本上在大同行层级运作(项目通讯评审阶段,有部分小同行参与),而本书第二章所述大同行对修辞学研究的一些误解,沉积为某种先入为主的印象。这对修辞学课题立项竞争力产生的负面影响,不言而喻。

在这样的背景下,广义修辞学团队自 2008 年以来,获得立项支持的国家社科规划项目、教育部人文规划项目、博士后基金科研课题 20 项。课题立项密切关联着修辞学研究融入大生态的理念与操作。团队成员瞄准语言学、中国文学、外国文学、新闻传播学、哲学美学等学科较受关注的学术问题,在避免重复大同行、超同行已有研究和在研课题的前提下,论证基于广义修辞观的研究课题。

---

① 高志明、高群:《修辞格论著分类篇目索引(1977—2009)》,谭学纯、濮侃、沈孟璎主编《汉语修辞格大辞典·附录一》,上海辞书出版社 2010 年版。

应该特别感谢评委支持和团队努力的,是2013年广义修辞学团队8个课题立项:主持国家社科基金项目、教育部项目、博士后项目的立项数,分别是5、2、1。均以广义修辞观进行项目论证:

国家社会科学基金项目

高　群主持　广义修辞学视角下的夸张研究(13BYY125)

罗　渊主持　中国修辞学思想发展研究(13BYY128)

潘　红主持　哈葛德小说在晚清:话语意义和西方认知(13BWW010)

谭善明主持　审美视野中的转义修辞研究(13BZW007)

毛浩然主持　应对突发公共事件舆情的官方话语研究(13BXW055)

教育部项目

朱　玲主持　"三言二拍"修辞学批评(13YJA751073)

钟晓文主持　西方认知中的"中国形象":《教务杂志》关键词之广义修辞学阐释(13YJA751070)

博士后基金项目

钟晓文主持　"中国形象"的西方建构:《教务杂志》广义修辞学阐释(2013M531539)

当然,科研项目立项,只是广义修辞学团队在非常有限的意义上,在很小的范围内提供了修辞学研究争取国家资源的可能性,也提供了局部改写修辞学研究课题立项贫弱现状的学科窘境。但重要的是,团队收获的立项支持和项目成果的学术显示度,能否呈现正相关? 这需要团队脚踏实地的精神劳动。

2. 团队效应及其拉动的学科生长点培育

广义修辞学团队的研究特色,在超同行关注较多的文学语言和文学修辞研究领域,有较长时间的介入历史,但可能有小同行误读:例如认为文学语言研究是修辞学的堕落;文学修辞研究不再具有传统修辞学时代的意义;修辞研究文学问题是卸除修辞学者的社会承担,等等。此类误解,也许模糊了一些价值判断。

(1)研究对象有无意义,并不必然地与研究成果有无意义产生正关联,二者之间不是线性关系:莫言获诺贝尔文学奖,莫言作品的研究意义飙升,但不能保证每一篇研究莫言的文章都有意义。有研究者认为中国"文化大革命"期间的文学没有文学意义,但我相信**文学意义弱化的文学**,未必没有**文学史意义**,未必没有**研究价值**。也许"文革"文学最值得研究的意义,很大程度上恰恰在于特定历史时期的文学为什么最多地呈现出了"非文学"的面貌?① 能够体现"意义"的,是研究成果本身,而不是先在于研究成果的研究对象。我曾借用一位伟人的话语,学术研究也是"白猫黑猫,抓住老鼠就是好猫"。各抓各的老鼠,各讲各的故事,"意义"在其中。

(2)某种研究有无意义,学术市场说了算。根据基于 CNKI 的统计数据,《文艺研究》新世纪以来发表的广义修辞研究成果超过百篇(文学修辞研究占有相当大的比例),这是一个什么概念呢——国内文艺学界学术认同度最高的主流期刊之一《文艺研究》发表的修辞研究成果(其中绝大部分是文学修辞研究),超出国内汉语界和外语界主流期刊在相同时间段发表的同类成果的总和。这就是学术市场。②

(3)由于认知的不对称性,甲认为无意义的事物,不排除可能被乙或丙挖掘出了意义。哪怕通常被认为无意义的垃圾,也可能经过处理成为可再生性资源。何况文学语言、文学修辞都不是垃圾。虽然悲观论者宣称"文学已死",但是文学研究的太阳照样升起。文学语言和文学修辞研究,作为中国修辞学的传统品种和现实风景,没有进入学术的黄昏。2012 年在复旦大学爆红的克里斯蒂娃的系列演讲,作为享誉国际的大师的思想馈赠,也主要以文学语篇的语言为观察单位,阐释语篇内外的互文性世界。

(4)至于修辞研究文学问题是否淡化了修辞学者的社会责任?则很难面对简单的追问:例如怎样解释研究文学修辞的学者同时进行直接体现社会关怀的修辞研究?怎样解释前一类学者的社会关怀可能并不少于从不研究文学修辞的学者?怎样评价专业文学研究者的社会关怀?怎样看待有着深

---

① 参见谭学纯:《回眸历史风景:文革文学话语论》,《东方丛刊》1999 年第 2 期;《公开的合唱和地下的变奏:再论文革文学话语》,《东方丛刊》2001 年第 3 期;《文革文学修辞策略》,《福建师范大学学报》2003 年第 2 期。

② 参见谭学纯:《新世纪文学理论与批评:广义修辞学转向及其能量与屏障》,《文艺研究》2015 年第 5 期。

沉的社会责任感的鲁迅弃医从文（鲁迅认为文学的精神治疗较之医学的躯体治疗更能"疗救下层社会的苦人"）？文学反映社会现实,不只是昨天的故事。今天的修辞学者,通过文学反映的社会现实,解释社会生活,干预社会生活,同样体现修辞解释社会、干预社会的功能。

（5）从推动学科建设考量,熟悉国内中文学科结构的学者都了解,中国语言文学一级学科的构成,主要依托两大学科群:语言学科群和文学学科群。两大学科群的连接点,是文学语言学。但学科壁垒在一定程度上阻隔了学科生长空间的开发。语言学科和文学学科的文学语言和文学修辞研究,长期以来在各自的山上唱各自的歌。这样的背景下,在我们提出与修辞学研究突围大致相当的时间段,本书作者所在单位文学语言学学科形成了"硕士—博士—博士后"完整的人才培养链条。学科队伍中,从学科带头人到学科方向带头人,都是广义修辞学团队骨干和成员。已经出站的博士后,均以"文学语言学"为合作研究方向。学术目标致力于打通中国语言文学一级学科框架内语言学和文学的学科条块分割,兼容语言学—文学理论资源和研究方法,融入大生态,推进相关学科渗融互补。从个人学术专长,到团队科研特色,共同拉动了学科生长点的培育。它被看空的"意义",也许不限于单纯的科研 GDP。

（三）学科交流平台"修辞学大视野"专栏和融入大生态的修辞学研究突围

修辞学研究融入大生态,在某种意义上,是十年前我们提出修辞学研究突围以及十年来学术实践的一种走向。而修辞学研究突围的思想基础和事实依据,很大一部分来自作为《广义修辞学》"代结语"的"为狭义修辞学说几句话":

> 写完《广义修辞学》,却想为狭义修辞学说几句话。这首先出于我们对护卫狭义修辞学的学科界限、辛勤耕耘的学者们的崇敬——因为他们的学术贡献、学术人格,更因为他们在不时被忽视的学术环境中的坚守,以及在这坚守中磨砺自己的学术韧性,奉献自己的学术生命。[1]

---

① 谭学纯、朱玲:《广义修辞学》,安徽教育出版社 2001 年版,第 507 页。

尊重狭义修辞观,并以之作为广义修辞学理论生长点之一,以及基于对中国修辞学生存状况的分析,后来扩展成为 2003 年作者在山东大学(威海)主办"首届中国修辞学多学科高级学术论坛"的发言,发表在同年《福建师范大学学报》第 6 期——从这一期起,《福建师范大学学报》开辟学术专栏"修辞学大视野"。文中提出修辞学研究向共享学术空间突围,与修辞学研究融入大生态,走向大视野,三位一体,契合广义修辞观。

几年后结集出版的《修辞学大视野》序言,曾经这样表述学术界弥漫的层级性边缘焦虑:

> 外语界抱怨被汉语界边缘化;汉语界内部,语言界抱怨被文学界边缘化;语言界内部,修辞界抱怨被语言学其他子学科边缘化。看起来,修辞学好像成了边缘的边缘。①

修辞学研究突围,也许可以看作处于边缘之边缘的学科自救。"修辞学大视野"专栏,则被寄予了某种期待——从学术空间自我收窄状态下融入大生态的学术期待。

学术专栏"修辞学大视野",不同于学术专著,即便二者修辞观一致、学术目标一致,但性质不一样:作为个人著述的《广义修辞学》、《广义修辞学演讲录》等,都体现了修辞学研究突围、融入大生态、走向大视野的思想,这是个人学术观点展开为个人化的学术叙述,是个人思想、个人话语的学术生产。而学术专栏是公共交流平台,虽然刊发的也是个人研究成果,但从选题策划到组稿选稿用稿,不仅需考虑作者构成来自小同行、大同行、超同行,考虑面向大生态中的广大读者群,更需要兼容不同的修辞观,兼容修辞学研究不同的学术面貌和知识谱系,尊重不同的学术个性,包括不同的声音。

"修辞学大视野"专栏策划,包含了希望推动中国修辞学学科建设的意向:修辞学科如何走出价值洼地?如何直面和改变学科萎缩现状?如何在"唯学科化"和"去学科化"之间寻找平衡的支点?如何在多元学术语境和价值坐标中把握多学科的前沿走向和修辞学介入的可能性?如何敞开"海

---

① 参见谭学纯:《〈修辞学大视野〉序》,谭学纯、林大津主编《修辞学大视野》,海峡文艺出版社 2007 年版,第 1 页。

纳百川,有容乃大"的学术胸襟,召唤学理厚重、有思想冲击力、对社会公众生活介入力强、干预力强、解释力强的研究成果? 需要一个能够汇聚多学科智慧的话语平台——"修辞学大视野"专栏希望成为这样的交流平台。所以,专栏宗旨即:"汇聚多学科学术人气,搭建高层次学术平台。"

专栏基于修辞学的交叉学科性质,在跨学科视野中定位,在多层级学术共同体构建的大生态系统中运作,面向多学科共享的学术空间,推助修辞学研究突围。这一过程中,专栏实际上成为修辞学研究融入大生态的话语集散地,融入大生态的修辞学研究突围通过"修辞学大视野"专栏产生辐射效应。萧国政论及"修辞大视野之'大'是治学思想和方法的大,是推动修辞学走向语言学核心地带的创新性思维,是修辞学学科性突围……"① 这是大同行对突围中的"修辞学大视野"融入大生态的学术表达,也是"修辞学大视野"努力追求的学术目标。

2011 年,"修辞学大视野"专栏入选教育部高校哲学社会科学名栏,"突围"是"修辞学大视野"面向多学科共享学术空间的一种自我设计;融入大生态是"修辞学大视野"的栏目主旨。

"修辞学大视野"专栏、修辞学研究突围、融入大生态三位一体的探索,共同诠释包容性较强的广义修辞观。当然,专栏存在的问题,也与融入大生态的修辞学研究突围同在,与广义修辞观同在。这种共生互动的格局,将继续致力于为提振修辞学科形象而投石问路,并在探索中改进、丰富和提升自身,回馈所有关心、支持中国修辞学科健康发展的小同行、大同行、超同行。

三、基于广义修辞观的反思与前瞻

修辞学在语言学科注册而又游离于语言学的学科结构,是修辞学的损失,也是语言学的损失。虽然修辞学缺席的语言学科发展势头良好,但是学科目录中的在册成员缺席,是否成为语言学科和谐健康发展的"短板"? 而这个"短板",可以在大生态系统中做出良性调整。一旦做出了良性调整,修辞学科向相关学科开放,相关学科向修辞学科走来,不同层级的学术共同体共同开发,共同培育生长点——这正是广义修辞观主张修辞学研究融入大生态的目标期待。

---

① 萧国政:《"语法三个世界"研究及修辞关联》,《福建师范大学学报》2010 年第 4 期。

融入大生态的修辞学研究,由问题意识驱动,其中有研究主体自身的问题;也有学术体制方面的问题。

大生态造成了修辞学在事实层面(而非政策层面)成为语言学科的学术特区;大生态使得修辞学研究留有不同层级的闲置空间,修辞学研究领域的宽窄,与学科生态系统闲置空间的多少成反比。二者都有修辞学科如何与生态系统互动的问题。问题的实质,是修辞学科如何在大生态系统中找到适合自己生存与发展的路径。

问题驱动的学术逻辑,是对修辞学与"交叉学科/跨学科/多学科"关系的学理辨析,也是基于大生态的一种修辞学科发展思路。我倾向于小同行走出自我砌筑的学科防火墙;与其宅在墙内,不如在突围中融入大生态。陶红印所说"打破传统研究的藩篱"①,似包含从"学科分支之间的人为界限"突围之意。在我的理解中,**这是修辞学科跟自己的博弈**,是为修辞学研究重建一个更大的平台,为修辞学研究者寻找更大的舞台,在更阔大的思想背景中,面对多学科审视的目光。

正视多学科构建的学科生态,分析修辞学生存处境和发展策略,可能需要特别关注大生态中不同层级学术共同体的角色身份和话语权对修辞学科的影响力。对此,本书第二章有较详细的讨论。本章的问题意识,仅限于小同行对大生态的认识和行为选择。

出于不同的学科定位,小同行对大生态认识不一致本属正常,不同的观点应该得到尊重。"趣味无可争辩"。但我个人倾向于在学者的"说法"和学科的"活法"之间,更多地关注影响学科"活法"的**学科民生**。后者关注的,是**修辞学科如何接地气、聚人气的问题**。

(一)小同行融入大生态,在不同层级存在不同的问题

中国人文学科的学科结构,以及修辞学在这个学科结构中所处的位置,一定程度上决定了小同行融入大生态的复杂心态和出于不同价值目标的行为选择;也在一定程度上影响了小同行与大同行、超同行互动的方式与结果。

1. 小同行如何融入大同行层级的生态系统:一个问题的两个侧面

在大同行层级的生态系统中,修辞学科融入其间的意识已经有了(虽然伴

---

① 陶红印:《多学科视野下修辞学研究的理论与实践》,《当代修辞学》2013 年第 2 期。

有争议),问题是小同行如何在吸纳大同行学术智慧的同时不迷失自己? 大同行如何考虑修辞学在本书"表2-1"的对照表中所呈现的不同"血统"?

从小同行与大同行层级的生态关系考量,出现了两极认识:或者认为大同行对修辞学科的评说滥用话语权;或者在努力寻求与大同行强势学科对话的同时,弱化了修辞学的学科特点。不管哪一种认识和相应的行为选择,都是学者的权利。问题是如何理性地面对大同行的评价,同时清醒地保持自我? 修辞学科在语言学科注册,从学科运作层面决定了小同行与大同行的互动;而修辞学科作为语言学科的学术特区,则决定了修辞学的生存与发展不宜丢弃学科特点。

这是一个问题的两个方面:

(1)大同行正视小同行的学科特点。

(2)小同行吸纳大同行智慧的同时保持本学科特点。

关于(1),本书第二章有过分析;关于(2),有必要强调:

学术研究,总是在探寻更优化的理论和研究模式,没有"独孤求败"的理论,也没有"独孤求败"的研究模式。小同行意识到学习大同行的优长,借鉴大同行的成功经验,是理性行为,也是学科输血。问题是,在学科输血和学科造血之间,如何选择更利于学科生长? 学科输血是用外在的能量补充内在的能量,外在的能量能不能融入学科机体,会不会产生排拒性反应,存在不确定性;而学科造血是直接补充内在的能量。

小同行介入大同行的相关研究,是以学科输血的方式介入? 还是以学科造血的方式介入? 可以各取所需。但宜清醒:小同行并不是重复大同行的同类研究,更不是简单地模仿甚至克隆大同行的研究模式,而是能不能提供大同行相对忽略的修辞学观察与解释? 大同行视野中的中国语言学发展史、中国语言学研究史、中国语言学思想史,理论上应该有修辞学发展史、修辞学研究史、修辞学思想史的参与,而后者的参与必须有自己的学术面貌和学术形象,如果修辞学克隆语言学强势学科的研究模式、复制大同行的学术面貌,等于对自我在场的学术弃权。所以,当修辞学界抱怨在语言学学术期刊"缺席",抱怨丧失话语权的时候,也应该反思:修辞学科究竟是以自己特色鲜明的学术形象出场,还是借语言学强势学科的包装出场?

　　每一个学科都有自己的特点,不同学科的研究模式,实际上都是回答本学科需要解释的问题。在 A 学科能够充分体现解释力的研究模式,克隆到 B 学科,解释力不一定同样充分。"学我者死,似我者俗",模仿秀即使乱真,也是复制他人,这在某种程度上恰是学术之忌。完全照搬强势学科的研究模式解决修辞学问题,在理论和操作上,可能都会遇到难题。

　　驱动小同行拷贝大同行研究模式的动因之一,是大同行强势的语法研究呈现的解释框架便于研究经验不足的研究主体尽快上手,通过克隆语法研究模式,刺激相同模式学术文本的批量生产。这可能模糊了学术研究在不同层次的目标诉求:模糊了学术入门、学术普及和学术创造的界限。重建修辞学科形象的探索,不是为拿着修辞学选题、找不到写作感觉的研究主体提供现成模板——那是初级写作班的目标诉求。学术研究在本质上是精英行为,不是大众行为。精英行为和大众行为的一个重要区别,也许就在于前者行为方式的趋同性远远小于后者。

　　大同行成熟的语法分析模式,克隆到修辞学科,不一定具有同样的解释力。语法提供一个清晰的句法模式,框架性地"压制"与该模式不相匹配的成分;修辞有条件地为这个不匹配成分的合法身份提供支持。语法异中求同,在形态纷呈的树叶中提取相同的基本粒子;修辞同中求异,描写并解释世界上没有两片相同的树叶。语法和修辞,学科特点各异,可以互相渗融。但语法研究取得的成就,不宜产生修辞研究"语法化"的错觉,修辞学的语言学面貌≠语法学面貌。2008 年,复旦大学举办"望道修辞论坛",我曾坦率地在会上表示:这次会议发给代表们的研究成果汇集可以更名为"望道修辞论坛语法版",复旦师友笑而不语;出语相赞、反对学科克隆的是语法学家陆俭明。

　　大同行同样比较成熟的语义分析模式,有时可能只是解释修辞问题的起点,而不是终点。例如当我们说一位女性"魔鬼身材"而不会受到"人格侮辱"之类的指控时,表明这位女性根本没有按照"魔鬼"的自然语义进行话语交际。"魔鬼身材"的话语生产和话语频率,背后是消费文化和商业逻辑;是经济、娱乐与火辣的女性身体共同捆绑、共同构筑的修辞幻象。"魔鬼身材"中的"魔鬼",是"魔鬼杀手"之"魔鬼"的美学变脸,内在机制是通过语义的修辞化变异完成的。这里存在需要解释而现有语义研究较少解释的话语空间,这个解释空间主要在修辞学。这方面的修辞解释和语义解释需要互补,修辞解释无法从语义解释直接拷贝。

2006年福建师范大学语言学专业硕士研究生入学考试,我们设计了一道题:

观察下面提供的语言材料,任选一组,自拟题目,自选角度,写一篇文章,要求不少于1000字。(60分)

语言材料1:(1)人用嘴说话。(2)哑巴用手说话。(3)足球用脚说话。

语言材料2:(1)魔鬼杀手。(2)魔鬼身材。(3)魔鬼词典。(4)魔鬼训练。

解释上述语言材料,可以先做语义分析。例如:

说话　用语言表达意思。

(人用嘴)说话1〔+人 +语言 +有声 +传达信息〕

(哑巴用手)说话2〔+人 -语言 -有声 +传达信息〕

(足球用脚)说话3〔-语言 -有声 +传达信息〕

魔鬼　宗教或神话传说里指迷惑人、害人性命的鬼怪。比喻邪恶的人或势力。

魔鬼1(杀手)〔+鬼怪/人 +凶残 +迷惑人 +伤害性命 +贬义〕

魔鬼2(身材)〔+人 +女性 -凶残 +性感 -伤害性命 +褒义〕

魔鬼3(词典)〔+事物 -凶残 +迷惑 -伤害性命 +中性〕

魔鬼4(训练)〔+行为 +严厉 +不可思议 -伤害性命 +中性〕

按照题目要求,在现场规定时间内写成1000字以上的文章,不仅要看考生的语义分析是否到位,更要看考生的修辞解释是否到场。

大同行的语法研究模式和语义研究模式都只能丰富修辞研究模式,而不能取代修辞研究模式,融入大生态的修辞学研究如何保持清醒的自我? 问题的严重在于:如果小同行迷失于大同行的研究模式,失去的可能不仅仅是作为个人的"自我",同时也可能是作为学科的"自我"。修辞学科需要自己的idea,自己的学术面貌、自己的学术看点,虽然"自己"的丰富与壮大离不开学习,但绝不等于邯郸学步而失去"自己"的步态。

有一个现象也许不是巧合:《福建师范大学学报》"修辞学大视野"专

栏和"语言学"栏目是平行栏目;中国修辞学学会和《阜阳师范学院学报》合作推出的"修辞学论坛"专栏和"语言学"栏目也是平行栏目。过去有一些学报出过阶段性的"修辞学"专栏,栏目安排同样有过"修辞学"和"语言学"的平行设计。耐人寻味的是,这些学报主编的学科背景,分别出自语言学科和非语言学科。学报主编们关于"修辞学"和"语言学"栏目设置不约而同的思路,与巴赫金视"语言学"和"修辞学"为平行概念共同传递了一种信息:从学术面貌看,修辞学研究与语言学研究,异多于同。修辞学研究"和而不同"地融入大生态,是保持学科特点的理论自觉,或许也是利于修辞学科"活法"的理性选择。

2. 小同行如何融入超同行层级的生态系统:不同理念和不同选择

在超同行层级的生态系统中,修辞学科融入其间的通道已经打开,问题是相当一部分小同行太在乎"学科"概念,处于多看少动或少看不动的状态。这涉及学术体制问题,但是学科建设不能坐等学术体制改变。在同样的学术体制下,不同的学术理念往往有不同的学术选择,并可能产生不同的结果。

观察与分析小同行对超同行"修辞学转向"的反应,有些问题值得思考:当超同行的主流期刊先后发出修辞研究进场信号时,背后的学术逻辑是什么?小同行的学术反应整体上滞后。在跨学科视野下吸收外源性智慧,以自己的研究成果与超同行对话的理论自觉,与修辞学"墙外开花"的学术风景不相称。从学术传播的角度说,超同行不断重估和开发修辞学的学术价值,小同行的敏感度不理想,似乎忽视了与超同行就修辞学研究保持近距离学术接触的机会,或者说小同行似乎不太在意要不要在学科交叉地带"接球"。小同行面对外部机遇的回应能力,及介入超同行前沿研究并引起学术关注的能力,从整体上看,也许有待提升。

可能有小同行认为超同行的"修辞学转向"将造成学科边界移动和版图扩张。不排除这种倾向,同时也的确应该注意超同行的"修辞学转向"夹带的问题。但是应该区别:学科版图扩张和学科视野扩大绝不是一回事。"修辞学转向"究竟是学科建设的负能量?还是正能量?抑或,在兼有二者的情况下,是弊大于利?还是利大于弊?当学科观察延展到大生态的时候,我们是否敏感到超同行陆续进场将增加修辞学研究走势向上的推力,有助于修辞学在社会价值中枢发言。对此做出学术回应,是可以有所作为的"时机窗口"。问题是:当机会出现的时候,我们是否如马云所说的"看不清、看不起、看不懂"?[①] 等到看懂了的时候,我们是在学术走势形成之前狙击?还是学术走势明朗之后跟风?等到学术走势清澈见底的时候,"时机窗口"会不会已经关闭?因此,小同行的矜持与暧昧,可能使得"修辞学转向"的能量聚集滞留在超同行层级。一方面是可能拓宽学科生存空间的"修辞学转向",另一方面是学科资源分配格局中长期处于弱势的"修辞学缺席";一方面是学者个人的"说法",另一方面是学科群体的"活法",小同行如何选择更利于学科民生?

(二)小同行融入大生态,在不同层级存在共同的操作难度

作为对上述理性分析在操作层面的检验,问题驱动的实践探索,会遭遇思考力转化为执行力的难度。

本书自序曾引述陆俭明对修辞研究的评判:难度大,因为难,才更具有挑战性。有难度的挑战性研究,呼唤应战的研究主体。问题正出在这里:

不管是修辞学的"交叉学科"性质,还是"跨学科"视野;不管是多层级学术共同体构建的修辞学科大生态,还是"多学科"共享的学术空间,对研究主体来说,有一个共同的要求:知识结构"1+X"。"1"代表小同行的学科知识;"X"代表大同行、超同行的学科知识。修辞研究者调动"1+X"的知识库存,处理相关信息,形成当前学术文本。"1+X"的"X"的覆盖面可以因人而异,但最好不要缺失。这个"X",在陈望道来说,真正延伸到了"多学科"——这是中国现代修辞学奠基者最优秀的学术基因。

可惜学术基因传承不理想,修辞学科队伍的整体状况是研究主体的知识结构不尽人意。这使人想到恩格斯的著名表述:历史的必然要求与这种要求实际上得不到实现的矛盾,便产生悲剧。同样,修辞学研究对研究主体的要求,与这种要求在目前的学科状态下得不到满足的矛盾,是无法回避的学科____容易导致学科弱化的能量储备问题。当然这不是陈望道的错,也

____是商界淘金的智慧,其实学术掘金更需要这种智慧,因为学术掘金有时候没____见的金,而只是无形的思想资源。

不是陈望道后学弘扬宗师优长之漏失,而是中国学术运作体制的问题。

　　由此触及问题的深层——

(三)深层障碍:学科分类和学科分割的矛盾

　　融入大生态的修辞学研究突围,走交叉学科路线,打跨学科牌,面向多学科话语平台,契合修辞学的学科性质,也契合国际化的学科渗融趋势。作为这种趋势的学术标杆,是20世纪的后25年获诺贝尔奖的科研成果47.4%属于交叉学科①。中国政府和中国学术界对此做出了反应:从政府提高交叉学科国家重大科研项目资助,到《中国交叉科学》创刊,北京大学成立前沿交叉学科研究院,再到有些学术活动的学科分类出现了交叉学科名目(如部分科研项目申报),可以体会到有关方面对交叉学科在理念上的重视。但是,理念上的重视进入实际操作,还是无法绕过学术体制的阻力。以传统**学科分类**为基础的学科组织模式,落实到以**学科分割**为特征的科研管理模式,很难从可操作性方面支持交叉学科的运行机制。由于交叉学科本身没有形成固定的学术共同体,不是利益分配的实体,从事交叉学科研究的学者,实际的学科身份还在相关学科,交叉学科的成果鉴定、职称评审、奖项评定等,在国内现有学科格局中,常常回到学科分割的运作机制。于是,学科分类和学科分割的矛盾,成为交叉学科实际运作的深层障碍。

(四)问题驱动的再思考是为了带着问题再探索

　　尽管现行学术体制不能真正有效地支持学术研究融入大生态,但中国不缺少融入大生态的学术眼光,李四光曾呼吁打破科学割据,时称"战略科学家"的贝时璋,直到103岁高龄,仍告诫在美国获得博士学位的孙女:"不能够只将眼光停留在自己的领域,而要通过阅读文献以及其他交流手段,做到学科交叉,才能够处于领先地位。"②

　　如果说学科"分化"是小科学时代科学发展的主要动力,那么学科"交

---

① 　冯一潇:《诺贝尔奖为何青睐交叉学科》,《科学时报》2010年2月
② 　贝泠:《回忆我的爷爷》,《光明日报》2009年11月4日。

叉"则是大科学时代科学发展的主要表征。"大科学"的实质是渗融性的大科学思维体系,以区别于自我收窄的思维方式。

融入大生态的修辞学研究突围,是大科学时代基于修辞学学科特点的一种自我调整。中国学术体制和学术评价系统是否也需要做出"为学术而在"的调整? 游戏规则能不能改变? 什么时候改变? 小同行、大同行、超同行均无能为力。与其"等待戈多"(借用一部世界文学经典的篇名,删除荒诞寓意),不如激发研究主体的动能。

学科分割的学术运行机制隐藏着融入大生态的学术风险,并且也是影响修辞学研究突围付诸实施的软肋,但是学术研究不缺少探索的勇气。在学科弱势的压力情境中,融入大生态的突围,是不甘于学科委屈生存的学术担当。

"慢道修辞边缘化,来日风景可筹划"[①],反思由问题驱动的十年探索之路,是为了探寻再出发的位置:

——中国当代修辞学研究能够以什么样的前沿研究融入学科大生态? 彰显大气象? 体现大格局? 能够以什么样的方式体现问题意识和原创亮点? 能够在什么样的研究领域激起兴奋点? 能够以什么样的学术形象进入相关领域的深水区?

——中国修辞学理论和应用,怎样揭示社会问题和热点话题之间的话语规则? 怎样解析从语言事件向现实事件的转换? 怎样从"话语作为 / 话语不作为"透视人的精神建构的正负效应? 怎样在引进国外修辞理论的同时,输出自己的理论,从而与西方当代修辞学的学术前沿进行平等对话? 怎样发掘中国古代修辞理论资源,并在现代学术背景下继承与创新?

——中国修辞学科在国家形象建构中的使命,如何关联着学科文化身份的自觉? 中国修辞学科如何直面和改变学科萎缩现状? 如何走出价值洼地? 如何提升科研核心竞争力? 如何在理论建树、研究范式和学术风格等方面产生新的标志性成果?

这些,将以什么样的形式溶进中国修辞学的学科表情?

---

① 林大津、周耀东:《慢道修辞边缘化　来日风景可筹划——"中西修辞论坛·福州·2007"述评》,《外国语》2007 年第 6 期。

从中国修辞学史到中国修辞学科史,都在学术共同体的每一位成员身边展开,由每一位修辞学研究者续写。如果让读者打开一本修辞学著作、阅读一篇修辞学文章,好像走进一种精神,触碰一个灵魂,看到一束智光,那将是提振中国修辞学科形象可以真切感知的气场。也许,这是一种理想境界。"理想很丰满,现实很骨感",这句话以修辞的方式,道出了现实与理想的距离。这种距离,同时也是可以自由腾挪的空间。问题是,从现实到理想之间,怎么做?谁做?什么时候做?

如果不想始终以骨感的学科形象出场,那么,从枯瘦的现实突围,融入大生态。每走出去一尺,离期待中的丰满就近了一寸。如果个人行为、团队行为、学科行为产生共振效应,将有利于聚积提振学科形象的能量。

广义修辞学的探索,只是开始。

四、小结

(一)修辞学的交叉学科性质和跨学科视野,合逻辑地导向多学科构建的学科大生态和多学科共享的学术空间;基于修辞学交叉学科性质和跨学科视野,融入学科大生态、面向开放性学术空间的广义修辞观,一定程度上契合修辞学研究突围的内在诉求。

(二)融入大生态的修辞学研究突围,遵循上述学术逻辑,注重个人探索和团队协作的学术实践,推动学科生长点的培育。带有学科交流话语平台意味的"修辞学大视野"专栏,与修辞学研究融入大生态、修辞学研究突围三位一体、十年同步。

(三)融入大生态的修辞学研究突围,由问题意识驱动。深层阻力是:融入大生态的突围,走交叉学科路线,打跨学科牌,面向多学科话语平台,但中国学术评价系统没有与之相适应的开放性体制,隐藏着学术风险。反思问题驱动的学术选择及其中存在的问题,关注学科民生,是对昨天的再思考,也启迪着明天的再出发。

下篇　问题驱动的学术探讨：理论与应用

第四章　问题驱动的修辞学研究：
价值提升有无可能

广义修辞学区分修辞功能三层面：修辞技巧、修辞诗学、修辞哲学；关注修辞互动过程中的两个主体：表达者和接受者，据此形成"三个层面、两个主体"的解释框架，它的由来，源于对中国修辞学研究现状的反思，源于希望改变这种现状的实践探索。

一、问题意识一：从"修辞技巧论"到广义修辞学"三个层面"

中国修辞学研究如何提升自身的理论价值和学术品味？如何拓展研究空间？相当长的历史时期，一直困扰着业界同仁。这里的问题比较复杂，其中对修辞学研究空间遏制比较明显的，是"修辞技巧论"。

因此，本章的问题意识，首先由"修辞技巧论"引发。

（一）修辞技巧只是修辞学研究的冰山一角

学修辞、教修辞、研究修辞，都从一个认知起点出发：什么是修辞？然而从教科书到工具书，关于"修辞"的定义，却限制了人们对"修辞"内涵的把握。

语言学教科书区分语法和修辞的"管界",有一种易于理解的通俗表述:"语法管通不通,修辞管好不好"——这有一定的道理,也体现了修辞的部分特点。问题是长期以来,修辞的部分特点被放大,乃至误作修辞的全部内涵,由此产生的负面作用是在教材影响所及的广大范围内固化了"修辞=修辞技巧"的认知。

不同版本的"修辞"定义,表述不完全相同,但是核心语义大致相近,都强调对话语进行技巧层面的加工和调整。它可以是书面交际中话语行为进入交际过程之前的修辞设计和修辞包装;也可以是口语交际中修辞主体的当前话语对此前话语的说明、解释或修正。这一切,基本上都在技巧层面进行。一般以词句段为单位,尤以词句润色为主,整段删除或重写的不是绝对没有,但相对于前者,毕竟为数不多。观察语言教科书所举的修辞例证,注意版本修辞比对的语言单位,不难发现:修辞研究的对象,很大程度上被收窄为字斟句酌的技术活:为了推敲一个词,作者"拈断数茎须";为了一个精彩的句子诞生,作者可能死去一百次。无论是中国古人孜孜以求的"炼字",还是西方文学大师的"一语说",都是"语不惊人死不休"的锤炼之技。

无须否认,修辞技巧是修辞学研究的一个十分重要的话语场,但"技巧"之外的修辞世界更广阔。以"技巧论"为认知基点的"修辞"定义,锁定修辞技巧的同时,屏蔽了更丰富的"修辞"内涵。在可以见到的大量学术文献中,"修辞"成为"修辞技巧"的类义表达,成为说话、写话的一种技术性包装。由此产生的一个必然结果是:**修辞学研究的学术性在技巧性中稀释**。修辞学研究价值缩水、修辞学研究"小儿科"的诟病,多因此而来。

这可以在纵横参照的坐标上观察:

1. 共时审视:"修辞技巧论"与西方当代修辞学研究前沿的对话处于弱势

了解西方修辞学研究学术走向的学者,不管怎样评价域外的学科经验,有一点大概是明确的:不会固守"修辞技巧=修辞"的观念。克里斯蒂娃、弗莱、布斯、巴赫金都反对单纯的修辞技巧研究,后者更是言辞激烈地批评只见修辞技巧、不及其余的修辞观:

修辞学对自己要研究的课题,失去了真正哲理的和社会的角度,淹没在修辞的细微末节之中,不能透过个人和流派的演变感觉到文学语言重大的关系个人名字的变化。在大多数情况下,修辞学只是书房技巧的修辞学,忽略艺术家书房以外的语言的社会生活,如广场大街、城市乡村、各种社会集团、各代人和不同时代的语言的生活。①

修辞研究只见树木,不见森林,也不见树木与周围环境的生态关系,只关注局部话语运用,巴赫金称之为"书房技巧"(修辞技巧)。

当大洋彼岸由官方和民间共同赞助的修辞学研究项目改变了一个学科的建设格局的时候,当修辞过程与意识形态运作、修辞与话语权力的共谋和分离以及后殖民理论、女权主义/男权主义之类的话题进入修辞学研究视野的时候,修辞学显示出了多维度的生长性。从个人话语到公共话语,从民间话语到官方话语,从机构形象到国家形象,从危机公关到常态掌控,从政治智慧到经济运作……修辞学介入社会生活几乎是全方位的。甚至,历史与修辞相遇,这种在人们的既定思维中被认为是天方夜谭的神话,也随着美国学者海登·怀特那本著名的《元史学:欧洲十九世纪的历史想象》的出版,改变了人们对历史和修辞关系的认知。 阅读罗兰·巴特、韦恩·布斯、詹姆斯·费伦、保罗·德曼、海登·怀特、肯尼斯·博克、福柯、巴赫金修辞理论的宏大叙述,反观中国修辞学研究的"技巧论",差异是明显的。

以新修辞学旗手博克《动机修辞学》为例,作者研究的,不是"技巧论"意义上的表达动机,而是从人类的行为动机追寻修辞哲学的认知基础,他在自己的著作中一再强调:语言不仅导致行动,而且建构我们的现实。事实上,修辞学家在建构各自的理论话语的同时,也建构着自身。博克对"修辞"的定义是:"一些人对另一些人运用语言来形成某种态度或引起某种行动。"②

---

① 巴赫金:《长篇小说的话语》,白春仁等译,钱中文主编《巴赫金全集》第三卷,河北教育出版社1998年版,第37页。

② 常昌富:《导论:〈20世纪修辞学概述〉》,K.博克等《当代西方修辞学:演讲与话语批评》,中国社会科学出版社1998年版,第16页。

这实际上已经涉及广义修辞学研究的话语行为问题。如果我们意识到某些话后行为已经预设在话内行为中,那么,恰到好处地调整话内行为,不仅是修辞化的语言生产,更是修辞化的生存智慧。

学术界强调在相同的学术层次与国外同类研究对话,却忽视了一个隐蔽的问题:关注焦点主要限于修辞技巧的中国修辞学研究,会不会不知不觉地拉开与国外修辞学研究前沿对话的距离?可能的结果是,"我"读不懂"他"的修辞研究;"他"看不上"我"的修辞研究。一个专注于话语行为的微表情;一个关注重大事件的修辞能量。这是修辞学研究"技"与"艺"的对话,是修辞学思想不对等的对话,是修辞学者话语权力不对称的对话。从价值诉求到学理蕴含,注重细微末节的"修辞技巧论"相对于修辞理论的宏大叙述而言,都在国际性的学术对话中处于弱势。

2. 历时考量:"修辞技巧论"割断了中国修辞研究的传统学脉

其实,中国古代修辞理论,关注的焦点并不限于修辞技巧,《周易》、《毛诗序》、《文心雕龙》以及历代的诗话词话等,一直是中国修辞学、诗学、文艺美学乃至哲学共同开发的学术富矿——如果认为其中只是一些修辞技巧,而丢弃了技巧之外的修辞思想,无啻于买椟还珠。

陈望道《修辞学发凡》堪称中国现代学术地图上的亮点,昭示着后人研究的方向,也在很大程度上规定了后人的研究思路。这部学术经典的本意绝不是彰显"修辞技巧",奇怪的是,后人往往热衷于书中的"修辞技巧",以致该书在某种程度上成为后世修辞研究中"技巧论"的学术范本。《修辞学发凡》出版八十多年来,国内修辞学界更习惯于在"技巧论"层面"照着说",而少有在更开放的修辞思维中"接着说"、"对着说"、"敞开思路说"的学术勇气和理论准备。

20世纪90年代以来,国内文艺界的"修辞学转向"有一些不限于修辞技巧、出手大气的学术产品(当然也存在部分研究者知识结构中语言学准备不足的问题),但是似乎没有被国内修辞学界的主流所接受。

在修辞技巧层面,现有的研究成果很多,留下的阐释空位也多。开拓修辞研究更为广阔的学术空间和应用领域的一个重要方面,在于能否真正走出自我束缚的学术阐释模式,驱动修辞学研究向技巧之外的价值层面提升。

（二）走出技巧论:广义修辞学的三个层面

如果说,2001 年出版的《广义修辞学》更多地是从修辞学体系建构的意义上冲击了"技巧论"的修辞研究,此后陆续出版的《修辞研究:走出技巧论》、《文学和语言:广义修辞学的学术空间论》、《广义修辞学演讲录》通过一系列研究个案,展示修辞研究走出技巧论的可能性;那么,本书则在此前的理论论述和实践操作的基础上,进一步验证走出技巧论和修辞学研究价值提升的学理。

2003 年,在山东威海举办的"首届中国修辞学多学科高级学术论坛"上,来自文艺学界的两位学者的话很让人感慨:福建师范大学孙绍振教授认为"修辞学的前沿和文艺学的前沿是一个地方",山东大学谭好哲预期"文学有被语言学边缘化的趋势",主张积极开展"大修辞学"研究。两种表述共同说明,在非修辞学领域,有着对修辞学前沿地带和学术走向大致相同的把握和评判。

说"修辞学的前沿和文艺学的前沿是一个地方",不是没有根据。从学术背景看,20 世纪中期西方兴盛的修辞学批评,在被理论认可之后逐渐形成了众语喧哗的态势,并以各自的方式参与了修辞学复兴的话语建构。国内已有学者把修辞学理论引进了文学批评,其中有些研究成果从修辞学和文艺学共同逼近学科前沿理论。

主张积极开展"大修辞学研究",也不是没有根由。从研究现状看,修辞学研究比较多地限于巴赫金批评的书房技巧,"大修辞学研究"或许可以部分地冲击这种格局。

修辞研究走出技巧论,即走出以追求话语效果优化为唯一指归的认识坐标,但不等于修辞技巧没有研究价值。倡导走出技巧论,只是希望"修辞学"的学术含量,不要被误读为"修辞技巧"的技术含量,不要让国内语言学教科书中关于修辞的"技术范",屏蔽了修辞世界的纵深风景。因此,走出技巧论,不是远离技巧论。与巴赫金严厉批评修辞技巧不同,广义修辞学不拒绝修辞技巧,而是参与修辞技巧研究,但不主张修辞研究在"技巧论"中封闭。为此,我们在《广义修辞学》中提出划分修辞功能的三个层面。走出"技巧论"的修辞学研究,同时向修辞诗学和修辞哲学层面延伸。①

1. 向修辞诗学延伸:概念和学理

提出"修辞诗学"构想,首先需要大致清理一下国内外诗学研究领域的"诗学"概念。

国外的诗学研究队伍主要包括欧美、日本和海外华人学者,他们有不同的学术背景,却有共同的特征,即研究领域较宽。凯塞尔在《语言的艺术作品》中列举几十种中世纪的诗学著作,这些著作的"诗学"概念,多数与亚里士多德的"诗学"概念相近。俄国形式主义理论的诗学研究、雅柯布逊《结束语:语言学和诗学》、卡勒《结构主义诗学》等,都是探寻语言学理论和文学理论中同源相似的"结构",他们的"诗学"概念的外延大于诗歌理论。巴赫金《陀斯妥耶夫斯基诗学问题》在叙述学、文化哲学、符号美学等多重话语空间讨论"诗学",所以巴赫金的"诗学"有"文化诗学"之称。池上嘉彦《诗学与文化符号学》侧重语言自身的诗意功能。可见,国外学者的"诗学"与国内部分学者"关于诗的理论与品评"的"诗学"不是同一个概念。② 国外诗学研究,从亚里士多德到巴赫金,都涉及修辞话语,也都涉及修辞文本,从修辞话语建构向文本建构延伸的审美设计和诗学关联,是修辞诗学的研究空间。

目前国内文艺学科、文学学科(包括比较文学学科),在"诗学"的概念认同、阐释路径方面有交叉,也有区别,研究各有侧重,但都产生了很多有价值的成果,其中与修辞学关联较多的研究主要关注诗学意义上的文本生成方式、言说方式和话语系统等,研究方法较之传统的诗学研究有所拓展。

国内当代学者的古代、近代诗学研究,比较多地受到海外华人学者如叶维廉、刘象愚等影响。现代诗学研究,比较多地受到欧洲和日本学者诗学研究的影响。国内诗学研究对象如文体发生和建构的诗学原理、诗学话语的民

① 谭学纯、朱玲:《广义修辞学》,安徽教育出版社 2001 年版,第 4 页。
② 袁行霈、孟二冬、丁放:《中国诗学通论》,安徽教育出版社 1995 年版,第 3 页。

族化/他者化、中国古代诗学话语的现代性重建 等,并从诗歌拓展到非诗歌文类,学术文献涉及作家诗学和文本诗学,前者如梁启超、鲁迅、宗白华、朱光潜、朱自清等人的诗学思想研究,后者如《红楼梦》诗学研究、《野草》诗学研究等。这类"诗学"与前述"关于诗的理论与品评"的"诗学"也不是同一概念。

国内诗学研究的动态目前有**向语言学延伸**的趋势,更有学者呼吁开展中国诗学的语言学研究。这方面,域外的形式主义文论提供了正反两方面的经验。身兼语言学家和文艺学家的俄国形式主义学者,一方面把一系列修辞学术语引进了文论话语,另一方面也把语言学的研究方法整合进诗学研究,他们研究隐喻、转喻、象征,目光所及,越过修辞技巧,涉及话语建构和文本建构的不同层级。从研究方法说,形式主义批评的科学实证主义色彩,也应该归于研究者们的语言学功底。布拉格学派的语言功能研究、共时性和历时性结合的研究等,源自语言学、又超出了语言学。虽然这些学者把语言学研究在文艺学中的运用推向了极端,使得事物走向反面,但是从打通学科界限的意义上说,还是应该承认俄国形式主义文论家和布拉格学派的理论贡献。**他们的语言分析丰富了诗学理论,他们的诗学研究又延伸了修辞学的研究空间。**理解形式主义文论话语,需要调动语言学和文艺学的复合经验。而这种复合经验,正是研究修辞诗学所需要的。

修辞诗学研究的切入点在诗学和修辞学的交叉地带,修辞诗学的构想,既对诗学研究前沿动态作出理论回应,也注重实践层面的学术操作,在重视同类研究学术积累的基础上,走出国内目前"就诗学谈诗学/就修辞谈修辞"互不相干的研究格局,驱动诗学研究和修辞学研究突破自我限定,有选择地吸收国外"诗学—修辞学"研究的理论资源,为建设中国化的修辞诗学提供来自诗学和汉语修辞学领域的理论思考和操作实例。立足于诗学和修辞学双重视域,修辞诗学探寻诗学和修辞学在更广泛的领域中相互诠释的理据和路径,探讨如何通过学科对话和不同学科经验的相互激活,重辟研究路径,在学科优势整合、研究方法互补的良性运作中,构拟中国化的修辞诗学。

中国古代诗学区分过两类语言产品:"有句无篇"和"有篇无句"。其实,二者都是没有设计好从修辞话语建构向修辞文本建构延伸的审美路径。文本的修辞建构有两类范型:从句到篇和从篇到句。不管是从句到篇的扩张,还是从篇到句的笼罩,解决"句"和"篇"之间可能出现的矛盾,减少"有句无篇"或"有篇无句"的不和谐,都是修辞诗学的研究范围,这里的认识基础可以理解为:修辞作为话语建构方式和文本建构方式,存在着某种同构性。从理论上说,话语结构是一种文化契约在符号关系中的体现。不管是话语结构,还是文本结构,都体现人和世界的某种审美关系,在组织形式上往往对应于同源相似的结构。也许,正是较多地看到了文本结构和话语结构的审美对应,罗兰·巴特才认为叙事作品是一个大句子。从这个意义上说,修辞诗学就是研究作家的修辞策略和修辞行为如何转化为修辞文本的语符化过程。

《广义修辞学》提出的"修辞诗学"概念,立足于中国修辞学和中国诗学关联性极强的三重学理支撑:

(1)修辞学和诗学:共享的理论资源

国内现有出版物中,中国修辞学史和诗学史/诗学理论著作理论资源共享的现象很突出。先秦诸子言论、《周易》、《毛诗序》、《文心雕龙》及历代诗话词话等,是一批修辞学史和诗学史/诗学理论著作共同发掘理论资源的经典文献。现有研究成果表明,中国修辞界和文艺学界的学者,有着共同的学术兴奋点:他们从相同的古代典籍开掘共同的理论资源,也从大致相同的概念范畴、理论话语展开各自的阐述。例如,在中医、文学、绘画、声乐、舞蹈、书法、建筑园林等不同的场域,"气"是一个为多学科共同使用的公共概念,但却是一个能指、若干个所指,分属不同的语义场。同一个"气",在同一篇文献中,义位可能不止一次转移;在不同的文献中,义位转移的可能性更大。意义含混有时未必观察得到,所以,"气"到底指的是什么?进入不同语用环境的"气",有没有共同义素?如果有,是什么?有没有区别性义素?如果有,如何区别?"气"、"味"、"势"、"骨"、"风"、"韵"、"象"之类的原初语义,如何经由修辞化的路径进入艺术语义场和人的精神世界,成为不同场域的公共概念?

表 4-1　修辞学和诗学共同诠释的公共概念

核心概念	派生概念
文	文道　文气　文脉　文势　文气　文眼　文风　文采
气	气象　气韵　气势　气骨　骨气　养气
势	气势　取势　体势　相势　得势　失势　造势　笔断势连
骨	风骨　骨力　骨相　骨格　骨骼　骨体　骨髓　骨脉
趣	兴趣　天趣　真趣　意趣　生趣　旨趣　别趣　理趣
味	滋味　韵味　品味　余味
风	风骚　风神　风格　风力　风味　风采　风度　风流　风雅　风范
韵	神韵　风韵　韵味　韵外之致
象	物象　意象　兴象　境象　取象　象外之象
境	意境　实境　虚境　造境　写境　真境　神境　有我之境　无我之境

公共概念作为自然语言的模糊性,给科学的描述和解释造成困难,也造成学术叙述和学术阅读中的意义含混。这些公共概念及其派生概念之间具有什么样的认知关联和纠葛? 其间的认知机制是什么? 如何发生? 如何演变? 如何描述? 现象的混沌反向地体现了寻求解释的内在要求。近几年,我们指导的一些研究生尝试逐个解释这类公共概念,一人解释一个公共概念及其派生概念,作为学位论文或博士后出站报告。虽然他们未必解释得清楚,但毕竟是在认识到公共概念意义模糊性的情况下,设法清理其意义脉络的一种探索,这也是修辞学和诗学的共享理论资源可以纳入一个更具包容性的逻辑架构的认知基础。

表 4-2　修辞学和诗学共同诠释的理论话语

作品 / 作家	理论话语	作品 / 作家	理论话语
《尚书》	诗言志	苏轼	辞达
《周易》	修辞立其诚	欧阳修	简而有法
孔子	文质彬彬	严羽	以禅喻诗

续表

作品/作家	理论话语	作品/作家	理论话语
老子	大音希声、大象无形	黄庭坚	夺胎换骨
庄子	得意而忘言	陆游	功夫在诗外
孟子	以意逆志、知人论世	吕本中	定法活法
曹丕	文以气为主	王若虚	大体定体
陆机	因宜适变	胡应麟	体格声调、兴象风神
沈约	四声八病	王世贞	琢之无痕
刘勰	为情造文	袁枚	以口语入诗
韩愈	气盛言宜、陈言务去	刘熙载	极炼如不炼
杜甫	语不惊人死不休	黄遵宪	我手写吾口
司空图	韵外之致、味外之旨	王国维	词重内美

也许,正因为中国修辞学和中国诗学有着共享的理论资源,才产生不同学科共同开发同类学术富矿的现象。共同的开发中,不同学科以各自的方式审视共同的理论资源。这些共同的理论资源以及作为共同阐释对象的理论话语,包括作为关键词的重要概念范畴,进入不同学科的学术文献,如:

修辞学史著作

1984　郑子瑜:《中国修辞学史稿》,上海教育出版社

1989　易蒲、李金苓:《汉语修辞学史纲》,吉林教育出版社

1990　袁晖、宗廷虎:《汉语修辞学史》,安徽教育出版社

1991　周振甫:《中国修辞学史》,商务印书馆

1995　吴礼权:《中国修辞哲学史》,台湾商务印书馆

1998　郑子瑜、宗廷虎:《中国修辞学通史》,吉林教育出版社

诗学史/诗学理论著作

1984　袁行霈等:《中国诗学通论》,安徽教育出版社

1995　陈良运:《中国诗学批评史》,江西人民出版社

1998　陈良运:《中国诗学体系论》,中国社会科学出版社

2000　邓新华:《中国古代接受诗学》,武汉出版社

2000　陆耀东主编:《中国诗学丛书》,湖南人民出版社

修辞学和诗学,虽有各自的认知平台,但审视对象却在各自的认知经验中互相缠绕。从诗学层面考察中国修辞学,同时将中国诗学研究部分地融入中国修辞学的框架内,构建中国修辞诗学的理论平台,重释文论经典,将有新的发现与收获。

以修辞学和诗学共同阐发的"以禅喻诗"为例:修辞学着重阐释的,是"以禅喻诗"所"喻"的内容;诗学关注的,是"以禅喻诗"的话语方式对诗歌文本的审美建构。看起来,修辞学和诗学对"以禅喻诗"的研究,是两股道上跑的车,而修辞学和诗学在有关"以禅喻诗"的阐释方面似乎又都留着一段理论空白。实际上,正是在这看似无路的虚空之间,隐藏着复式认知经验。陈良运《中国诗学批评史》这样概括"以禅喻诗":"诗而入神"是严羽论诗的理论落点,实现"诗而入神"的途径,超越了"以禅喻诗"三段论,回归了诗学本体,又完成了诗学意义上的审美重塑。[①] 以诗学眼光对传统理论资源的开发,落点在诗学,起点在修辞学。因为:"以禅喻诗",首先是修辞意义上的"喻",然后是诗学意义上对"喻"的方式的审美规定——以禅语喻诗语,以禅悟喻诗悟,从而在一个新的层面,整合了禅宗的审美思维和诗人的审美思维。

"以禅喻诗",只是一个跨越修辞学和诗学的个案。无论是中国修辞学,还是中国诗学,这类共享的资源十分丰富,如何最大化地利用修辞学与诗学共享的理论资源,开发修辞诗学的理论空间,需要一种超越性的学术思路。

（2）修辞学和诗学:共同的关注焦点

在西方,亚里士多德的《修辞学》和《诗学》同时关注隐喻问题,亚氏的修辞学和诗学甚至同时关注一种句子,例如他认为对"请求作为一种句子"的研究,同时属于修辞学或诗学。在中国,修辞学和诗学,也有同样的关

---

① 　陈良运:《中国诗学批评史》,江西人民出版社 1995 年版,第 391—392 页。

注焦点,例如二者都注重词句评点和微观分析。这表明,修辞学和诗学的概念内涵与外延,在跨文化语境中,同样存在纠缠现象。这种纠缠,可以通过语义分析来证明,也可以从术语使用与理解的含混来印证。

1）汉语"修辞"之"修"的诗学含义。

《说文》释"修":"饰也,从彡攸声。""从彡",是"修"的意义类属,"彡"作为毛发的象形符号参与构形的汉字,可以按语义分为三个相关类别:

> 清理整饰的语汇
> 美丽文章的语汇
> 美好形象的语汇①

从汉字"修"的构形及本义,可知其中的结构素"彡"所构建的语义场规定了"修"的语义生成方向。"彡"的语义类别的三重划分,与我们在《广义修辞学》中关于修辞功能三层面的划分暗合:

表 4-3 "修辞"之"修"的诗学含义和修辞功能的诗学层面

"彡"的三个语义类别	修辞功能三层面
清理整饰的语汇→	修辞作为话语建构方式（修辞技巧）
美丽文章的语汇→	修辞作为文本建构方式（修辞诗学）
美好形象的语汇→	修辞参与人的精神建构（修辞哲学）

"美丽文章的语汇"中"文章"的本义,虽然不等于文本,但在局部与整体的关系上,"美丽文章"与修辞化文本同构。对修辞化文本的考察,可以包括修辞技巧,但不能止于修辞技巧,而需要从修辞技巧层面向修辞诗学层面延伸。据此可以进一步厘清:

2）博克和布斯:修辞学/诗学的理论缠绕及中国学术界的误读。

肯尼斯·博克认为,修辞学和诗学之间没有绝对的界限:修辞学研究以话语形式出现的象征活动,诗学研究作为话语的诗和其他文学形式的象征活

---

① 臧克和:《说文解字的文化说解》,湖北人民出版社 1996 年版,第 114 页。

动,二者都研究话语、并运用话语唤起接受者的情感,形成他们的态度,诱发他们的行动。所不同的仅仅是:

> 修辞话语诱发的行动超出自身,指向一种更大的行动;文学话语诱发的行动只在自身,行动最终在自身中消失。①

修辞学和诗学都通过话语建构象征化的现实,指出二者的相通,同时强调它们之间的界限,在这一点上,博克是对的。但是,博克认为修辞话语诱发的行动超出自身,文学话语诱发的行动在自身中消失,这在理论上有失严密。且不说修辞话语和文学话语本身是交叉概念,更重要的是,它不完全符合修辞话语建构、文本建构与话后行为的关系的事实。

更全面的概括可能是:

——如果修辞话语和文学话语都没有诱发话后行为,那么二者诱发的行动都在自身中消失。例如"男人的肩膀靠不住",因一首流行歌曲而成为流行语,但没有影响女孩子寻找男人的肩膀。独身的女子,也多半不是因为"男人的肩膀靠不住",才远离婚姻围城。女权主义修辞批评更不是因为"男人的肩膀靠不住"驱动女性的文化突围。这是修辞话语没有诱发话后行为;《红楼梦》描写贾宝玉的爱情选择,感情的天平始终向"林妹妹"倾斜,同时也把贾宝玉写成尊重女孩子的"情种",但是读过《红楼梦》的男孩子,多半觉得"宝姐姐"这样的女孩子更适合做自己的婚姻搭档,而读过《红楼梦》的女孩子,多半觉得"宝二爷"这样的男孩子,做朋友比做丈夫更合适。我曾经在选修课中对福建师范大学文学院两个年级的大学生作过问卷调查,有男孩子明确表示,"娶了林妹妹,一生有吵不完的架";也有女孩子明确表示,"嫁了宝二爷,不要饭才怪"。这是文学话语没有诱发话后行为的例子。没有诱发话后行为的修辞话语和文学话语,诱发的行为在自身消失。

——如果修辞话语和文学话语都诱发了话后行为,那么二者诱发的行动都超出自身。例如某人说"张三是畜牲。"结果张三被揍了一顿,这是修辞

---

① 常昌富:《导论:20 世纪修辞学概述》,见 K. 博克等《当代西方修辞学:演讲与话语批评》,中国社会科学出版社 1998 年版,第 16 页。

话语诱发了话后行为；美国小说《汤姆叔叔的小屋》，成为美国历史上一场著名战争的诱因之一，这是文学话语诱发了话后行为。诱发了话后行为的修辞话语和文学话语，诱发的行为都超出了自身。

在对修辞学和诗学的关系的看法上，比博克走得更远的是布斯。

布斯的《小说修辞学》不是研究单纯的写作技巧，而是小说作者、叙述者、人物和读者之间的修辞关系。这同样进入了诗学领域。

比较中国修辞界和文艺学界对布斯的接受反应，会发现不同学科对同一理论问题理解的差异。

修辞界对布斯《小说修辞学》的评价：

在修辞学家的眼里，任何一段话语都包含着作者的意图、话语的意义以及读者对话语的反应三个方面的内容。三者的关系表现为作者力图运用一切手段组合话语，以便使读者的反应纳入创作意图的轨道。用柏克（按：即博克）的话说，使作者与读者在理智、情感和态度等方面取得"同一"。布斯正是以作者、话语和读者三者的这种相互关系为基本论点来研究小说修辞学的。他把小说和史诗这类语言艺术视为这样一种话语形式：读者对作品的分析、理解、评价与欣赏时时处处受作者的控制。作者用以左右读者的一切手段属于修辞技巧，是小说修辞学研究的对象。①

文艺学界对布斯《小说修辞学》的评价：

在《小说修辞学》中，布斯最关心的问题，是作者、叙述者、人物和读者之间的关系。在他看来，这种关系就是一种修辞关系，亦即作者通过作为技巧手段的修辞选择，构成了与叙述者、人物和读者的某种特殊关系，由此达到某种特殊的效果。他把该书取名为《小说修辞学》，并不是探讨我们通常所理解的措辞用语或句法关系，而是研究作者叙述技巧的选择与文学阅读效果之间的联系，这便回到古希腊的修辞学本义上去了。②

---

① 王德春主编：《外国现代修辞学概况》，福建人民出版社 1986 年版，第 47 页。

② 周宪：《小说修辞学·译序》，见 W. C. 布斯《小说修辞学》，北京大学出版社 1987 年版，第 3 页。

比较上面两段关于《小说修辞学》的评价,不难看出:

修辞学界和文艺学界都视《小说修辞学》为本学科框架内的优秀成果:《外国现代修辞学概况》称"布斯的《小说修辞学》捍卫了修辞学的基本原则,发掘了修辞学的分析功能"①。《小说修辞学·译序》称:在现代英美的文学批评和小说理论文献中,几乎没有不提及这部书的,并援引雷蒙–科南的评价说:"这本书对叙事角度、叙述者类型、文本规范、隐含的作者概念等,作出了英美人最系统的贡献。"②

修辞学界和文艺学界都注意到了《小说修辞学》所研究的"修辞技巧",但这同一个能指符号"修辞技巧",实际所指并不相同:前者相当于话语技巧,属于话语建构范畴;后者相当于叙述艺术,属于文本建构范畴,实际上已经进入修辞诗学领地。

修辞学界认为《小说修辞学》的研究"符合修辞学的传统",文艺学界认为《小说修辞学》的研究"回到了古希腊的修辞学的本义",两种看法形同实异:

《外国现代修辞学概况》的观察点是修辞技巧　　所谓"修辞学传统",指的是古希腊修辞学注重演说者—演说—听众的关系,认为古希腊修辞学主要是研究演讲的话语艺术,"其主要研究对象是说服听众接受论题并且付诸行动的各种论证和劝导技巧"。③

《小说修辞学·译序》的观察点是修辞诗学　　所谓"古希腊修辞学的本义",指的是"修辞学"(Rhetoric)的词汇形式中蕴涵的"美学建构"意义。"北大演讲丛书"之一高辛勇的《修辞与文学阅读》正是在"美学建构"意义上使"修辞"和"文学阅读"都走出了技巧层面。詹姆斯·费伦《作为修辞的叙事》同此,布斯的《小说修辞学》也同此。虽然,《小说修辞学》在具体论述的时候,不时地重返亚里士多德,但它更多地是在诗学的意义上,而不是在论辩与演讲的技巧意义上重返古希腊的。

因此,《小说修辞学·译序》所说的"古希腊修辞学的本义"和《外国

---

① 王德春主编:《外国现代修辞学概况》,福建人民出版社 1986 年版,第 47 页。
② 周宪:《小说修辞学·译序》,见 W. C. 布斯《小说修辞学》,北京大学出版社 1987 年版,第 2 页。
③ 王德春主编:《外国现代修辞学概况》,福建人民出版社 1986 年版,第 50 页。

现代修辞学概况》所说的"修辞学传统",其中的共同语码"修辞学",其实是相同的能指,不同的所指。

修辞学界和文艺学界对于《小说修辞学》的学科定位各执一端,共同的问题出在对修辞技巧和修辞诗学没有做出必要的区分,二者部分地解释了对象,也部分地屏蔽了对象。

（3）修辞学研究和诗学研究:共在的理论生长点

敏感的学者可能注意到了一种学术走向:国内修辞学研究有向诗学提升的迹象,诗学研究也有向修辞学延伸的趋势。 **如果追根溯源,中国古代修辞学即是诗化的修辞学,古代诗学也是修辞化的诗学。**人们对"诗言志"、"言意之辩"、"以意逆志"、"以禅喻诗"、"因宜适变"、"我手写吾口"等一系列问题的讨论,都交织着着修辞学、诗学乃至哲学的多重话语。

以黄遵宪倡导的"我手写吾口"为例,这里有诗歌话语变革的修辞问题,也有诗歌文本建构的修辞问题。"我手写吾口"作为诗歌革命的口号,在近百年中国文学史进程中,有效地控制着白话诗从表达到接受的双向运作。然而,人们很少去思考,这个著名口号中隐藏着预设的多重理论疏漏:

预设1:口语＝白话／日常话语

预设2:出自"吾口"的白话／日常话语,可以直接转换为"我手"写出的白话诗

预设3:白话诗的可接受性大于文言诗

预设4:诗学建构中话语形态的"文白"之争＝意识形态建构的"新旧之争"（它不是"我手写吾口"的初始预设,而是在后来的创作—接受互动过程中产生的畸变）

深入分析会发现:

预设1隐藏着语体常识方面的错误。首先是**口语≠白话**,口语和白话,分别是相对于书面语和文言的不同语体范畴。唐人李白《静夜思》用的是当时的口语,这里所说的口语不等于白话。徐志摩《再别康桥》、《沙扬娜拉》是白话诗,鲁迅《伤逝》、《故乡》是白话小说,这里所说的白话也不等于口语。其次是**口语≠日常话语**,口语是相对于书面语的概念,日常话语是相对于

非常规话语的概念。它的指称对象大致对应于胡塞尔所说的日常生活的世界,语义具有原初自明的特点,语义指向与日常生活中的行为直接相关,区别于超常规的普通话语,也区别于专门化的科学话语。口语可以是日常话语,也可以是超常规的普通话语。日常话语可以用于口头,也可以用于书面。不能因为日常话语具有口语形态,就把口语和日常话语这两个不同系统的概念等同起来。

如果说预设 1 模糊了口语、白话、日常话语这几个内涵和外延都不同的语言学概念,那么,预设 2 隐藏的诗歌话语建构和诗歌文本建构方面的理论疏漏,则可能模糊"诗"与"非诗"的界限。它越过了一个不应该越过的诗学常识:语词平面的口语 / 日常话语,在诗歌文本建构过程中,往往需要组合成句平面的非口语 / 非日常话语。"我手写吾口"在理论上与诗歌的内在结构很难达到美的和谐,有些情况下,二者完全可能是背离的。写诗,是诗人从现实秩序进入艺术秩序的一种语言活动,语言是诗人从现实场景进入审美现场的审美变形材料,诗人走近缪斯,携带着经过修辞化重组的日常话语,不可避免地伴随着对"吾口"的偏离。诗人观察世界的时候,需要重建一个经验平台;诗人表现世界的时候,需要重建一个语言平台。当诗人陷入"此中有真意,欲辩已忘言"的尴尬时,缪斯的召唤绝不是"我手写吾口"的简单置换。

预设 3 的理论失误导向了一种认识偏差:以为白话诗的可接受性大于文言诗。白话诗重"白话"而轻"诗"的认识倾斜,造成了诗歌话语审美信息的稀释。"我手写吾口"悬搁了重建白话诗在修辞诗学层面的审慎思考,更多关注的是用白话写作,至于白话应该以何种方式进行审美组合才可以进入诗歌文本,则被简单化地处理了。诗界革命更注重白话的可接受性这种平面化效果,而与此相关的诗美嬗变的深度空间,却迟迟没有在真正的意义上打开。

预设 4 是"我手写吾口"最大的理论失误:将诗学建构意义上话语形态的"文白"之争变形为意识形态建构的"新旧"之争——白话被视为"维新之本"。当时人们自觉或不自觉地从政治思想和社会变革的角度来推崇白话、批判文言,这不仅意味着原本属于修辞诗学范畴的问题政治化,也意味着对白话的认同具有了某种权力化倾向。"我手写吾口"的诗学主张,以意识形态的胜利遮盖了诗歌的审美失落,它与预设中的理论失误,有着主体认知方面的关联。[①] 对这个认知前提的颠覆,仅仅从修辞技巧解释,触及不到问题的实质——这是修辞诗学的解释空间。

2. 向修辞哲学延伸:话语参与人的精神建构

当修辞诗学从技巧层面的话语方式向文本的存在方式延伸时,修辞哲学则从技巧层面的话语方式向人的存在方式提升。关于后者,学界有争议。一种观点认为,这属于哲学范畴,不是修辞学的领地。应该肯定,修辞学研究强调学科边界,有合理的一面,但是强调学科边界,不等于固守自我认同的学科经验。事实上,当修辞学拒绝研究人的话语方式和存在方式的关系时,已经不知不觉地陷入修辞哲学意义上的陷阱:正是固守学科边界的修辞学的一套话语系统,建构了与此相应的修辞学的现实,构筑了与此相应的修辞学研究的经验框架。从这个意义上说,审视某种修辞观,最直接的感受就是看表述某种修辞观的话语;而修辞研究者以什么样的话语出场,事实上已经展示了研究者由这些话语建构的精神世界。

我的一些朋友和研究生对我的学术话语感兴趣,有的甚至在学术会议主题报告的提问环节向我问起这个问题。这类提问睿智地触及了一个事实:学术思想不仅经由作者的话语表述,更是由体现作者风格的话语参与建构的。"语言是思想的直接现实",曾是影响深远的经典表述;但反向的表述"语言建构我们的现实",人们尚未深入认知——这是《广义修辞学》试图在修辞哲学层面探讨的问题。

修辞哲学的影响渗透在日常话语和行为中,只是我们习焉不察。从古到今,每一个社会、每一个时代都有它的角色话语,这种角色话语参与着人文环境和人的价值系统建构,成为被建构的人文环境和人的价值系统的一部分。这当中的关系,如果仅仅从修辞技巧分析,解释力是有限的。例如——

看历史题材的电视剧,我们有没有追问:那些经常以"奴才"、"小奴"、"小臣"自称的人,为什么说话就直不起腰来? 读安徒生童话《丑小鸭》,我们有没有追问:"丑小鸭"的修辞命名和丑小鸭自惭形秽之间体现一种什么

---

① 参见谭学纯:《百年回眸:一个诗学口号的修辞学批评》,《东方丛刊》2004 年第 2 期。

样的关系?

当理论思考从单纯的修辞命名提升到修辞哲学的时候,意味着我们注意到了修辞以话语的形态介入了人的现实存在。人通过修辞的方式,把主体的现实在场置换为一个修辞化的审美现场,这是修辞哲学关注的一个焦点。

哥伦比亚女囚选美比赛,是引人注目的一道独特风景。我注意过一种报道:选美中胜出的女犯人,称"监狱之花",她们往往减刑或提前释放。在广义修辞学的分析框架中,我们会发现,"监狱之花"作为选美活动中对女犯人的比喻性命名,在修辞技巧层面的有限解释空间,可以在修辞哲学层面拓宽,"监狱之花"激发失足女性对美的珍爱,引导她们按照美的模式重新融入社会,使原先存在于女犯人心中和社会对女犯人看法中的那些"丑"的因素,不同程度地释放。"监狱之花"的修辞命名,唤起误入歧途的女人的善念和良知,让她们以"监狱之花"的角色身份重新出场,重新设计自己的形象,重建与外部世界的对话关系,这比强制性的改造更有效果。提前释放的"监狱之花",不是因为美女放电,而是因为刺激了美好想象的修辞话语,参与建构了"监狱之花"的内在精神。所以哥伦比亚警方解释,女囚选美活动,意在引导女犯人追求美好的生活,增强她们弃恶从善的自信。

修辞参与人的精神建构,有正负效应。

2010 年春天,政协十一届三次会议第四次全体会议期间,一位代表的发言,直指民意反感的"五多"话语现象:

> 常说的老话多、正确的废话多、漂亮的空话多、严谨的套话多、违心的假话多。(2010 年 3 月 10 日中国新闻网)

老话、废话、空话、套话、假话,在很多官样文章中,模式化为一个话语克隆体。公众吐槽的负面话语形象,还有更极端的情况:话语克隆体从源话语完整拷贝为目标话语,连话语行为发生的时间、地点都照本克隆,今年的讲话,沿用去年的克隆体,以致落款时间倒流;A 地官员对 A 地发布指令,沿用 B 地的克隆体,所在城市名也不更换,以致严肃的官方发言,变成无厘头搞笑。

　　话语主体不考虑"谁在说"、"对谁说"、"说什么",也不理会"在什么场合说"、"怎样说"、"为什么这样说",只要自己的话语经验中存放着话语克隆体,就可以完成无实质意义的话语行为——我把这种现象叫做"话语不作为"。

　　由"话语不作为"生产的万应文本及其语用场合的泛化,违背了会话原则的基本前提:区分并适应具体语境。话语克隆体可以用于从国家事务到家庭婚礼的一切语境,从公众人物到平民百姓,从"要我说"到"我要说",人们每每与老话、废话、空话、套话、假话相遇。"不作为"的话语,成了"皇帝的新装"。

　　《皇帝的新装》,也许可以看作安徒生以童话形式编码的一个生存寓言:人人都看得见"新装"包裹着的裸体,而敢于一语道破真相的,只有未曾涉世的孩子。如果连未曾涉世的孩子也开始人云亦云,情况可能更糟糕。韩寒在他的博客中称,儿童从小学作文就开始说谎。虽然这只是一句情绪化的表述,但确实有迹象表明:话语克隆体已经从成人话语场进入小学生作文。网络上评出的小学生作文结尾"十大流行金句"、"黄金必杀句"等,在戏谑的表象之下,不乏严肃的追问:"话语不作为",剥夺的难道仅仅是儿童的纯真? 暴露的难道仅仅是成人的语商?

　　"话语不作为"通常出现在个人与外部世界的对话被某种模式深度套牢的情境中,它制造驱之不去的听觉疲劳,重复着对接受者的话语催眠。长此以往,聪明的中国人修炼出了一套话语接受策略:不需要理睬洋洋洒洒的长篇大论,只需要简单扫描话语克隆体,看看当前文本是多了一两个词句,还是少了谁的名字。熟悉"话语不作为"的人们善于从多出来的一两个词句或者少了的名字提取整篇话语中最有效的信息。甚至不需要置身话语现场,在套语模式反复刺激的作用下,接受者会自动提取一成不变的话语信息。2008年春节联欢晚会上的一个小品,再现了不开会而能准确"记录"会议要点的荒诞场景。

　　从客观上说,"话语不作为"可能包含了某种无奈或不自觉,前者真实的自我被话语克隆体强制引导——真实的自我不想这样说,但必须这样说;后者真实的自我被话语克隆体压制而不自知——真实的自我不知道话语连同话语主体已被克隆体控制,不知道被克隆体控制是生存的悲哀。

从主观上说,"话语不作为"意味着话语主体不愿意或不可能以自己的话语形象维护自我在场的尊严。话语出场而思想缺席,话语的贫困成为心灵贫困的表征。话语主体意识不到自己的公众形象中话语形象的分量,哪怕他一开口说话,别人就痛苦,他也无心或无力做出微小的现场调整,比如临时修改话语版本、压缩话语长度。

不管是话语主体客观上"不可作为",还是主观上"不愿作为",都是真实自我的虚假在场。

所幸的是,抵御"话语不作为"的能量并不匮乏,甚至不缺少高端的权威干预:从毛泽东主席犀利批评的"党八股",到梅德韦杰夫总统评点俄罗斯政府官员讲空话套话,都在警示人们:"话语不作为"毁损的,是话语形象,也是政党形象、政府形象。"话语不作为"的背后,可能是行政不作为甚至更深层次的不作为。"话语不作为"是思想的弃权、存在的弃权,正因为如此,巴赫金强调真实的存在,是以自己的方式和自己的话语共同在场。"话语不作为"现象及其成因与机制,是修辞哲学研究的可开发空间,也是学术观察与思考介入社会现实,与公众语言生活形成有效互动的文化现场。

修辞参与人的精神建构的正负效应,有时互相交织。

修辞话语"'忍'字心上一把刀",传达了某种生命之悟和存在之思。这里的所悟所思,对行为主体的存在方式具有导向意义,而这种导向既有正面的,也有负面的,它同时导向:柔化的生存策略、奴化的人生姿态、弱化的生命冲动——

作为柔化的生存策略,"'忍'字心上一把刀"讲究不动声色的太极运作,以柔和的形象在场,减少人际纷争;以柔顺的姿态书写人生,自得一份宁静。它倡导的生存策略投射到个体存在方式上,常常表现为退避及其中包含的某种隐忍。特别是有理的一方如果忍得一时之性,得到的可能是更多的心灵感动。作为一种生存策略,"小不忍,乱大谋"几乎成为我们民族的集体认证。从历史事实到艺术叙述,每每向人们讲述隐忍一时,终成大器的美丽故事,向人们展示用柔化策略与存在讲和的生命关怀。

作为奴化的人生姿态,"'忍'字心上一把刀"意味着承受生命不可承重之重,负面导向是听其自然的生命沉沦。中国封建文化之所以倡导"忍耐为高",固然不排除对德行的肯定,但也不排除对隐忍的生存之道顺应封建统治之术的认可,其结果是否会导向鲁迅所说的做稳了奴隶的自我满足?

作为弱化的生命冲动,"'忍'字心上一把刀"远离强悍意志,关闭生命之欲,压抑燃烧的激情,最终导向生命萎缩。虽然我们懂得:辉煌亮丽的人生当敢生敢死、敢爱敢恨;当忍则忍、当争则争。在忍与不忍之间确立自己的位置,可能是更明智的选择。但是一旦进入人生舞台,还是忍多于争。

从积极的方面说,忍是美德。从消极的方面说,忍与麻木可能纠缠在一起。

在汉语经验中,"'忍'字心上一把刀",不仅是保全自我的一种方式,有时也是提升自我的一种方式。当命运交响曲奏到低沉处,忍辱负重的角色承担,面对生之焦虑与失望,忍者所拥有的那份沉静与意志,那种不屈于误解的精神坚守和道德自律,每每赢得人们的敬意。但是对"'忍'字心上一把刀"的认同如果失去应有的分寸,就可能走向反面。以忍求安可能导向委曲求全的苟且,抽取人的精神建构中的刚健之魂。从这个意义上说,"'忍'字心上一把刀"作为在中国人意识深处扎下了根的修辞话语,对于行为主体健全人格塑造的负面导向,同样不应该忽视。

修辞话语中,有着属于某一语言系统的人们在历史中的活动、在现实中的驻足、在历史与现实之间的往返穿梭,他们的修辞话语,就是他们自认的文化角色、他们的外在行为和内在心态,他们的话语,往往内化为相应的价值信条、道德规范和行为模式,参与着话语主体的精神建构。

修辞可以是话语主体自觉的创造,也可以是不自觉的行为。后者可能是社会最广大、最普通、最朴实的生活群体。他们的生存空间主要在社会下层,不太关心形而上的生存意义,也不幻想诗意的栖居,追问生命的价值。他们不以拯救灵魂为己任,也不奢望彼岸的救赎,而较多地体现立足此岸的世俗生存。受知识水平和文化素养的限制,他们多半不是从理论上接受某种话语,但是他们的话语却在讲述他们的现实生存。

在汉语经验中,北方农村的男人称呼自己的妻子为"孩子他娘"。如果仅仅把"孩子他娘"看作丈夫对妻子的修辞命名,那只是一种修辞技巧,而修辞哲学关注的,可能是修辞技巧层面认为"越界"的问题。也就是说,如果驻守修辞技巧层面,分析"孩子他娘",我们无法读解出话语存在方式和人的存在方式的互动和影响。

铁凝的小说《麦秸垛》中有一个让人读起来倍觉苦涩的情节:一位被抛弃的农村妇女——大芝娘,法律刚刚认定了她离婚的事实,她却追上离自己而去的丈夫,要和他生个孩子,以此认证自己没有白做一回媳妇,而她能够自我认证的唯一方式,就是证明自己能做"孩子他娘"。

张承志的小说《黑骏马》中有一段叙述:青年巴帕听说与自己两小无猜的恋人索米娅被强暴并怀孕,要去杀掉作恶的男人希拉,但是额吉奶奶劝阻了他。老额吉的劝辞是:"希拉那狗东西……也没太大的罪行……有什么呢? 女人——世世代代还不就是这样吗? 嗯,知道索米娅能生养也是件让人放心的事呀。"额吉的语调很平静,但是这平静中书写了中国女性的生存痛感,从中可以读解出女子自我异化的价值观:认同女人的"物化"生存。"知道索米娅能生养也是件让人放心的事呀","能生养"即能做"孩子他娘",成为女人之为女人的价值确证。

"孩子他娘"就这样不知不觉地进入人的意识和无意识层面,作为一种精神建构因素,它既影响着男人对女人的角色定位,也影响着女人自身的角色定位。虽然,修辞话语主体,有很大一部分不一定是自觉的行为主体,但是他们认同经验、崇尚感觉、尊重习惯的实践生存,同样蕴含着丰富的修辞哲学意义。

修辞哲学不因为"修辞"与"哲学"相遇而变得玄奥,恰恰相反,修辞学研究因此更广泛地融入社会,促进了象牙塔内的学术探索与象牙塔外的现实风景生动链接。在这种探索的过程中,修辞学研究的价值提升也因为走出"技巧论"而彰显。

如果说"修辞技巧论"影响中国修辞学研究格局之大气;那么"表达中心论"则影响中国修辞学研究格局之完整——

二、问题意识二：从"表达中心论"到广义修辞学 "两个主体"

二十多年前,我们曾在初版《接受修辞学》中这样提出问题:

> 本书的写作动机,首先是出于一种遗憾:我们注意到,长期以来,中国修辞学学科体系的建构,在大致相同的研究视界中定格——研究者的目光,过于集中地投向了修辞信息的表达者,或修辞信息的物质承担者(话语材料),而冷落了修辞信息的接受者。[①]

这里提出的问题,至我们写作《广义修辞学》的 21 世纪初,没有大面积地解决。

(一)表达中心论是残缺的修辞理论

这一判断,来自对学术事实的宏观考察和对语言事实的微观分析。

1. 基于学术事实的宏观考察:修辞研究重表达、轻接受的不平衡格局

中国修辞学的理论源头可以追溯到先秦,但是,直到南宋陈骙《文则》问世之前,只存在片断的修辞理论,没有系统的专著。《文则》的出现,一方面标志了中国修辞理论由零星表述走向系统研究;另一方面也在相当大的程度上规定了中国修辞学的研究模式。该书所论修辞原则、修辞手法、文体风格、修辞和语法的关系等问题及其研究视点,表明了中国修辞学在走向系统研究的起步阶段,就体现出一种**重表达、轻接受**的研究思路。

这不仅影响了《文则》之后的古代修辞学研究,而且在某种程度上影响了近现代修辞学研究。后者丰富的研究成果,不断发展深化着中国修辞学理论,但研究者的着眼点,还是基本上没有离开修辞话语的表达者和修辞话语本身。

[①] 谭学纯、唐跃、朱玲:《接受修辞学》,上海教育出版社 1992 年版,第 1 页。

中国现代修辞学研究始于 20 世纪初,在过去的一个世纪里,学者们设计的汉语修辞学理论基座,主要由修辞表达和修辞现象两块基石砌筑。其间纵有一些涉及接受问题的零星论述,但是从修辞接受在完整的修辞研究中应该占有的理论位置来考虑,这些零星论述无法改变中国修辞学研究重表达、轻接受的不平衡现实。

1932 年,陈望道《修辞学发凡》问世,在修辞学研究的学术地图上划出了醒目的标志。面对中国现代修辞学最早的标志性成果,仰视修辞界一代巨擘伟岸的身躯,我们在崇敬之余,也想到问题的另一个方面:也许,正因为高峰不可企及,使得在《修辞学发凡》的旗帜下云集的学者们很难超越自己敬仰的旗手。《修辞学发凡》也涉及修辞接受问题,但较之书中对修辞表达的精细分析,可以明显地见出二者的不平衡,这种不平衡在 20 世纪中国修辞学研究的总体格局中,没有大的方向性调整。

1963 年,张弓《现代汉语修辞学》出版,标志着这一时期中国修辞学研究引人注目的成就。在有关《现代汉语修辞学》的诸多评价中,学者们都不否认这部著作的“丰碑”意义;也不否认这座丰碑矗立在中国修辞学长期框定的研究视界之内,丰碑所标示的,是“从表达态度、表达方法、表达效果的角度来进行研究”的路向。①

此后十余年,由于人所共知的原因出现了学术空窗期。

进入新时期之后,在修辞学研究断裂带起步的学者们,共同迎来了理论的复苏和学术的繁荣。只是这种繁荣和复苏,好像还没有导致研究视角的转变。

梳理当时的《修辞学习》、各修辞学会的专题论文集《修辞学研究》、几套影响广泛的“修辞学丛书”以及 20 世纪 90 年代之前的修辞学研究成果,其间迭现着学者们艰辛耕耘的忙碌身影,但目光所及,很少超出修辞表达和修辞现象的研究框架。比较集中地反映了国内外修辞新老成果的《修辞学词典》和《汉语语法修辞词典》,所收条目和释义内容,也从一个侧面不同程度地印证了修辞学研究领域的不平衡现象。以话语交际为研究对象的

---

① 袁晖、宗廷虎主编:《汉语修辞学史》,安徽教育出版社 1990 年版,第 423 页。

专著中的分析论证,也是侧重表达。如果涉及话语接受的问题,则语焉不详。究其实,这类研究的注意焦点,仍然是重表达、轻接受。接受作为修辞活动的重要环节,它的理论位置不是被挤压了,就是成了虚设的存在。类似的研究格局,也表现在当时国内学者对国外修辞著作、修辞学家的译介中。偶有一、两声"解码"的呼喊,也被"编码"和"代码"研究的合唱淹没了。研究者习惯于从表达和话语材料的角度描述修辞手段、分析修辞现象、探讨修辞规律,作为一种研究思路,本身无可厚非;作为一种实绩,也有目共睹。然而,只重视表达者和话语材料,而忽视接受者,毕竟给完整意义上的修辞学研究,留下了未被理论之光照亮的一隅。

20世纪90年代初,《接受修辞学》出版,一定程度上冲击了中国修辞学研究重表达、轻接受的不平衡格局。[①] 但是客观地说,与修辞表达和修辞现象研究的丰收景观相比,修辞接受的研究成果毕竟寥若晨星。

2. 基于语言事实的微观分析:修辞活动≠修辞表达

现有汉语教科书涉及修辞学内容,多按照"修辞活动=修辞表达"的思路解释修辞现象。这种理解,把修辞活动的双向交流拉向单一的表达向度。实际上,修辞表达完成之后,只留下物态化的语言集合,这是表达者建构的最后的物质现实,也是接受者面对的第一现实。接受者需要从这第一现实建构成自己的心理现实,以此接近表达者心理现实中那个修辞化的话语结构和文本结构。所以,修辞活动是表达者和接受者共同建构审美现实的话语活动。

然而,这个简单道理常常被忽略,一个简单的语例就会挑战"修辞活动=修辞表达"的认知:

男人抽烟,女人吃糖。(配价组合)
男人吃烟,女人抽糖。(非价组合)

---

① 相关评价参见刘坚主编:《二十世纪中国语言学》,书海出版社2000年版,第548页;宗廷虎:《20世纪中国修辞学》,中国人民大学出版社2008年版,第609页;陈厚诚、王宁主编:《西方当代文学批评在中国》,百花文艺出版社2000年版,第374页;朱良志:《修辞与审美》,《人民日报》1993年11月19日;陈志国、尚永亮:《筚路蓝缕 自铸新范——读增订本〈接受修辞学〉》,《江淮论坛》2002年第2期;鲁国尧:《语言学和接受学》,《汉语学报》2011年第4期。

当这两个句子以不同的组合关系进入话语理解时，人脑对语言组合关系的识别能力阻遏了非价组合的句子进入正常理解。但是，不能进入正常话语理解的句子，可以进入超常的修辞接受。在电影《牧马人》中，许灵钧和李秀芝结婚之夜，乡民闹新房，一位乡民说"男人吃烟，女人抽糖"，没有产生"负交际"。相反，这句错误表达，在电影观众那里产生了积极的修辞效果。

　　这种现象，对限于表达环节的"修辞活动"，提出了挑战：因为在上面的句子中，表达者不但没有对交际话语进行有效的修辞加工，反而由于表达的急促，说出了不符合交际规则的话语。而这句话之所以没有影响交际，就不能不涉及：接受者如何把话语交际中的负性因素转化为修辞接受的积极因素？如何把非价组合的话语引起的排拒性接受转化为认同性的修辞接受？这里的关键，是接受者如何越过语言障碍，抵达表达者。

　　人们追求优化交际效果，是目的；为实现这一目的而对语言进行修辞加工，是手段。但是如果把修辞活动限定在表达环节，等于手段否定了目的。因为不考虑接受的交际效果是虚拟的效果；没有接受者介入的修辞活动是不完整的活动。只有表达者确认某种表达手段相对优化的时候，他才会进行自认为优化的选择。修辞研究不应该对一个习焉不察的事实失去理论的敏感：追求话语交际优化效果，对表达者来说只是愿望，而不是现实。

　　修辞活动是施受双方在合作中经过符号中介进行信息交换的行为，格赖斯的合作原则规定，话语交际双方在数量、质量、关系、方式四个方面必须遵守共同的基本法则，也就是说，不存在单向度的交际、不存在只有起点而无终端的信息交流，不管接受者此时此刻是否真实在场，表达结束等于修辞活动结束的观点都是一种理论的误解。

　　修辞活动中，接受者不仅是不可缺少的，而且是至关重要的。接受者作为话语交际的一方，从不同角度、在不同层面参与修辞表达的意义生成。

　　（1）接受者参与完整表达的意义生成

　　"产品在消费中才得到最后完成"，马克思的这一著名论断同样适用于人类的精神生产。修辞活动作为人类主体精神的自我实现过程，同样是在消费（接受）中才最后完成的。

　　当接受者的主体经验能够使他对给定修辞话语产生审美反应时，表明相对意义上优化交际效果的实现。反过来说,实现优化交际效果的可能性大小,以接受者话语经验、审美经验和文化经验的丰富程度为前提。我们看下面的例子:

> 花自飘零水自流。
> 一种相思,
> 两处闲愁。(李清照《一剪梅》)

获取上引话语的修辞信息,接受者需要了解:

——"落花"和"流水"意象,包含着中国古人言之不尽的生命关怀;

——"落花"和"流水"意象转化为语象之后,产生了"花自飘零"和"水自流"的修辞关联;

——"一种相思,两处闲愁"的话语组合方式与汉语的审美属性,相得益彰地适于语言的艺术调度。

在具有足够的体验能力和阐释能力的接受者看来,这个话语片断的修辞信息十分丰富,但是在体验能力和阐释能力相对贫弱的接受者看来,情况可能完全不同。如果接受者不了解中国古代诗人的观物运思态度,对中国古诗语言组织方式缺少基本的认识,对汉语作为一种不显示形态变化的分析型语言缺少常识经验,那么,这个话语片断的交际效果不可能优化,甚至不可能实现。

(2)接受者补足省略表达的修辞信息

省略表达,指的是语言的表层形式;信息补足,指的是接受者追寻的潜隐语义。就每一次具体的修辞活动而言,只有当接受者透过省略表达的外部形式,挖掘出丰富的信息内容时,省略表达才是成功的。

人们常用"言约意丰"、"言有尽,意无穷"来称说表达的成功。它以简约的话语形式,传递繁丰的修辞信息,其极端形式,是"不著一字,尽得风流":在口头,呈现为表达者的沉默;在书面,呈现为不设文字或借助省略号,制造修辞意义上的空白。

但是面对"言约意丰"之类的修辞现象,理论似乎没有进行认真的思辨,下表或许可以帮助我们发现一些问题:

表 4-4 经典文论话语中隐藏的接受者

修辞角色	表达者	接受者
修辞活动	言约	意丰
	言有尽	意无穷
	不著一字	尽得风流

从"言约"到"意丰"、从"言有尽"到"意无穷"、从"不著一字"到"尽得风流",经过了同一的转换程序,这种转换是由接受者完成的。繁丰的修辞信息,由于简约的话语形式的限制,无法完全外化出来。表达者的成功,只在于以浓缩的语流,甚至以无当有的方式,给接受者提供了扩展思维空间的可能性,它离不开接受者的有效配合。接受者根据特定的题旨情境,结合自己的话语经验、审美经验和文化经验,在简约的话语形式中,发现繁丰的修辞信息。或者说,在话语交流中,接受者接受的不仅是表达者的话语,同时也加入了接受者的主体意识。表达者提供一个意义片断,接受者以自己的方式补足这个意义片断。当接受者以自己的经验,补足了给定修辞话语的省略信息时,从"言约"向"意丰"的转换,才成为现实。如果表达者"不著一字",接受者读出的也是"不著一字","风流"从哪里来?

（3）表达正误和接受效应

表达正误和接受效应,最突出的表现是下面两类情况:

1）正确表达产生错误接受而实现修辞效果。

谌容的小说《送你一束夜来香》中的男女主人公被周围的人指责为关系暧昧,理由之一,是受指责女性的花瓶里,插着涉嫌与她关系暧昧的男人所送的花。针对这类非议,女主人公责问指责她的人们:

> 他的花插在我的瓶里,与你何干?

女主人公因此招来了更多的麻烦。她的责问原本是对指责者性想象的驳斥,却被错误地接受为她的供词:男人的花插在女人的瓶里的自然语义,被接受者附会为做爱的隐喻。然而这种关于话语信息的错误接受,却产生了修辞效果。它通过表达与接受的分离,象征性地展示主体与外部世界的分离,让人们体验一个充满不和谐因素的世界,体验人的本真生存与荒谬生存之间的对立。在整篇小说的叙事框架中,这种对正确表达的错误接受,强化了叙事张力。

2)错误表达产生正确接受而实现修辞效果。

正确表达的错误接受有时会注入修辞信息;错误表达的正确接受也会接通修辞信道。比较:

> 《辛稼轩词选》
> 《辛家车的词儿》×

前例语义信息表达准确,但是修辞效果并不明显;后例是刘心武小说《班主任》中的流氓学生宋宝琦对前例内容的错误表达,作为错误表达的话语形式,《辛家车的词儿》不能准确传递《辛稼轩词选》的语义信息,但错误表达经过接受者的心理过滤,产生了比正确表达更好的修辞效果。因为正确表达《辛稼轩词选》只有语义信息,在小说《班主任》提供的接受语境中,不携带修辞信息,作家刘心武舍弃正确表达而选择错误表达,故意效仿,造成修辞上的飞白,实现修辞效果,而接受者能准确破译,依赖于正确接受。

另一个典型的例子,出自沙叶新的小说《告状》:一位名叫杨鲁的孩子,告他父亲杨庆的状。他极其认真地向父亲所在工厂的党委书记指控,说父亲不让儿子"游戏人间",每天"画地为牢",要儿子"咬文嚼字",稍不满意,还要"入室操戈"。他声称父亲打他总是"重于泰山",不像母亲打他"轻如鸿毛"。他指责父亲打得他"犬牙交错"、"抱头鼠窜"、"屁滚尿流",并且表示"庆父不死,鲁难不已"。孩子有限的话语经验,使他不明白汉语成语具有大于字面意义的整体性特点,当他依靠成语的字面意义进行表达时,制造了一连串令人啼笑皆非的错误。但这种错误表达,没有产生负性接受。因为接受者的主体经验,帮助他进行了瞬间的语义识别。接受者明知其错,却故意顺着错误的表达,准确地把握了必要信息,从而使话语交际中的消极因素——错误表达,在接受环节转化为积极的修辞效果。这表明:在特定的接受语境中,接受者可以使看似不能成立的话语交际顺利完成。而越过错误表达,导向正确接受,是离开接受者的修辞表达无法实现的。

(4)接受:从颠覆意义到意义重建

当我们指出修辞接受从不同角度、在不同层面参与修辞表达的意义生成时,有必要特别提出一类情形:修辞接受有时以颠覆表达意义的方式,完成修辞话语的意义重建。

汉语尊称他人女儿为"女公子",这是"尊女"的修辞表达,但是接受者却可能消解"女公子"的"尊女"意味,重新赋予这个称谓一种实质上的"卑女"意义。作为一种历史——文化现实,男尊女卑,使女子背上了沉重的十字架,也许是为了重建一种平衡,人们设法对遭受着男性文化压力的女人进行重新命名。于是,"女公子"成为提升女性地位的一种修辞表达。

《汉语大词典》对"女公子"的解释是:"诸侯之女"、"尊称他人的女儿"。① 问题是,指称位尊的修辞表达,为什么要在女性符号代码之外,加上一个男性符号——"公子"呢?而这个男性符号又是"女公子"称谓的语义重心,修辞表达完成了"女儿"和"公子"这两个称谓的语义整合,借以遮掩中国文化对女子的性别歧视,但接受者却可以从"女公子"修辞表达的内部分裂,发现颠覆其"尊女"意义的缝隙:

表达者用"女公子"尊称他人的女儿,在言说方式上是让生理意义上女性向文化意义上的男性置换,因此,"尊"女的修辞表达,其实是"卑"女的文化遮掩。本质上,它不过是将"女卑"象征性地置换为"男尊","女卑"的实质并没有在"女公子"的修辞幻象中改变。说穿了,"女公子"的称谓,不过是以表面上的"尊"女,掩盖着本质上的"卑"女。

接受者从颠覆"女公子"的"尊女"意义,到重建这种修辞表达的"卑女"意义,修辞接受在直逼男性文化实质的同时,也证明了自身在修辞活动中的意义。由此导向更深层的理论思考:一般来说,接受了一种修辞表达,也就同时接受了这种表达所携带的价值观念,因此,颠覆一种修辞意义,也就同

---

① 《汉语大词典》第四卷,汉语大词典出版社 1989 年版,第 257 页。

时摧毁了这种意义中包藏着的价值观念,而从意义颠覆走向意义重建的过程,又会在何种程度上驱动修辞表达的新生,这一切,远不是单向度的研究修辞表达能够回答的问题。

(5)未然表达的接受预期

以上四种情形,都是对已然表达的接受,但这并不意味着表达绝对地先于接受。

表达在前、接受在后的逻辑顺序,掩盖着一个不为人注意的事实:在表达开始之前,就潜在着表达者对接受者的期待。话说给谁听?文章写给谁看?表达者在说和写之前,已经预设了接受者的角色和层次。为此考虑接受者的认同心理、认同程度;或抗拒心理、抗拒程度;接受者的文化素养、兴趣爱好、性别特征、年龄特征、职业;以及携带修辞信息的语言单位以何种形式出现更利于接受;接受者具有怎样的话语理解能力;接受者与表达者之间存在什么样的语用环境等等,这些固然可以理解为表达准备,但是如果无视接受者的存在,便无需表达准备。

从发生学的意义上说,修辞活动之所以产生,正是表达者重视接受者的结果。由于接受者的潜在干预,使表达者在产生表达行为之前,往往先考虑表达效果,并选择相应的修辞手段,获取预想的结果。中国有句俗语:"不要抢着说,而要想着说。""想着说"体现了中国文化清醒的理性精神,因此作为一种行为准则被提出来。从修辞角度分析,"想着说"反映了表达者对接受者的高度重视。深思慎言,并不是"言"本身有什么危险性,而是避免"言"所激起的接受反应可能产生不良后果。这里,接受者赋予表达者以某种程度的规定性,并在某种程度上预设了未来的接受。

问题也可以从反面得到证明:当一个人自言自语的时候,他的话语活动常常带有很大的随意性,不考虑意义完整、逻辑严密;不重词语推敲、句式选择,一切都是顺其自然地从表达者口中流出。自言自语的话语主体同时具有表达者和接受者的双重角色身份:一显一隐,以表面上的"独白",遮蔽着心灵中的"对话"。由于表达和接受同为一个行为主体,不存在不同交际者之间的语言距离,不需要为缩小语言距离而选择语言手段。而一旦表达和接受产生了角色分化,便意味着表达者和接受者之间可能形成语言距离,进而产生表达者缩小语言距离的努力。

可是，在相当长的时间里，修辞理论和修辞实践对表达者的重视，远远超过接受者，因此，指出修辞活动中接受者的意义，是对认识偏颇的一种修正，但修正不是矫枉过正，不是从"表达中心论"走向"接受中心论"，而是强调：修辞活动是表达者和接受者共同建构审美现实的话语活动。

（二）走出表达中心论：广义修辞学的两个主体

也许，以上分析会招致一种误解：人们可能认为，在具体的修辞活动中，施受双方是一对连体婴儿，无需分割，也无法分割。当一种修辞现象被阐释的时候，接受活动就已经包含在这种阐释中了。

如果真的存在这种误会的话，那么在这种认识止步的地方，恰恰是应该重新思考的起点。

1. 需要辨明的三个理论问题

首先应该廓清一些理论上的误解。

（1）修辞表达和修辞接受的对等性与不对等性

表达和接受虽然统一在同一的话语交际过程中，但毕竟各有特点。

口语交际中，表达者一方面进行口腔器官的肌肉运动，另一方面可能运用体态语进行辅助表达；接受者一方面通过对能指声音信号的听觉分析提取修辞信息，另一方面可能通过对体态语的视觉形象分析进行修辞修补，以便准确地把握：视觉形象如何延伸、丰富或改变了听觉表象？

书面交际中，表达者希望被理解，并把被理解的希望消融在编码行为中；接受者希望理解，并把这种希望消融在解码行为中。

然而，编码和解码之间，并不是完全对应的关系。实际的情况往往是：

表达＝接受（信息接受等值）

表达＞接受（信息接受减值）

表达＜接受（信息接受增值）

表达≠接受（信息接受改值）

修辞活动是一个复杂的信息运动过程，从表达环节到接受环节的等值信息交换，概率是比较少的。密语交际似乎是极少的例外，因为密语交际由表达者和接受者共同设密,成功的密语交际通常要求零误差。除此之外,修辞表达与修辞接受对等的可能性,小于不对等的可能性。修辞过程中潜藏着一个信息传递模式,这是一种多层次的建构,施受双方很少能够在信息传递的各个层面相互感应,立足于道德层面的修辞表达,可能会产生美学层面的修辞接受;立足于终极关怀的修辞表达,可能会招致初级关怀意义上的拒斥,于是减值、增值、改值的接受就不可避免。

按照认知心理学的理论,修辞主体本身就是一个信息加工系统,信息加工系统的各个单元都和其他组成部分相关联。修辞主体是社会的人,他们在不同的文化环境、社会背景下形成的经验世界,内化为认知世界的方式,构造着修辞主体的认知框架。不同的个人将同一对象纳入自己的认知框架,往往形成不同的知觉表象,形成不同的概念,并且给予不同的评价。主体经验方式既介入修辞表达,也介入修辞接受。从表达到接受,经历不同主体的两次主观介入:输出的修辞信息,渗透了表达者的主体经验;接受者则使在表达阶段已经审美化了的修辞话语,再度浸染自己的审美体验。表达者和接受者在修辞过程起点和终端的两次主观介入,不可能完全叠合。对具有接受能力的修辞接受者来说,修辞表达可能会激活修辞接受,但究竟能在何种意义上激活接受者,却不一定是表达者单方面设定的。接受者的感悟空间能在多大程度上被打开,取决于接受者的自身条件。从表达到接受,在不同主体认识抵达的深度上,可能存在着距离,分析这个距离所由产生的基础,探讨它对于修辞接受者认知模式的建构,以及对于表达者的反作用,这一切,现有的修辞研究成果不是太多了,而是太少了。

有学者质疑:没有表达,接受从何谈起?但是不能由此误导出一个似是而非的结论:研究了表达、自然也就研究了接受。毕竟二者的区别是客观存在,忽视这种客观存在,是理论的钝化。

(2)现象的存在不等于对现象的本质认识

一种现象存在着,并不等于我们已经认识了这种现象的本质。现象的存在和对现象的科学认知之间的距离,有时相当遥远。作为现象,物质运动的相对形态一直存在着,但是对这一现象的本质认识,却是在爱因斯坦提出相对论之后。科学的目的,是促成自发的现象转化为自觉的理论。修辞接受作为一种现象存在着,不等于我们已经认识了这种存在着的现象的全部意义,也不等于对修辞接受问题的理论误会不值得追问,更不等于被误读的理论不需要重新清理。本章开头梳理的学术事实、分析的语言事实都表明:修辞接受理论没有穿透修辞接受现象,而是在现象面前停驻下来,面对修辞过程中复杂而又微妙的接受现象,理论没有表现出应有的清醒和敏锐,理论令人遗憾地悬搁在灰色地带。

分析修辞现象,虽然包含了接受体验,但毕竟不能以存在于修辞分析中的接受因素,取代对于接受活动的理论阐释。例如作为修辞现象,恋人之间常常以兄妹相称,"阿哥"、"阿妹"、"情哥哥"、"俏妹妹"之类的修辞表达,大量见于中国民间情歌:

《婚誓》

《四季歌》

《马兰花》

《走西口》

《红兜兜》

《红菱角》

《敖包相会》

《小河流水》

《纤夫的爱》

《九九艳阳天》

《月儿弯弯挂树梢》

《妹妹弹琴我唱歌》

《今夜偷妹不偷桃》

《十八湾水路到我家》

表达者唱,接受者听,表达者和接受者都心照不宣,不会误解歌词中的"妹妹"和"哥哥"的修辞含义。

懂得"哥哥"和"妹妹"在特定语境中的修辞含义,也许对于有些小学生甚至有些学龄前儿童来说,都不困难,但是,这绝不等于能够对这种修辞现象提供有解释力的说明,更不能由此推断:表达者和接受者都明白特定语境中"哥哥"和"妹妹"的修辞含义,因此接受修辞没有研究价值。事实上,从懂得"哥哥"和"妹妹"在特定语境中的修辞含义,到解释这种修辞现象,知识挖掘的程度和修辞接受的层次成正比——

在汉语经验中,以兄妹借指爱恋中的双方,是将尚未组成亲缘关系的恋人,用"兄妹"进行了人伦关系的重组。以"兄妹"借指情爱关系中的男女角色,暗示了非亲缘关系中一种主观预设的亲缘关系。两情相悦的男女,通过预设的亲缘关系进行心灵对话。初涉爱河者,从"阿哥阿妹情义长"的温馨诉说中,体验当下的甜蜜、想象明天的美好。过来人又何尝不是如此呢?当《铁道游击队》中的芳林嫂改称刘洪为"洪哥"的时候,他们之间的关系已经发生了微妙的变化。对当事人来说,兄妹相称,既是一种象征,也是一种自我排解:作为象征,兄妹相称体现了有情人对终成眷属的期盼;作为自我排解,难成眷属的有情人把现实性遗憾,转化为虚幻的满足,通过兄妹相称所象征的亲缘关系,获得心理实现。这实际上是"内亲其亲"的人伦秩序向"外睦其友"的人际交往准则泛化。即使最后的结局是鸳鸯两分飞,恋爱不成的双方有时也会以兄妹相称,它通常暗示了双方将在一定的限度内保持感情上的对话,而不会产生"爱有多深—恨有多深"的负性转化。

更深一层的问题是,有情人终成眷属,指向一种姻缘关系,而"阿哥阿妹情义长"之类却指向一种血缘关系,为什么中国恋人不像"老外"一样,一步到位,称自己的意中人为"Dear(亲爱的)"呢?这里除了民族性格方面的原因以外,还有没有其他的解释依据呢?这是修辞接受需要阐发的另一个层面的意义:按中国传统观念,血缘关系重于姻缘关系,所以古代女子才有杀夫救父的行为选择。《左传·桓公十五年》所说的雍姬舍夫保父的故事,很有代表性,在"父与夫孰亲"的思量中,认识的天平向血缘关系倾斜,反衬出姻缘关系的脆弱,即使发展到血缘关系和姻缘关系并重的时代,人们在感情上似乎还是对血缘关系保持了更多的依恋。这里也许存在着一种文化人类学方面的假说:中国神话故事中的婚姻起源,正是血缘婚配的"兄妹婚",追寻从"兄妹婚"到"阿哥阿妹情义长"的"集体无意识",是修辞接受的解释空间,打开这个解释空间,是修辞接受的理论魅力。

（3）零珠碎玉不等于理论架构

人们也许可以援引文献,证明修辞接受古已有之。的确,早在先秦,孟子就主张"以意逆志",而"仁者见仁,智者见智"则见之于《易经·系辞》。南朝刘勰提出过"披文入情""沿坡讨源",汉代董仲舒有著名的"诗无达诂"说……其实,古人的这些论述,仍然属于一种现象描述。它是感受性的,不能视为科学性命题。它缺少科学性命题必不可少的逻辑论证,也不能对复杂的修辞接受提供完满的说明。更何况,上引论断的影响主要在文艺学方面,尽管修辞学家多所引述、修辞史家多所诠释。此外,这些零星思想,距离一个理论体系还很遥远。读《修辞学发凡》,读《现代汉语修辞学》,以及近年修辞学研究方面的部分最新成果,都可以找出一些直接或间接涉及修辞接受问题的表述,但是,片断表述与完整的理论构架毕竟不是一回事。正因为如此,不仅需要对修辞接受现象进行细致的描述,更需要建构起一个对繁复的修辞接受现象具有阐释力的理论框架。

2. 修辞活动中的角色关系

双向交流的修辞活动在表达与接受的角色关系中展开,表达者和接受者的角色关系有着复杂的存在形式。从信息运动角度,根据信源、信道和信宿的存在形态,可以抽象出修辞活动中三种不同的角色关系以及角色关系的混杂和转换形态:

（1）一对一的角色关系

修辞信息从一个信源、经一个信道,流向一个信宿呈现的角色关系。通常由一个表达者、一个接受者构成。

在口语交际中表现为:

1）两人之间的直接交谈。

2）群体表达（如齐声朗诵）、一人接受。

3）一人表达,群体接受（如众人听说书、演说）。

书面交际中,两人之间的通信等,在不公开角色之间话语交际内容的情况下,角色关系是一对一的。

在一对一的角色关系中,表达者和接受者都是真实的。即施受双方都是现实存在的人,而不是虚拟的对象（精神病人或幻觉性的话语交际除外）。

以一对一的角色关系进行双向交流,一般不存在"表达—接受"过程中的其他中介环节。

但如果两人之间的谈话被录音或视频播放;两人之间的通信被公开,则意味着信源、信道和信宿的存在形态发生变化,在信息公开过程中,可能伴有第二信道对原初信息的选择、加工和改造,使流向第二信宿(当事人之外的接受者)的信息与流向第一信宿的信息产生差异甚至出现背离,例如电视剧《潜伏》中第三方对原先一对一交流信息的加工和改造,鲁迅和许广平的通信作为《两地书》出版,原先一对一的角色关系便不再成立。

(2)一对二的角色关系

修辞信息从一个信源,经两个信道,流向两个信宿呈现的角色关系。由一个表达者、两个接受者构成。两个接受者可以是数量上的两个人;也可以是一个人和一群人、一群人和一个人、一群人和另一群人。

这种角色关系中,表达者和间接接受者是真实的。直接接受者可能真实;也可能是虚拟的。直接接受者的身份比较复杂,李白《送友人》的送别对象如果实有其人,那么友人作为直接接受者就是真实的;如果友人是作者虚构的人物,或经过艺术概括的典型,那么他便是虚拟的直接接受者。①

一个表达者向两个以上的接受者发出信息,形式上是直接接受者接收信息,但真实的表达意图却希望间接接受者领会。中美关系破冰之前,尼克松总统在一次公开讲话中首次使用了"人民中国"(而不是"中共"或"大陆")这样的表述,形式上的接受者是这次讲话的现场听众,但尼克松的政治修辞却指向间接接受者——包括中华人民共和国在内的国际社会,这是政治家的大手笔之前一次微妙的"话语先行"。果然,尼克松讲话当天,时任苏联驻美国大使多勃雷宁就打电话给基辛格,试探"人民中国"的话外之意和话后行为。而远隔重洋的"人民中国"当然也听出了尼克松的政治修辞。

(3)二对二的角色关系

修辞信息从两个信源,经两个信道,流向两个信宿呈现的角色关系。由两个不同性质的表达者和两个不同性质的接受者构成。下面的例证分析可

① 谭学纯、唐跃、朱玲:《接受修辞学》,上海教育出版社1992年版,第63页。

以揭示这种角色关系:

> 不多不多,多乎哉? 不多也! (鲁迅《孔乙己》)

上引话语进入修辞活动,信源、信宿、信道都是两个:直接发出话语信息的表达者,是鲁迅小说《孔乙己》中的主人公,他的直接接受者,是一群围在孔乙己身边,希望再分吃一点茴香豆的孩子们,孔乙己和孩子,是作者为小说的叙述展开而设计的虚拟角色——直接的角色关系;鲁迅和小说读者,构成真实的间接角色关系。

　　二对二的角色关系中,优化交际效果的实现,比人们通常所理解的接受要复杂得多。当孔乙己说出"不多不多,多乎哉? 不多也! "的时候,我们不能认为这个话语片断能够被孩子修辞化地接受。因为表达者忽视了接受者的年龄特征,他们很难认同"之乎者也"之类的语言古董。表达者没有充分考虑自己选择的话语形式是否具有可接受性,但是,在孔乙己和孩子们构成的直接角色关系中不成功的信息交流,却在作者和读者构成的间接角色关系中实现了优化效果。作者之所以借一个虚拟表达者之口说出这类语言古董,并不是希望与孔乙己直接对话的孩子们理解这个话语片断的修辞信息,而是借此表现病态社会中异化了的小人物的悲剧:以喜剧的话语形式(仅指孔乙己的语言,而不是全篇小说的语言),体现悲剧的内核。借孔乙己令人发笑的语言,把人生无价值的东西撕裂给人看;借孔乙己令人落泪的生命归属,把人生有价值的东西毁灭给人看,这是作者的表达动机。当真实接受者以自己的方式接通了信道后,便实现了意义潜能。因此,上引话语片断,是超越直接角色关系中交际效果的欠佳,实现间接角色关系中交际效果的优化。

　　二对二的角色关系在书面交际中对应于文本内外交流系统,从表达策略到接受策略之间存在着多种可能性,既可能有内交流系统的信息受阻,也可能有外交流系统的信息受阻,而内交流系统受阻的交际障碍,不是来自内交流系统中的直接表达者和直接接受者,而是来自外交流系统的信息源:作者。正是作者作为间接表达者的表达策略及相应的修辞设计,使得内交流系统的交际受阻,但又在另一个层面打开了外交流系统的信息通道,而处于外交流系统两端的作者和读者,则越过内交流系统的信息堵塞,共建审美空间。①

区分修辞活动角色关系中的直接表达者和间接表达者,以及直接接受者和间接接受者,并不是对于西方文学接受理论的简单摹仿,而是从修辞活动自身规律出发的:不同的角色关系,在不同的层面进行话语交际;不同的接受者,在不同的接受语境中实现话语的意义潜能,其间包含着复杂的理论问题。

(4)角色关系的混杂和分化

无论是表达者,还是接受者,都不是抽象意义上的修辞主体,而是黑格尔所说的“这一个”,是具体而鲜活的在场形象,是从“我”分化出的不同的代言人和诠释者。

在作者兼叙述人的叙述话语中,作者是间接表达者;当他化身为叙述人的时候,又是直接表达者。例如鲁迅小说《伤逝》中的起始句:

> 如果我能够,我要写下我的悔恨和悲哀,为子君,为自己。

这个句子以句式的调整追求表达效果的优化,话语的直接表达者是“我(涓生)”、间接表达者是鲁迅,“我”和鲁迅是混杂在一起的表达者。如果用海德格尔的理论来表述,就是:“我”以鲁迅的修辞意图在说话,鲁迅以“我”的姿态在场。这种现象在修辞活动中,表现为复杂的角色身份分化为不同的“这一个”,具体表现为四种情况:

1)作为角色承担者的个人,以角色丛的形式出场。个人身兼几种角色,这几种角色可能彼此和谐,也可能彼此不和谐。角色丛生活在复杂的社会关系网络中,操持几套角色话语出场,也带着不同的角色心理进入话语接受。

印度电影《流浪者》中的拉贡拉特,身兼法官和父亲双重角色。他在电影文本的内外交流系统中,分化为不同的话语角色。编剧和导演从法官角色赋予他相应的角色话语;观众和知情人(如知道真相后的丽达),从父亲角色期待他相应的角色话语,两种角色定位和角色话语之间的距离,决定了表达和接受的错位。

---

① 谭学纯、唐跃、朱玲:《接受修辞学》,上海教育出版社 1992 年版,第 71 页。

"青春无悔"是有过知青经历的一代人对他们当年岁月的一种修辞化认证,这种认证,是部分地站到了当年的知青角色身份之外的豪言壮语。昨天的知青言说和今天告别知青岁月之后的言说,是同一角色丛的两种角色身份在发言。感知不到知青角色身份的这种差别,不可能深刻地理解:"青春无悔"的豪壮表达,是如何在"致我们消逝了的青春"之后修辞化地建构的。

2)人的角色身份在一定的时空场景中被规定,不同时空场景的"我",既可能产生不同的表达,也可能产生不同的接受。此时此地的"我",不是彼时彼地的"我"。郭沫若在"文革"期间表示想烧掉自己过去所有的著作,这是表达者此时此地的"我",否定彼时彼地的"我"。钱理群上小学时读鲁迅和他现在作为鲁迅研究专家读鲁迅,经验感受大不相同,这是接受者此时此地的"我",超越彼时彼地的"我"。

3)个人的角色身份可以是显在的,也可以是隐在的。显在角色和隐在角色不仅产生不同的表达,也产生不同的接受。话剧《雷雨》中鲁氏母子、母女、兄妹在没有凸显血缘关系之前,他们的亲情角色是隐性关系——他们自己不知情,而直接表达者(作者)和间接接受者(观众)知情。隐在角色和显在角色的冲突,产生了戏剧张力,催生了悲剧高潮。

4)个人的角色身份可以是固定的,也可以是临时的。越剧演员作为固定角色(演员本人)的对话操女性话语,作为临时角色(演员饰演的角色)的对话操男性话语。传统京剧中的花旦由男性扮演,演员作为固定角色(演员本人)的对话操男性话语,作为临时角色(演员饰演的角色)的对话操女性话语。鲁迅说他不喜欢梅兰芳的舞台形象,其实是模糊了梅兰芳的不同角色话语:临时角色的女性话语和固定角色的男性话语。

成功的表达者和接受者,都善于认清对方的多重身份,明确当下此时的对方究竟以什么角色身份进入话语交际。

(5)角色关系的转化

处于修辞活动两极的表达者和接受者,一旦进入话语交际,常常伴随着频繁的角色换位。一般来说,除了说唱艺术的听说双方角色不能互换之外,在绝大多数情况下,可以说没有永恒的表达者,也没有永恒的接受者。伴随着话轮的转换,交际双方都在表达者—接受者的双重身份之间不断地切换。

关注修辞活动中的角色转换,不仅仅是出于对修辞现象的注意,更重要的,还是对现象背后理论意义的追寻兴趣。因为在有些情况下,角色转换的背后,还有更值得追寻的东西。

《世说新语》有一则故事,说的是郭林宗、子许、文生三人同去市井,文生热心购物;子许冷漠消费,有人就此问郭林宗:文生和子许谁更贤?郭氏的回答十分圆滑:

> 子许少欲,文生多情。

郭林宗以接受者的身份面对"文生和子许谁更贤"的提问,又以"子许少欲,文生多情"的智性表达,引导原先表达者的接受。随着角色关系的转换,产生了话语深层的逻辑调整:本来,文生热衷购物、子许消费冷漠,行为的对立,预设了评说者的两难,郭林宗却逃离了两难陷阱,找到了一种对问话者、评说对象(文生和子许)各方来说都能接受的表达方式。在郭氏的回答中,"少欲"和"多情",代表了两个价值判断,同时肯定了两种看上去对立的行为。如果作更深层的理论挖掘,我们还会发现,所谓文生和子许谁更贤?是在同一个价值系统中发问的,但是变换一下价值坐标,变非此即彼的价值判断为亦此亦彼的认识兼容,也就变被动为主动。郭林宗由原先对话中的接受者转为表达者,意味着他对文生和子许两人的行为方式,拥有了自己设定的价值评判立场,郭林在回答问题的时候,已经悄悄地借助价值取向的调整,控制了对话的主动权,并且引导对方进入由他设定的意义空间,事实上,原先的表达者(问话者)在转化为接受者的同时,已经不自觉地认同了郭林宗的两全立场。而这一切,隐藏在表达者和接受者彼此转化的角色关系中。

三、"三个层面、两个主体":广义修辞学解释框架及解释力

本章第一节所述"修辞技巧论"导致修辞学研究价值缩水,触发了广义修辞观包容修辞技巧但不限于修辞技巧的研究,从修辞技巧向修辞诗学和修

辞哲学延伸,是广义修辞学"三个层面"的理论所指。

　　本章第二节所述"表达中心论"作为不完整的修辞理论,触发了广义修辞观兼顾表达者和接受者的双向互动论,是广义修辞学"两个主体"的理论所指。

　　由"三个层面、两个主体"构筑的广义修辞学解释框架,希望为修辞学在更开阔的视野中的价值提升,拓展学术空间。作为理论构想,需要在具体的操作中观察和修正。

(一)个案分析:余光中《乡愁》的广义修辞学解释

　　依据广义修辞学"三个层面、两个主体"的解释框架,综合观察与解释余光中的《乡愁》在修辞技巧、修辞诗学、修辞哲学三个层面,以及"表达—接受"互动过程中的博喻,可以提取一个可操作的解释模型。

　　1.修辞技巧层面的解释:"乡愁"之喻的五个语义特征

　　"乡愁"的语词义在《现代汉语词典》中记录为:

　　　　深切思念家乡的忧伤的心情。

语词义从各种思乡情绪中抽象出普泛的"乡愁",在余光中的博喻中产生意义分化,分别与邮票、船票、坟墓、海峡发生修辞关联。余光中定义的"乡愁",具有丰富的可分析性:

　　(1)"乡愁"的语义特征:从语词义的客观性变异为修辞义的主观性

　　"乡愁"自然语义,可以客观地描述为:

　　　　[+人 +思念家乡 +情感状态 +忧愁悲伤 +程度深]

这些分解出的语义特征,是客观的恒量,去除或添加任意一个,都影响"乡愁"语词义的生成与理解。但经过修辞加工,"乡愁"的自然语义特征变异为修辞化语义的变量:

　　1)修辞加工设定了"乡愁"发生的不同时间段:[+小时候 +长大 +后来 +现在],可以变换为不同时间段,乃至变换不同的场域,例如从时间场域变换为空间场域。

2）修辞加工设定了"乡愁"的视觉表象和感知表象：[＋小小的邮票＋狭狭的船票＋矮矮的坟墓＋浅浅的海峡]，可以在［AA（单音节形容词重叠）的 N（名词］的结构框架中置换。

3）修辞加工设定了"乡愁"的情感指归：[＋母亲＋新娘＋大陆]，可以置换情感对象。

这些语义成分合成的"乡愁"博喻，都只是修辞主体认知"乡愁"的一种可能性。

（2）"乡愁"的语义信息：从语词义的向心性变异为修辞义的离心性

从上节分析"乡愁"的语义特征，可以观察到：

语词义的"乡愁"，语义信息呈向心性汇聚。分解出的一个个语义成分，如同一个个语义碎片，向一个语义中心聚拢。

修辞义的"乡愁"，语义信息呈离心性扩散。这决定了——

（3）"乡愁"的语义结构：从语词义的封闭性变异为修辞义的开放性

"乡愁是 X1—4"的修辞表达式，越过词典释义封闭的自然语义，重建了一个开放性的语义集合。余光中本人可以继续这种修辞化的意义生产。此外，每一个有自己独特的"乡愁"体验的人，都可以修辞化地重新定义"乡愁"。例如同是台湾诗人，彭邦桢版的《乡愁》也修辞化地定义了"乡愁"——那是一颗热乎乎的家乡粽子。所以，"乡愁"开放性的语义结构，应该重新记作："乡愁是 X1……N"。

（4）"乡愁"的语义认同：从解释的权威变异为解释的自由

语义认同需要解释的权威，否则，如果甲乙丙理解的"乡愁"，分别是 X1、X2、X3，话语功能将无法实现。

语义认同所需要的解释权威是词典。词典释义把某些方面相同、相似的经验汇集起来，每一次释义，都引导一种"类"化的解释。相对于被释义对象的丰富性和完整性而言，词典释义向人们提示的，是一个抽象的外壳。词典释义把关于被释义对象的多种体悟，锁定为一种表达，覆盖认知主体关于给定对象的经验范围。释义由此成为控制认知的隐形权威。一旦所有的人认同了一种释义，被释义锁定了的对象就差不多接近了死亡之境。释义为所指设定了明确的边界，为事物描画了清晰的轮廓，但是这边界、这轮廓同时又成为语言的囚牢、思想的囚牢。于是,思想的突围,往往首先从解释的自由开始。词典释义拒绝解释的自由,但心灵的自由呼唤解释的自由。后者重新打开了被词典释义屏蔽了的认知死角,重新激活了思想穿透认知对象的能量。

(5)"乡愁"的释义元语言:从中性变异为智性

对照"乡愁"的语词义和修辞义,可以观察到两种风格的释义元语言:

语词义:"深切思念家乡的忧伤的心情"——语义边界清晰,逻辑表达不带情感倾向,释义用语不倾向重叠形式,不选用语气词。

修辞义:"乡愁是X1—4",带有余光中的个人话语特征,不仅情感倾向明显,释义用语出现重叠形式和语气词,而且出现修辞化的"数—量"结构,如"一方(坟墓)"、"一湾(海峡)"。

2. 修辞诗学层面的解释:"乡愁"的语义变异如何推动了语篇建构

广义修辞学认为:作为修辞生动形式的词句段,如果同时影响语篇的叙述结构乃至最终的语篇定型,相应的修辞研究需要从修辞技巧层面向修辞诗学层面延伸。

修辞诗学研究修辞话语建构向语篇建构延伸的诗学关联,即作家的修辞策略如何借助相应的修辞处理转化为语篇叙述的动能。

这里需要区分两个可能容易混淆的问题:

(1)修辞诗学研究的语言单位是语篇但不同于语言学界主流的语篇研究

语言学界主流的语篇研究,关注焦点和研究单位都与修辞诗学研究不同。前者多关注目标语篇的语法范畴、语义关系和语篇衔接等。研究单位多为目标语篇的词句段,实际上是在词句段层级做出解释。一般是将语篇视为一个个句子的连缀体,具体分析时,局部拆解多于总体观照,作为有机整体的语篇很少真正进入研究视野。[①] 这种研究格局,国内研究语篇很深入的学者如徐赳赳、杨玉芳等,都不否认。

实际上,一个语言单位进入目标语篇,就是进入一个整体系统,系统中的局部变化,可以是调节性的修辞元素,也可以是结构性的修辞元素。前者是修辞技巧研究的对象;后者是修辞诗学研究的对象。

---

① 　朱玲:《修辞研究:巴赫金批评了什么——兼谈广义修辞观》,《当代修辞学》2014 年第 2 期。

（2）修辞诗学研究语篇叙述的修辞能量但不同于文艺学界的叙述学研究

文学叙述有修辞介入，这无需论证。尽管这里有叙述和修辞互相交织的问题，例如在詹姆斯·费伦《作为修辞的叙事》中、在布斯《小说修辞学》中，都局部地存在"修辞学"和"叙述学"作为平行概念使用的情况，但二者应该并可以区分。正像修辞学和语用学，二者有时被用作交叉概念，有时被用作平行概念，其实二者从学术史到学术目标，从基本范畴到理论体系，都应该并可以区分。①

区别于语言学的语篇研究和文艺学的叙述学研究，在修辞诗学层面观察与解释"乡愁"博喻及其推动的语篇叙述，我们聚焦于局部的修辞处理如何影响语篇的整体定型？

作为标题话语和语篇关键词，"乡愁"的自然语义构成了《乡愁》的语篇叙述压力。《乡愁》的语篇新颖度，取决于作者能在多大程度上摆脱由"乡愁"的自然语义构成的语篇叙述压力。余光中摆脱叙述压力的修理处理，是在语篇起始句脱离"乡愁"的自然语义，从不同的向度，重建"乡愁"的修辞语义。每重建一次"乡愁"的修辞语义，就为语篇叙述注入一次能量。

3. 修辞哲学层面的解释："乡愁"之喻如何参与建构了"乡愁诗人"

广义修辞学强调"人是语言的动物，更是修辞的动物"。"乡愁"的语词义指向已经被认知的世界；"乡愁"的修辞义指向可能被认知的世界。二者的区别，也是人作为"语言动物"和"修辞动物"的区别。

"乡愁"之喻，是人作为"修辞动物"将非自然语义植入了自然语言。修辞隐蔽地控制着非自然语义的生产和消费，使概念化的自然成为修辞包装的自然，前者规约语义的主观化变异；后者推助这种变异。

人们很少思考一种隐蔽的修辞能量：变异的语义通过改变认知而影响人的生存。"乡愁"语义的修辞变异，参与建构了余光中的精神世界。这是国内修辞研究关注最少因而最吸引广义修辞学着力探讨的魅力话题。

① 参见谭学纯：《广义修辞学演讲录》，上海三联书店 2012 年版，第 109—110 页。

4."表达—接受"互动过程中的"乡愁"

"表达—接受"互动过程中"乡愁"的修辞认同,隐藏着不容易观察到的细节:这种认同在修辞活动主体的认知区域,存在着从认知边缘到认知中心的动态变化:

(1)作为余光中一首诗作的篇名,"乡愁"是表达者依据个人经验,修辞化地重新定义的认知对象;是接受者有待重新认知的对象。

(2)进入语篇叙述的"乡愁",是表达者已知的、接受者未知的。

(3)语篇生成之前,"乡愁"的系列化修辞语义处于表达者认知区域的中心位置和待梳理状态;处于接受者认知区域的边缘位置和待激活状态。

(4)语篇生成之后,"乡愁"在"表达—接受"互动中对接。[①]

(二)广义修辞学解释框架:可推导性及研究实践

《当代修辞学》2014年第2期、《阜阳师范学院学报》2013年第4期"修辞学论坛"各发表一组广义修辞学研究文章,后者主持人话语有如下描述:

> 广义修辞学是以专著《广义修辞学》(谭学纯、朱玲著)为标志建构的理论体系。《文学和语言:广义修辞学的学术空间》(谭学纯著)、《广义修辞学演讲录》(谭学纯著)是其理论的充盈与延伸。作者提出了一系列概念范畴、重新定义了修辞学的一些新老概念、充分阐释了一些理论问题。作为理论资源,这种解决问题的探索精神,不同程度地为团队的研究注入了创新动能,促使广义修辞学术共同体初见雏形。他们推动并践行修辞学研究学术思路的转换,引领修辞表达与接受并重的研究格局,倡导并践行打通学科藩篱的广义修辞学研究,注重跨学科视野的实践操作,拓展修辞学研究空间,维护中国修辞学学科形象与尊严,传递出学术事实背后蕴含的学科意识和学术关怀,鼓舞修辞研究重树学术信心。

---

① 虽然不能排除"表达—接受"的认知错位,但是一般来说,表达者的强力引导越充分、触及的问题越有意义,修辞化的再定义得到接受者认同的可能性越大。

从解释的有效性说,一种解释框架应该可以推导。这一解释框架曾用于分析《广义修辞学演讲录》部分内容,如作者在北京大学、武汉大学等高校的演讲①,也用于作者的部分论文。详见本书附录 3。相关成果从广义修辞学角度解释语言学问题,也解释文学、哲学问题。所涉语料,有语词,有语篇,有从语词到语篇(微型或中长篇)的综合观察与解释,也有个人向社会发言的话语形象映射出的主体在场姿态。从研究方法说,有微观分析,有宏观视野,也有从微观到宏观的综合把握。其中的问题意识指向学术,也指向学科。② 这些研究多出自广义修辞学团队,或者团队之外研究者的修辞观与广义修辞观相遇,并有向团队之外倾向于修辞学大视野的研究者扩散的迹象。如冯全功从修辞技巧、修辞诗学和修辞哲学三个层面探讨《红楼梦》英译研究。③ 张瑜以广义修辞观审视后解构主义时代的翻译研究。④ 另有一些学位论文运用广义修辞学三个层面理论研究文学作品的版本话语。⑤

具体操作中,可以进行不同程度地变通:在广义修辞学"三个层面"有所侧重,由于三个层面之一的修辞技巧也见于狭义修辞研究,因此广义修辞学解释框架的可推导运用多侧重**修辞诗学和修辞哲学**研究。

侧重修辞诗学研究的,如朱玲论述话本小说的叙述长度、叙述节奏、道德话语和情爱叙事的异质性修辞设计,认为从用语词表述世界的初始发生起,谋求语义与世界之间的契合,就成为人类永恒的追求,人类的话语方式由此趋于复杂,话语的语义含量趋于丰富。如果将人类最早使用的名词视为"独

---

① 参见谭学纯:《广义修辞学演讲录》上海三联书店 2012 年版,第 3—41、78—106、193—205 页。

② 参见谭学纯:《语用环境中的语义变异研究:解释框架及模式提取》,《语言文字应用》2014 年第 1 期;《融入大生态:问题驱动的中国修辞学科观察及发展思路》,《山东大学学报》2013 年第 6 期;《融入大生态:修辞学研究突围十年回顾与反思——基于广义修辞观的学术逻辑和学术实践》,《当代修辞学》2014 年第 2 期;朱玲:《修辞学研究:巴赫金批评了什么》,《当代修辞学》2014 年第 2 期。

③ 冯全功:《广义修辞学视角下的〈红楼梦〉英译研究》,《红楼梦学刊》2011 年第 6 期;《〈红楼梦〉书名中的修辞原型及其英译》,《红楼梦学刊》2012 年第 4 期。

④ 张瑜:《广义修辞学与后解构主义时代的翻译研究》,《解放军外国语学院学报》2010 年第 6 期。

⑤ 福建师范大学近年部分硕士论文进行了这方面的尝试,如刘淼《广义修辞学视角下的〈青春之歌〉版本变动分析》(2013 年);张因图《文革前后〈欧阳海之歌〉版本变动的修辞分析》(2013 年);柯丽华《〈苦菜花〉不同版本话语的修辞重构研究》(2012 年);方思仪《广义修辞学视角下的〈红日〉版本变动分析》(2016 年);刘灵昕《广义修辞学视角下的〈家〉版本变动分析》(2016 年)。

词体"叙述,那么在从最简单的"独词体"到单句、复句,并最终有了复杂结构的叙述发展过程中,人类的思维在改变,人类对世界的认知也在叙述中深化和多层次化。与此相应,小说内部语言单元的流动速度及声调变换速度、叙述节奏强弱变化、叙述事件的发展速度、事件对主人公命运改变的力度,都形成信息因素传递的规律变化,合成变化多端的叙述节奏,这种节奏在传达人们对新生活的感受的同时,也增强了接受者惊奇、新颖的审美感受和审美期待,迎合了市民在新的情感取向和内在愿望驱动下对新的话语秩序的要求。当叙述节奏成就了话本独特的叙述方式,成为话本实现社会功能的有效修辞手段时,市民叙事文学的话语秩序也在完善。话本小说出现时,中国的封建传统道德虽然在某些方面面目狰狞,但另一方面它的根基也因为不可阻挡的社会变化而发生动摇。正是在这种状况下,"说书人"通过言说,向人们传输一套既传统又"现代"的道德评判体系和话语。话本小说的主人公大多地位寻常,所述事件多发生于平民日常生活之中,虽然这些事件的时间语境交代十分明确——所述事件的发生往往和历史变迁等因素有着密切联系,但通常历史是作为大背景出现,不像历史叙述中骇人政治事件总是发生于改朝换代的重要关头;话本小说的情节多发生于平民所居空间之内,而不是历史人物纵横捭阖的朝廷或叱咤风云的战场。讲述这类故事,如何使叙事因子及流程突破传统认知模式和一般预设而获得"异质性",以激起大众的接受兴趣,需要什么样的修辞设计? 这种修辞设计如何外化为话本小说的喜剧精神? 话本小说中夹杂的诗体语言承担了什么样的修辞功能?[①] 话本小说受讲说方式及特定场景、情境和接受主体影响所成的注重"言语"和在场效果,如何在后来小说对"说话"情境的虚拟和模仿中,逐渐发展成为中国小说较为固定的"言语"修辞模式? 话本刊行如何影响这一模式? 侯玲宽、郭洪雷在还原"说话"作场空间的基础上,从"大文学"和修辞诗学角

---

① 朱玲:《叙述长度和语义:中国古代短篇小说的一个修辞诗学问题》,《文艺研究》2010年第10期;《叙述节奏:话本小说的一种话语秩序建构》,《文艺研究》2008年第4期;《话本小说:市民道德修辞的话语类型及其语义》,《福建师范大学学报》2007年第3期;《中国古代短篇小说:人物、时间、空间修辞设计的异质性》,《福建师范大学学报》2010年第6期;《"三言二拍":喜剧性修辞设置、特点及成因》,《湖南科技大学学报》2012年第6期;《话本小说中诗体语言的修辞功能》,《修辞学习》2007年第5期。

度,考察这一模式的基本特征。① 谭学纯分析巴金晚年的散文《小狗包弟》,选择对文本整体有解释力的几组关键词,运用修辞义素分析方法分析文本中"人"与"狗"互为镜像的修辞叙事、"包弟"向"包袱"转换的修辞情境、"包袱"自身的修辞语义暗转、同位短语"小狗包弟"被人为拆解的修辞化分离、"我"变成"包弟"的修辞推理依据,以及《小狗包弟》道德自责和道德追问主题。据此评价全文成功的修辞和不太成功的修辞,同时评析不同学科背景文学修辞研究方法的得失。② 肖莉以广义修辞学为理论资源,立足语言学转向和语言观念变异的思想背景,从语言本体论角度,对小说叙述语言变异的理论研究和语言实践进行梳理,描述中国当代小说叙述语言变异的轨迹:从激情叙述到冷叙述、从叙述到元叙述、从单语体叙述到杂语体叙述。③ 高群分析余华小说《兄弟》,论述文本人物关系中的对应修辞身份认证如何推动叙事进程、规约文本结构、丰富和升华人物内涵? 论述文本隐私话语权的集中与放大如何通过性符号高频复现而彰显? 以及男主角如何由公共话语权的弱势角色转化为隐私话语权的强势角色? 欲望化的语言形式如何体现反欲望的修辞意图?④ 谭善明论析叙事语法中的"本义—转义"关系以及叙事语法和叙事修辞的关系,揭示叙事修辞在叙事话语生成中的诗学意义。⑤

　　侧重修辞哲学研究的,如谭学纯论述作为人之在场方式的集体话语和个人话语,认为蕴含着某种公众智慧的集体话语可以产生积极能量,形成有聚合力的修辞场,为个体在场提供参照坐标和价值认同的可能性。在这种情境中,选择集体话语,等于为个体的生存安全买了一道保险。但从负面影响说,集体话语常常是公众不断复制的现成话语,因集体认同而弱化了自我质疑

① 侯玲宽、郭洪雷:《中国小说"言语"修辞模式简论》,《福建师范大学学报》2014 年第 1 期。
② 参见谭学纯:《巴金〈小狗包弟〉:关键词修辞义素分析和文本解读——兼谈文学修辞研究方法》,《华东师范大学学报》2011 年第 5 期。
③ 肖莉:《小说叙述语言变异研究》,中国社会科学出版社 2011 年版。
④ 高群:《余华〈兄弟〉:固有修辞身份/对应修辞身份认证与夸张建构》,《福州大学学报》2012 年第 2 期;《余华〈兄弟〉:性符号、隐私话语权的集中与放大》,《福建师范大学学报》2012 年第 2 期。
⑤ 谭善明:《叙事修辞对叙事语法的超越》,《外国文学》2009 年第 3 期。

功能,因集体效仿而强化了话语的权力。世界的丰富性在集体话语的一致性中,按有限的话语方式编码,对个人形成某种话语压力,并可能引导个体在他性的效仿中弱化乃至丧失我性的参与和创造,走向傀儡生存。相对而言,个人话语释放了集体话语压抑的主体意识,辑录了生命的多彩,在拒绝媚俗的旗帜下,部分地疏离了公共频道,但很难想象对集体话语作真正意义上的"告别"。二者之间有对抗,也有对话。集体话语和个人话语在潜对话中缓释生存的紧张感。① 同类研究另有谭学纯从修辞哲学层面论述人无法逃离"修辞的动物"的存在本质,论述中国古人在"空间—时间"的复合认知中修辞化地建构时空秩序。② 朱玲从修辞哲学层面分析汉语审美范畴"大",分析中国古代讽谏策略。③ 朱人求以宋代"定性说"的展开为中心,论述道学话语的建构、发展与转换。④ 李小博、郭贵春论述科学修辞学的认识论和方法论意义。⑤ 郭贵春论证哲学范式确立过程中语义规范性和语用规范性的关系,及后者对前者的调节、引导功能和方法论意义。⑥ 谭笑等论述科学修辞学如何在公众理解科学的理论发展遭遇困境的背景下,提供新的进路和认识视角,以及科学修辞学自身发展的方向。⑦ 马俊峰在哲学、科学、修辞学语境中探讨思想史的学术表达。⑧

以上所涉学术文献,解释空间都不限于狭义修辞学的"技巧论"。从广义修辞观出发,修辞学研究不仅需要研究修辞话语的生动形式,也不仅需要研究语篇的修辞设计和叙述结构,更需要研究修辞在社会文化和主体精神世

---

① 参见谭学纯:《我所理解的"集体话语"和"个人话语"》,《社会学研究》2001 年第 1 期。

② 参见谭学纯:《人是语言的动物,更是修辞的动物》,《辽宁大学学报》2002 年第 5 期;《中国古代时空秩序的修辞建构及其认知理据》,《新疆大学学报》2002 年第 3 期。

③ 朱玲:《"大":修辞原型和隐喻认知》,《暨南大学学报》2006 年第 1 期;《古代讽谏的语用策略和修辞认知》,《华东师范大学学报》2005 年第 6 期。

④ 朱人求:《道学话语的形成、发展与转折——以宋代"定性说"的展开为中心》,《哲学研究》2008 年第 1 期。

⑤ 李小博、郭贵春:《科学修辞学的认识论意义》,《自然辩证法研究》2003 年第 4 期;《科学修辞学的方法论意义》,《科学技术与辩证法》2004 年第 1 期。

⑥ 郭贵春:《规范性问题的语义转向与语用进路》,《中国社会科学》2014 年第 8 期。

⑦ 谭笑、刘兵:《公众理解科学的修辞学分析》,《自然辩证法通讯》2007 年第 2 期。谭笑:《科学修辞学方法的反思与边界——从一场争论谈起》,《科学与社会》2012 年第 2 期。

⑧ 马俊峰:《思想史视域中的话语表达与写作技艺》,《云南社会科学》2014 年第 6 期。

界建构过程中的能量——对这些问题的综合观察和思考,越出了狭义修辞学的边界。从知识谱系到思想资源,从学理依据到学术操作,广义修辞学的核心理念之一是"走出技巧论"。如果仅仅聚焦于修辞表达效果"好不好"的修辞技巧,对修辞诗学层面的文本建构和修辞哲学层面的主体精神建构,很难给出充分的说明。

广义修辞学理论资源不同程度地见于持广义修辞观的一些作者的研究成果,或整体运用广义修辞学解释框架;或局部借鉴相关理论资源;或使用广义修辞学核心概念分析具体问题。研究主题比较广泛,主要包括:

1. 期刊话语的广义修辞研究

董瑞兰《广义修辞学视野中〈文艺学习〉(1954—1957)话语的政治性分析》穷尽考察1954年创刊至1957年停刊的《文艺学习》,运用广义修辞学"三个层面"的理论框架,以修辞技巧层面的话语建构、修辞诗学层面的文本建构、修辞哲学层面的话语主体精神建构为脉络,探讨《文艺学习》文学创作、文学批评、"读者来信"、"编者的话"所体现的话语政治性面貌。以新的研究路径阐释文学参与政治运作的话语方式,为广义修辞学介入中国当代文学期刊话语研究提供了探索个案。[①] 钟晓文以美国基督教新教传教士在中国创办的《教务杂志》(The Chinese Recorder, 1867–1941)为文献来源,考察中国近代史上出版时间最长、连续性最好、篇幅最长的面向传教士与西方读者的英文刊物话语,分析源文献通过概念的修辞重构与儒学的修辞建构,承载并传播西方认知。[②] 谭学纯强调学术话语在学术期刊汇集,并从学术期刊进入公共学术空间,成为学术人共享的资源。在学术期刊亮相的个人写作,为刊物生产话语资源,也使用刊物荟萃的话语资源。学者的个人话语能不能进入公共领域,什么时候进入公共领域,以什么样的形式进入公共领域,都在刊物的运作中完成。刊物甚至可以通过编者按等方

---

① 董瑞兰:《广义修辞学视野中〈文艺学习〉(1954—1957)话语的政治性分析》,《语言文字应用》2014年第2期。

② 钟晓文:《"儒教"的跨文化认知与传播:语义变异与幻象建构——〈教务杂志〉(The Chinese Recorder)关键词之广义修辞学阐释》,《福建师范大学学报》2014年第3期;《教务杂志研究:文类选择与修辞建构》,《福州大学学报》2014年第1期。

式,介入个人话语的社会化流程。20世纪以来重要的学术事件,无不是通过期刊体现话语的权力。在传播媒介发达的时代,研究学术史,没有理由忽视学术期刊对话语建构的参与。因为:自从有了学术期刊,学术史就是由学术期刊介入的学术文本、学术事件、学术人物和学术团体活动的历史延续体。①

2. 意识形态的广义修辞研究

文学界一度传出"告别意识形态"的声音,也许反向地传递了一种信息:在特定的文学生态环境中,文学书写的**文学性**曾经遭遇意识形态的强势监控。以至于有学者慨叹"在文学界,'意识形态'成为僵化的社会政治的理念性符号,向这种符号的告别成了八十年代文化文学运动的内在意义"②。但是在淡化意识形态的学术话语场,不乏选择意识形态话题的研究,其中广义修辞学视野中意识形态研究的关注焦点在于研究对象的**符号性**:谭善明以审美与意识形态的变奏作为研究西方20世纪修辞观念的重要线索。论述尼采、罗兰·巴特等思想家们通过揭示话语/图像修辞中审美意识形态而肯定世界的生成性和流动性,强调我们在话语生成的游戏中不断地破坏与不断地建设属于自己的世界。③郑国庆甚至期待从修辞结构、话语效果、话语权力的分析而一窥文本意识形态运作的奥妙,是走出曾被误以为雕虫小技的修辞学在21世纪一个令人振奋的研究方向。④

更多的学者则提供了广义修辞与意识形态研究理论与实践结合的操作样本:潘红以广义修辞学理论为依托,对林译《迦茵小传》与原著进行对勘分析,揭示林译本的修辞策略,将林译本置于晚清"救亡启蒙"的公共语境之下,对译本修辞成因的意识形态规约、译本修辞话语对现实的表征进行探讨,并深入译本的精神建构层面,剖析作为个人叙述的译本和社会集体叙述之间的关系,在微观和宏观两个层面阐述译本修辞和社会意识形态的关系。

①　参见谭学纯:《学术期刊:学术话语的集散地》,《光明日报》2005年2月24日。

②　许明:《"第三种批评"——新意识形态批评是广义的人文批评》,《当代人》1995年第2期。

③　谭善明:《审美与意识形态的变奏——20世纪西方修辞观念研究》,《东岳论丛》2013年第7期;《图像修辞与意识形态的超越——罗兰·巴特摄影图像理论论析》,《北方论丛》2012年第2期。

④　郑国庆:《修辞与意识形态》,《福建师范大学学报》2004年第5期。

认为翻译作为一种修辞行为,是在本土意识形态框架下对原著的一种修辞重构。译本中的"孝"、"义"、"恩"、"礼"、"节"等浓缩着中国传统伦理道德内涵的关键词,形成了核心修辞符码,以及用"弱柳"意象置换原著中衬托迦茵桀骜性格的"石楠"意象,建构了一个符合儒家道德思想体系的人本世界,为中国读者营造可接受的西方世界,也建构了晚清男性文人眼中的理想女性人格。分析林纾翻译的英国通俗作家哈葛德小说,论述其作为晚清西学翻译"宏大叙事"的重要组成部分,以修辞的方式构筑了西方意识形态;以小说话语启引了思想文化的现代性,并触发了晚清文人在社会转型期现代与传统的断裂中对自我身份认同、现代意识探讨和现代思想的追求。[①]连晓霞以政治意识形态规约下的文学话语为观察点,分析《金光大道》的话语方式,审视作家的修辞策略、话语权力,文本的话语结构和意识形态的深层规约与互动:依次分析意识形态蕴含与小说语言的意识形态化、本土化语言的修辞特色、政治审美中的叙述话语模式、政治语境中的人物对话以及政治话语对文本艺术价值的遮蔽和消解。重新评说了《金光大道》文本话语中的政治含量和艺术含量,也分析了政治意识形态对作家的艺术限制和文本中的语言硬伤。[②]董瑞兰以 20 世纪 50 年代遭受政治批判的小说《在悬崖上》为分析样本,分析"悬崖"作为小说标题和文本关键词,如何通过叙述单元转换、叙述者的情绪变化及悬崖险境指数的上升三个层面支持了小说文本的修辞建构,汇聚了三对角色关系,通过婚恋模式的政治化、"科长"的政治代言、文学批评的政治含量三种方式投射了小说意识形态的政治化主

[①] 潘红:《林译〈迦茵小传〉:意识形态规约下的修辞重构》,《语言文字应用》2011 年第 3 期;《林译〈迦茵小传〉道德话语的修辞建构》,《福建师范大学学报》2011 年第 2 期;《林译〈迦茵小传〉人物称谓和身份建构的广义修辞学解读》,《福建师范大学学报》2014 年第 5 期;《哈葛德小说在中国:历史吊诡和话语意义》,《中国比较文学》2012 年第 2 期。

[②] 连晓霞:《政治意识形态规约下的文学话语——〈金光大道〉话语分析》,河南人民出版社 2009 年版。按:《金光大道》作者浩然,曾是特定历史时期主流意识形态认可的唯一小说家,而《金光大道》的接受史本身就可以描画出一条清晰的意识形态介入曲线:从 20 世纪 70 年代的肯定性接受,到 70 年代末—90 年代初否定与肯定并存的接受,再到 90 年代中期《金光大道》再版和完整出版引起的不同接受反应,《金光大道》一直是引发学术论争的文本。90 年代末,浩然本人宣称"无悔"的创作,加剧了围绕《金光大道》的语言之战。广义修辞学也许可以为此类研究开发再阐释的空间。参见谭学纯为该书所写序言。

题。① 朱大可论述文学记忆的修辞化如何符合国家主义尺度,国家修辞如何改变历史的本真,令小说成为加魅式记忆、加魅式失忆、杂耍式记忆的话语平台。② 王尧细察"思想事件"的修辞运作如何成为可能。③ 席扬分析《太阳照在桑乾河上》创作主体修辞行为的"暧昧"状态,缘于身份意识、性别意识和功能意识等混合而成的复杂性,认为丁玲创作"转换"过程中"身份定位"与"艺术策略"选择之间的矛盾,始终折磨着她。《太阳照在桑干河上》蕴含了丁玲大量复杂的精神信息和转换期"修辞行为"的独特性。④ 黄科安解读周立波《暴风骤雨》的修辞策略如何瓦解农村以血缘关系定亲疏的成规,借助宗法社会所形成的伦理规则为阶级斗争叙事服务;如何用"革命话语"对"农民语言"进行修辞改造,以及经过改造的"农民语言"如何为建构新的社会秩序注入底层的政治能量。⑤ 陈卫剖析远离主流华语文坛意识形态的诗歌写作,强调诗歌权力争取中的良知到场和话语修辞化。⑥ 余岱宗以《三国演义》为个案,分析文本镜像修辞、叙事因果关系,指出叙事修辞既可以维护作品的意识形态取向,也可能导致意识形态幻象的崩溃。⑦ 谭学纯论证 20 世纪中国文学史上的爱情想象经历的修辞策略调整:主流意识形态的革命想象→收缩爱情想象空间→关闭爱情想象空间→爱情想象的意识形态突围,分析这种修辞策略调整的深层规约,反观不同历史阶段文学叙述的意识形态导向和干预程度,为修辞学深度介入文学界提出的"重写文学史"

---

① 董瑞兰:《〈在悬崖上〉:关键词、意识形态及其修辞建构》,《福州大学学报》2012 年第 4 期。

② 朱大可:《国家修辞和文学记忆——中国文学的创伤记忆及其修复机制》,《文艺理论研究》2007 年第 1 期。

③ 王尧:《"思想事件"的修辞——王安忆〈启蒙时代〉的阅读笔记》,《当代作家评论》2007 年第 3 期。

④ 席扬:《身份·功能·性别——试论丁玲〈太阳照在桑乾河上〉的修辞行为》,《福建师范大学学报》2006 年第 2 期。

⑤ 黄科安:《重构新的社会秩序与意识形态的修辞立场——关于周立波〈暴风骤雨〉的一种解读》,《福建师范大学学报》2008 年第 6 期。

⑥ 陈卫:《非马诗歌修辞——兼议当代诗歌的一种倾向》,《福建师范大学学报》2006 年第 6 期。

⑦ 余岱宗:《〈三国演义〉:小说叙事修辞与意识形态》,《福建师范大学学报》2006 年第 6 期。

提供探索个案。①

3.文体生成、功能及流变的广义修辞研究

区别于成果丰硕的同类研究,广义修辞学视野中的文体研究,呈现出不同的学术面貌:

朱人求采用传统经学和现代政治学结合的研究思路,阐发衍义文体的生成、功能、传播及其盛衰。衍义体关注治国之道,成为帝王之学的文章体式,由于备受宋元明清帝王的尊崇,衍义体经世的一面得到强化,并在儒教文化圈影响下传播海外。明清之际,由直指帝王政治逐渐走向世俗化的衍义体,随着科举制度和封建帝制的废除盛极而衰。② 朱玲采用从语言学向诗学延伸的研究思路,以指称文体的汉语符号为观察点,这类汉语符号一开始多属普通词汇,在意义演变中产生了义项分化,分化后的词义只有一个或部分义项用于指称文体,作者着重解释的是:这个义项与这个词的其他非文体义项之间有什么联系? 指称文体的诸义项之间有什么联系? 各类文学文体语言方面的形式标志是什么? 这些语言形式标志所形成的修辞场如何生成了文体的审美意味? 文体生成过程中受到哪些文化因素的影响,文体承载了什么样的文化内容? 对传统文化产生了什么样的稳固作用或者冲击力? 挖掘这些文体问题未被解释的理论资源,开发文体研究的学术空间,使作者的研究既有自己的方式,也能够发出自己的声音。③ 郗文倩梳理中国古代文体建构的礼俗文化资源,延伸文体功能的解释空间,触及文体向文化敞开、文化制约文体生成的修辞动因和机制,亦触及文体功能研究的观念调整和文体学

---

① 参见谭学纯:《想象爱情:文学修辞的意识形态介入——修辞策略和 20 世纪中国文学类型史之一》,《福建师范大学学报》2006 年第 6 期。

② 朱人求:《衍义体:经典诠释的新模式——以〈大学衍义〉为中心》,《哲学动态》2008 年第 4 期;《衍义体在东亚世界的影响及其衰落》,《社会科学战线》2011 年第 3 期。

③ 朱玲:《汉字"戏"、"剧"的形义系统和戏剧文体的美学建构》,《南京师范大学学报》2001 年第 1 期;《汉字"曲"的语义系统和曲文体的语义建构》,《南京师范大学学报》2006 年第 1 期;《天人合一:古代自然观和文体建构中自然的参与》,《郑州大学学报》2007 年第 1 期;《中国古代文体的萌芽和演进》,《福建师范大学学报》2006 年第 2 期;《跨文化比较:中国古代为什么缺少文体意义上的悲剧》,《华南师范大学学报》2001 年第 2 期。另见作者《文学文体建构论》,海峡文艺出版社 2005 年版。

研究的纵深向度。① 孙虹等系列论文在宏观背景下观察微观的修辞细节,又从微观的修辞细节推导宏观的词体演变大势。② 吴礼权在文献对照的基础上,比较分析《史记》的史传体篇章结构和传奇小说的修辞模式,探讨两者的渊源关系及其成因,为中国文学文体流变史研究提供修辞学考察。③ 潘红对勘林纾翻译的《撒克逊劫后英雄略》和原著(英国作家司各特所著小说Ivanhoe),分析林译小说对中国叙事文体的影响。④ 李小荣从佛典"譬喻"文体的组织结构、故事与寓意的对应关系、寓象与寓意关系的生成机制等方面细加分析与阐发。既属修辞研究介入佛典研究的精细个案,亦为文体研究提供了丰富的佛典资源。⑤ 肖翠云在"语言学转向"和西方文体学研究影响中国文学创作和批评的理论背景下,分别就文学文体学理论探究、文类文体及时代文体研究、作家、作品文体分析等问题进行的梳理和评析。认为新时期融合语言分析与审美阐释的文学文体学研究摆脱了传统印象式文体研究的主观性和随意性,同时也摆脱了西方文体学研究过分注重语言分析的形

---

① 郗文倩:《从游戏到颂赞——"汉赋源于隐语"说之文体考察》,《中国文学研究》2005 年第 3 期;《汉代图画人物风尚与赞体的生成流变》,《文史哲》2007 年第 3 期;《秦汉时期颂体的礼仪性创作及其赋颂辨析——兼谈文体功能研究的重要意义》,《中国韵文学刊》2007 年第 1 期;《文体功能——中国古代文体分类的基本参照标准》,《福建师范大学学报》2009 年第 6 期;《东汉镇墓文的文体功能及其文体借鉴》,《广西师范大学学报》2010 年第 5 期;《中国古代文体功能研究论纲》,《福建师范大学学报》2010 年第 6 期;《古代礼俗文体的特性及其相关问题初探》,《上海交通大学学报》2011 年第 5 期;《汉代的罪己诏:文体与文化》,《福建师范大学学报》2012 年第 5 期;《祖饯仪式与相关文体的生成空间》,《中山大学学报》2014 年第 1 期;《赞体的"正"与"变"——兼谈〈文心雕〉龙"赞"体源流论中存在的问题》,《文艺研究》2014 年第 8 期。另见作者《中国古代文体功能研究——以汉代文体为中心》,上海三联书店 2010 年版。

② 孙虹:《梦窗词泛"本事"化阐释献疑》,《文学遗产》2010 年第 4 期;《从隐括修辞看宋词与诗合流的文体演变轨迹》,《福建师范大学学报》2004 年第 6 期;《论宋代咏物词的修辞建构与梦窗范式》,《福建师范大学学报》2012 年第 5 期;孙虹、于东晔:《叙事文学〈红楼梦〉与词体之抒情特质》,《红楼梦学刊》2002 年第 3 期;孙虹、张露敏:《论梦窗咏花词女性拟体的拓新与融变》,《福建师范大学学报》2009 年第 1 期。孙虹、孙龙飞:《梦窗词学观与词风的二元走向》,《上海大学学报》2014 年第 6 期。

③ 吴礼权:《〈史记〉史传体篇章结构修辞模式对传奇小说的影响》,《福建师范大学学报》2008 年第 1 期。

④ 潘红:《林译小说对中国叙事文体的影响——以〈撒克逊劫后英雄略〉的文本视角特点为例》,《福州大学学报》2010 年第 1 期;译《林〈撒克逊劫后英雄略〉的语言特点及文体得失》,《福州大学学报》2008 年第 3 期。

⑤ 李小荣:《简论汉译佛典之"譬喻"文体》,《福建师范大学学报》2009 年第 5 期。

式化倾向。① 谭学纯从"形式—功能"观察获奖微型语篇《提升报告》,强调在"形式—功能"修辞化错位的情况下,依据"功能优先"原则认定文体身份,在"表达—接受"互动过程中,分别就作者意图、自创文本、流通文本、出版物元语言、接受语境等进行多角度、多层次论证:阐明为什么语篇的公文语言面貌≠公文文体? 同时就语篇角色关系和信息流进行比较,论证《提升报告》的文体"是什么"和"为什么"?②

4.广义修辞学核心概念修辞幻象研究

"修辞幻象"在西方戏剧主义修辞批评理论中被定义为:"能够将一大群人带入一个象征性现实的综合戏剧。"按照 E. G. 鲍曼的解说:当"语与物之间出现差异时,理解事物的最重要的文化产物可能不是物或'现实',而是语言或符号"③。考虑表达和理解的方便,《广义修辞学》将"修辞幻象"重新定义为"语言制造的幻觉",并提取两个特征:

(1)修辞幻象不指向真实的世界,而指向语言重构的世界。

(2)修辞幻象借助语言在人们的心理层面重建一种想象性的现实。人们通过修辞幻象与现实保持生动的链接和诗意的对话,却误以为这一切建立在真实的基础上。④

下文引述学术文献所涉"修辞幻象",均按《广义修辞学》的定义使用:

谭学纯在跨学科视野中辨析修辞幻象与语言乌托邦、乌托邦语言、话语兴奋剂、审美幻象等相关概念的联系与区别,考察汉字"日"和以"日"为结构素的符号系列,如何借助审美想象重建为修辞幻象。指出当我们体验"日"(太阳)这个幻象符号的时候,实际上是趋近太阳在先民心灵世界中的意义。⑤ 朱玲、林佩璇论述话本小说中的城市和山水如何被设计为一组对立的空间修辞幻象:城市成为人们向往和迷恋的空间,成为人物身份、命运转变

---

① 肖翠云:《新时期文学文体学研究的回顾与反思》,《福建师范大学学报》2006 年第 2 期。

② 参见谭学纯:《一个微型语篇的形式、功能及文体认证》,《华东师范大学学报》2011 年第 6 期。

③ E. G. 鲍曼:《想象与修辞幻象:社会现实的修辞批评》,王顺珠译,见大卫·宁等《当代西方修辞学:批评模式与方法》,中国社会科学出版社 1998 年版,第 81—824 页。

④ 谭学纯、朱玲:《广义修辞学》,安徽教育出版社 2001 年版,第 182—188 页。

⑤ 参见谭学纯:《修辞幻象:一个修辞哲学概念及一组跨学科术语辨》,《安徽师范大学学报》2005 年第 4 期;《释"日":审美想象和修辞幻象》,《南京师范大学学报》2003 年第 1 期。

的象征符号;而村野山水则被描述成危机四伏的凶险之地。城市与山野的修辞幻象性质显示:城市将成为文学修辞的中心空间,村野山水以及生活于其中的宁静和诗意将离我们远去。① 高群阐释《福柯的生死爱欲》传主、评价人、作者叙事三重结构的修辞化特征,及其重建"纸上的福柯"的修辞幻象,据此探寻叙事学和广义修辞学的学术空间。② 肖翠云"从广义修辞学的角度考察'文学终结论'这一论断中所蕴涵的两大修辞策略:话语修辞和图像修辞",揭示这一命名的修辞幻象特征。③ 此外,王勇卫用"修辞幻象"解释语义问题④,徐国珍、朱磊用"修辞幻象"解释语法结构⑤,闫文君用"修辞幻象"解释名人符号及名人影响力⑥,赵鹏用"修辞幻象"解释中国电影批评的鲁迅范式⑦。

在很多情况下,人被修辞幻象包围着、控制着,沉醉于语言虚构的世界,却相信自己抵达了世界的真迹。从主体方面说,美好的修辞幻象诱控着自我的虚假在场;从对象方面说,语言虚构的世界幻化成了世界本身,现实世界通过修辞幻象重建了一个审美现场。这方面值得深入挖掘的资源没有引起修辞学界充分的关注。

5. 中西文论的广义修辞资源研究

朱玲论述从《周易》"修辞立其诚"开始,中国古人"修言"(语言的修炼)和"修身"(精神的修炼)并重,讲究人的言语修养、言语风度,成为修身的重要内容。先秦诸子发达的言语行为和连带产生的言后行为,使人们认识到言语之于现实的力量,也认识到言语本身与现实之间关系的复杂

---

① 朱玲、林佩璇:《城市和山水:话本小说的空间修辞幻象》,《福建师范大学学报》2008 年第 6 期。

② 高群:《〈福柯的生死爱欲〉修辞学批评:再叙事与再阐释》,《福建师范大学学报》2011 年第 4 期。

③ 肖翠云:《文学终结论:修辞制造的幻象》,《文艺争鸣》2006 年第 1 期。

④ 王勇卫:《"酒"及"酒"参构语词语义修辞幻象探析》,《东南学术》2012 年第 4 期。

⑤ 徐国珍:《论修辞幻象在"副 + 名"组合中的生成与呈现》,《福建师范大学学报》2011 年第 4 期。

⑥ 闫文君:《作为修辞幻象的名人符号及名人影响力》,《福建师范大学学报》2014 年第 3 期。

⑦ 赵鹏:《遮蔽的修辞幻象和去蔽的社会现实批评——鲁迅与中国电影批评范式的双轨解读》,《鲁迅研究月刊》2006 年第 1 期。

及背离。在《周易》的作者看来,言语行为应该遵循一个基本原则,就是合乎"诚"。"修辞立其诚"是中国早期修辞理论的核心,与古希腊修辞理论相比,求"诚"与"真"的修辞基点,内省和外向的修辞观,重体验和重技巧的修辞实践,以及造成这种差别的文化原因,共同表明:从源头上说,中西修辞学走的是不同的学术关怀之路。以"和谐"为价值取向的修辞伦理,避免过于强烈的紧张感。注重生命安顿的修辞思想资源,也许不失为紧张感比较强烈的西方国家政治修辞的价值参照。据此讨论中国传统修辞风格之源,同时,《周易》之修辞准则与人格建构、修辞行为与社会协调,阳刚阴柔与诗性言说的修辞理论和修辞方法,也部分地成为广义修辞学的传统学脉。[①] 陈汝东论述中国古典修辞学思想,强调修辞是一种生活方式,一种社会秩序,一种文化和文明范式;而西方以"三说"、"五艺"、"三素"为模式框定其他文化和文明中的修辞或修辞学形态,得出"西方之外无修辞学"的观点不免狭隘。[②] 费振钟从《淮南子》细读修辞、语言行动与政治合法性 [③],孙虹、谭学纯《梦窗词集校注笺证》集汇校、汇注、汇评、汇考于一体,其中集评部分汇集梳理吴熊和《唐宋词汇评·吴文英》及马志嘉《吴文英资料汇编》,补以陈廷焯《词则》、《云韶集》,况周颐《广蕙风词话》,夏敬观《评疆村定本梦窗词》、《蕙风词话诠评》,蔡嵩云《乐府指迷笺释》,吴熊和《隐辞幽思、词风密丽的吴文英》,郑文焯手批等,挖掘散落中国古代词话中的广义修辞资源。[④] 郑敏惠阐释古代画论、书论审美范畴"气"的语义,分析语义由自然语义场转向艺术语义场的修辞化路径转。[⑤] 谭善明比较中西关于"无"的真理,挖掘不同的修辞美学观念,解读尼采《悲剧的诞生》的修辞内涵,论述尼采美学思想和由索绪尔奠基的现代语言学转向如何促进了转义修辞在

---

① 朱玲:《"修辞立其诚":中国早期修辞理论的核心——兼与古希腊修辞理论比较》,《福建师范大学学报》2004 年第 6 期;《〈周易〉修辞理论和修辞方法的发生学意义》,《修辞学习》2009 年第 3 期。

② 陈汝东:《古典与未来:中国修辞学思想的全球意义》,《北京大学学报》2013 年第 5 期。

③ 费振钟:《修辞、语言行动与政治合法性——〈淮南子〉札记》,《书城》2008 年第 9 期。

④ 孙虹、谭学纯:《梦窗词集校注笺证》(1—6 卷),中华书局 2014 年版。

⑤ 郑敏惠:《从概念到语义:审美语词研究维度的转换——以唐朝画论"气韵"为例》,《文艺研究》2007 年第 1 期;《古代书论审美语词"气"之语义分析与溯源》,《福建师范大学学报》2011 年第 4 期。

文史哲场域的兴盛,以及如何从审美与认知两个层面促进了当代文化的现代性转变。透视耶鲁学派文本理论的出发点(修辞),解析耶鲁学派强调文本的修辞本性以消解形而上学的干扰。分析耶鲁学派代表人物保罗·德曼从"修辞认识论"的角度重建逻辑、语法和修辞之间的关系,描述在审美化的修辞活动中建构的世界秩序。[①] 谭学纯阐释巴赫金小说修辞理论,巴氏批评囿于"书房技巧"的修辞研究,为广义修辞学提供了走出技巧论,走向修辞诗学和修辞哲学的思想资源。[②] 朱玲论析巴赫金的修辞观是"超语言学"的,而非"纯语言学"的,巴氏倡导修辞诗学研究(尽管《巴赫金全集》没有使用"修辞诗学"概念);他的"对话"理论蕴含了修辞哲学的某些思想。巴赫金的修辞观从不同的维度展示了修辞研究"是什么"和"为什么",由此审视遭致误解、存在学科隔膜的中国修辞研究状况,并进而审视广义修辞学"是什么"和"为什么"。[③]

广义修辞学解释框架和变化运用,带来解释面的扩大,也带着一种学术追求:在通约性的结构层面,根据规则及其可推导性,能否一定程度地控制研究对象? 而研究对象可控,能否一定程度地增加研究结论的信度?

验证解释框架的解释力,目前的研究只是一个基础,还需要更大范围、更多类别的分析样本支持,希望在一定数量的个案研究及变化运用中继续探索,并在继续探索中修正不足。同时也希望这种探索为提振中国修辞学形象提供多种可能性中的一种。

一本书,如果被学术同行视为一种研究范式,对一批学者产生些微影响,那是作者的荣幸;如果对一个学科的建设与发展产生些微冲击力,那更是作者的荣幸——

---

① 谭善明:《关于"无"的真理:比较视域中的中西修辞美学观念论析》,《深圳大学学报》2013 年第 3 期;《论生命的二元冲动及其修辞内涵——〈悲剧的诞生〉的修辞学解读》,《内蒙古社会科学》2011 年第 4 期;《转义修辞:一种现代性修辞观念的兴起及理论意义》,《文艺理论研究》2009 年第 5 期;《修辞与解构的游戏——耶鲁学派文本理论研究》,《中国文学研究》2014 年第 1 期;《保罗·德曼:重建逻辑、语法化修辞的关系》,《福建师范大学学报》2014 年第 1 期。

② 参见谭学纯:《巴赫金小说修辞观:理论阐释与问题意识》,《中国比较文学》2011 年第 2 期。

③ 朱玲:《修辞研究:巴赫金批评了什么——兼谈广义修辞观》,《当代修辞学》2014 年第 2 期。

6. 学科建设与发展视野中的广义修辞观

钱冠连《中国修辞学路向何方》谈到他的《广义修辞学》印象"若干年后,我们会觉得**这本书很可能是为一个时代（即'修辞学基本理论研究进展缓慢,有些观点循循相因'这样的'静态格局'时代）的结束,画上句号。**"①（黑体字为原文所有）

我更愿意将钱先生对一本书的肯定,看做对学科建设与发展的理论期待。有幸的是,广义修辞学探讨学科建设与开发学术研究的可能性,进入了学科观察的视野。

2001 年《广义修辞学》初版即引起学界关注。严云受认为本书"不仅建构了一个突破狭义修辞学局限,融贯表达与接受的阐释体系,而且提升了修辞研究的理论层位"。"《广义修辞学》的尝试,也许会开拓修辞学的一个新方向、新空间;循着这条路向前走,人们也许会看到,一门新学科的崛起。"② 稍后,宗廷虎评价"本书很多章节一旦深入到理论核心,面对理论难题时,常常见出作者攻坚、创新的勇气和多学科的理论准备。这对于解决一些令人困惑的重要理论问题,是一种扎扎实实的研究,也有助于推动修辞学界对一些重大理论问题的开放性思考和深入研究"③。濮侃表示"我治修辞学几十年,作为历史见证人,我阅读过 20 世纪许多代表性的修辞学著作,并研究过本书作者以往的修辞学论著,我在充分肯定 20 世纪汉语修辞学取得重要成就的同时,也深感长期以来学科发展的某些不足,主要原因是对传统研究模式缺乏突破",认为《广义修辞学》"跨学科的理论创新和实践,促进了修辞学研究从'技'向'艺'提升。作为修辞学研究领域的重大突破,其学术贡献会随着学科建设的发展体现出来。该书是作者修辞理论建构的新一轮启动,全书体系严谨,创获迭出,解释性强,且文笔灵动,既体现了修辞学研究的大气象、大格局,又让人看到了学科发展的美好前景"④。宗廷虎主编

① 钱冠连:《中国修辞学路向何方》,《中国社会科学报》2010 年 1 月 5 日。按:钱文括号中的文字引自宗廷虎:《21 世纪的汉语修辞学向何处发展?》,《云梦学刊》1996 年第 2 期。

② 严云受:《开拓修辞学研究空间》,《光明日报》2002 年 8 月 6 日。

③ 宗廷虎:《一部创获迭出的修辞学新著》,《外国语言文学》2004 年第 1 期。

④ 濮侃:《评〈广义修辞学〉》,《长江学术》2005 年第 1 期。

《20 世纪中国修辞学》、罗渊《中国修辞学研究转型论纲》，均有专节评述，
节标题分别为："谭学纯的广义修辞学"①；"从狭义修辞学到广义修辞学转型
的学术价值"②。近年广义修辞学作为一种新的研究范式，受到更为广泛的
关注③；作为一种理论资源，较多地见于修辞学科内外的研究④。

四、广义修辞学：理性面对自身局限

　　理论源于实践、用于实践。实践的不可穷尽性，决定了理论不可避免的局
限。重要的是理性面对自身局限并勉力自我修正，这是学术研究的内在动能。

　　直面学术研究的自我局限，首先是直面学术批评中的质疑之声。"如果
批评者发现作者很脆弱，他可能不会再去触碰作者脆弱的自尊，但同时作者
也走进了真空包装，陷入自我沉醉的修辞幻象。"⑤

　　《广义修辞学》出版之初，谭学纯曾就林界军《"广义"的意义——〈广
义修辞学〉的价值与局限》⑥一文的批评意见，撰文《学术批评：找回无需避
讳的"局限"》⑦，作为一种回应，我希望传递的信息是：作者需要保持对"局
限"的自我认知；学术界从"问题"到"话题"，都没有必要在"局限"的

　　①　宗廷虎主编：《20 世纪中国修辞学》，中国人民大学出版社 2007 年版，第 609—618 页。
　　②　罗渊：《中国修辞学研究转型论纲》，中国社会科学出版社 2008 年版，第 213—218 页。
　　③　参见吉益民：《国内修辞学研究的特点及走向述评》，《江苏教育学院学报》2002 年第 4 期；
李廷扬：《修辞批评应当实事求是——也谈"广义"的意义》，《平顶山专学报》2003 年第 4 期；
肖莉：《语言学转向背景下的小说语言变异研究综论》，《福建师范大学学报》2007 年第 1 期；高万
云：《理论与方法：新世纪文学语言研究之研究》，《当代修辞学》2011 年第 1 期；《中国修辞学的学
科重建和科学再造》，《福建师范大学学报》2013 年第 3 期；《广义修辞学研究范式：本体论、认识论、
方法论》，《当代修辞学》2014 年第 2 期；高群：《反思广义修辞学：学科建设价值与局限》，《福建
师范大学学报》2013 年第 3 期；肖翠云：《文学修辞批评两种模式及学科思考》，《福建师范大学学
报》2013 年第 3 期；郑敏惠：《广义修辞学视野中的语义研究》，《阜阳师范学院学报》2013 年第 4 期；
王委艳：《修辞的"主动态"：从技巧到哲学的理论建构——谭学纯〈广义修辞学演讲录〉及其修辞
思想述评》，《社科纵横》2014 年第 11 期；段曹林：《新世纪以来中国修辞学科建设与发展研究综
论》，《福建师范大学学报》2015 年第 1 期。
　　④　参见谭学纯：《新世纪文学理论与批评：广义修辞学转向及其能量与屏障》，《文艺研究》
2015 年第 5 期。
　　⑤　参见谭学纯：《广义修辞学演讲录》，上海三联书店 2012 年版，第 3 页。
　　⑥　林界军：《"广义"的意义——〈广义修辞学〉的价值与局限》，《修辞学习》2003 年第 1 期。
　　⑦　参见谭学纯：《学术批评：找回无需避讳的"局限"》，《修辞学习》2004 年第 1 期。

语义场失语。文章不长,但透露出作者对《广义修辞学》自我局限的清醒和学术理性,转录如下:

> 时下的学术批评,学术含量和非学术含量串味,一个突出的现象是:学术批评的高频词"局限",正在有选择地从我们的评价话语系统出局。

> 我说"局限"有选择地出局,排除了以言说局限为唯一兴奋点的批评话语。这类学术批评与一般严肃的学术评价不能归入同种类型,尤其是,对批评对象不负责任的打压,可能更多地属于自我炒作的"修辞行为"。此外,我想还应该区别两类不同的情况:

> 其一,学术批评一般不讳言前人的局限。对已故学者、包括对享有国际声誉的著名学者的评价,"局限"没有完全退出批评话语。这表明,评价与自己不在同一话语场的前代学者,批评的使命没有受到多少世俗的抵抗。后代学者站在巨人的肩膀上,体验学科先行者的生命燃烧、敬重学术巨人的学术人格、景仰学术大师的历史贡献,同时也看到他们不同程度的遗憾和局限。

> 其二,对当代学人,如果是老一辈学者评价年轻一代学者,通常是鼓励多,批评少,直言局限更少。这表明,老一辈学者对后辈学人的关爱。他们知道,蹒跚学步更需要的是扶持、是自信。从他们的批评文字可以感觉出他们的激励和宽容,哪怕是在现有研究成果基础上小有延展,得到的都是热情的鼓励。正是在这样的学术氛围中、年轻的接力者幼稚歪斜的步子渐渐地稳健起来。当然,少言局限,不等于零局限,有自知之明的被评价者,大概也不会因此沉入零局限的自我幻觉。

> 在上述情况之外,"局限"正从我们的批评语汇中隐退。

> 不知从什么时候起,健全的学术批评本不应该"缺席"的"局限",好像正在成为批评话语中色彩黯淡的异数,成为一个很容易刺激非学术敏感的字眼。"局限"和与"局限"语义相关的话语谱系,在善意的规避和种种复杂的心理中,变得微妙起来。学术评价或出于某种现实的压力、或出于某种遥远的期待,有意无意地描绘零局限的修辞幻象。

> 一方面,批评话语显在的语义指涉是文本,隐在的语义指涉是人,这

是学术批评慎言局限的参照指标。另一方面,坦言局限而与批评对象交恶的教训,警示着局限之类的话语生成。

一些迹象表明,在显示批评活力的话语空间,发现局限的眼睛进入了休眠状态。言及局限,批评便失语。

我在"局限"隐匿的批评语境中与这个久违了的词相遇,当我读到《修辞学习》2003 年第 1 期林界军先生《"广义"的意义——〈广义修辞学〉的价值与局限》一文时,作为《广义修辞学》的作者之一,我的第一反应是:寻找林界军。

我寻找的,也许不是学术观点方面的"知我者",我也不一定完全赞同林界军先生对《广义修辞学》"局限"的评述,但这并不重要。在我看来,有些问题可以悬搁不论,例如:是"广义修辞学不广义"? 或者是,《广义修辞学》重新定义"修辞"的关键词之一"审美活动"在林界军先生的解读中被锁定在"美辞"的意义上? 抑或,像任何一个在概念上尚未约定俗成的学科一样,"广义修辞学"需要在更多的研究中来检验它目前的定位? 诸如此类可以讨论的问题,这里暂且按下不表。本文的写作目的,不是争鸣,而是寻找——寻找正在失落的、正视局限的学术关怀。

正视局限,对被批评者来说,需要走出脆弱的自尊。

在读到林界军的文章之前,我给福建师范大学汉语言文字学 2001、2002 级博士生布置的作业,就是找《广义修辞学》的毛病。找出毛病,才有基于新一轮思考的自我修正。无意遮掩阿喀琉斯之踵,才会发动众多双眼睛找自己著作的毛病。我在与研究生的课堂对话中表示,书中有些章节,如果让我重写,可能将以不同的方式重新展开。事实上,讲课中互动式的对话,也每每重新打开我们再思考的通道,激起我们再阐释的写作冲动。《广义修辞学》2001 年出版后,已印了第 3 版,目前正着手修订版的写作。① 修订,是作者直面局限、并勉力修复的一种自我认证。可以肯定的是:当我们完成修订的时候,并不意味着《广义修辞学》的"完成时",也即并不意味着零局限。

① 至 2016 年,《广义修辞学》重印 11 次,修订 1 次。目前仍在考虑第 2 版修订。

　　一部学术著作，如果有参照蓝本，比较容易避免他人已经暴露出的局限，当然也会在"述"而有"作"的同时，产生一些新的局限。如果没有参照蓝本，写作难度和局限性将同比增加。从这个意义上说，学术著作有局限是必然，零局限是虚幻。如果真的有一个最早在某个领域构筑理论体系的文本，以无可挑剔的完美形象"出场"，那么，这个零局限文本的诞生，可能也是它的极地。一个在初始阶段被定性为零局限的文本，同时也就关闭了文本创造者开放的思维空间。不错，零局限是人人都期待的，但它是终极目标；局限则可能蕴涵着生长点，蕴涵着下一次的思想喷发。一部学术史，其实就是发现局限和超越局限的认识更新史和价值修正史。不管是单个文本的学术思考，还是整个学科的建设和发展，都是一种未完成的建构。缺失的，会有新的补足；断裂的，会有新的接续；舛谬的，会有新的修正。如果学术评价进入良性运作的话语空间，"局限"通常不会处于匿名状态。

　　写到这里，我想到《华东师范大学学报》2001年第3期"中西修辞学论坛"专栏的编者按，想到那段不满足于学科现状的很有冲击力的诘问："每年生产的修辞话语连篇累牍，但其中究竟有多少理论含量和智慧含量，有多少与当代语言生活的有效互动，能让学界和社会为之注目，是让人大为失望的。"耐人寻味的是，走近上述"编者按"感到"失望"的"修辞话语"，你会发现学术评价多半是零局限。这种零局限，与有"理论含量和智慧含量"而讳言局限，不是同一个价值标准。这种零局限，与未见"理论含量和智慧含量"的质疑、也不讳言局限，同样不是一个价值标准。

　　从局限到零局限，我又想到2002年秋天，在复旦大学举办的一次学术会议上，一位学者的无奈和困惑：我们的学术评价，该如何建立一套规范的评价体系和评价话语？我相信，读者会品味出这位学者提问的尖锐和提问背后的深刻。因为这实际上不仅仅是评价体系和评价话语自身的问题，如果评价体系脱离了相对公正的理论平台，我们以标准A来褒扬甲著作，以标准B来指责乙著作，标准失衡对良性学术秩序的负面影响，是决不可以低估的。严格地说，失衡的评价体系和评价话语之于学科建设，可能是破坏性因素大于建设性因素。

其实，价值和局限同在，是学术著作难以逃离的宿命。发掘价值和发现局限，是学术批评的双重使命。一旦"局限"从我们的批评话语中退场，"价值"可能也就弱化了它的智性刺激。

我们敬仰司马迁、王国维、陈寅恪，我们敬仰乔姆斯基、卡西尔、海德格尔、福柯，他们的价值为精神苍白的时代留下了夺目的光彩，但是我们心中对大师的敬意，不等于无限膜拜，更不会驱逐我们对大师应该抱有的平常心。我们怀着敬重，走进大师的思想，也一样怀着敬重走进大师的局限。这是一个学术人必须具有的精神气质。

人类开发外部世界和开发自我的漫漫之旅，不可避免地会留下某些幽暗地带，或者留下阶段性的认识死角，由此决定了"局限"作为哲学意义上的存在方式与主体认知相伴随。但这决不是人类的悲哀，相反，它是人类不断探索未知、提升自我的精神动能。因为：有局限，才有超越局限的攻坚。承认局限，也即承认认知无极限。

我一直忘不了十多年前读过的一篇文章，那是人文精神高扬的20世纪80年代中期黄子平先生为他的硕士生导师谢冕教授的著作写的序言，题目很酷，叫做《通往不成熟的道路》。我以为，这是当代批评话语中最精致的文本之一。黄子平和他的导师之间的近距离对话，以学生给导师写序的形式亮相，是相对于名人作序的逆向创意。学生言导师"不成熟"，深得"吾爱吾师，吾更爱真理"的精髓。初读文章标题，有点让人怀疑，是不是哗众取宠，或者，有心制造某种效应。但细细想来，"成熟"是至境、也是终结的信号，"不成熟"却是一个开放性的召唤结构，召唤着一代又一代学人的自觉承担和学术使命感，继续疲惫而又不乏苦涩的精神跋涉。应该感谢黄子平，不仅因为他真的读懂了谢冕，更因为《通往不成熟的道路》书写了学术存在的本质。可是，为什么人们总是津津乐道于"成熟"，而不愿意接受"不成熟"的事实呢？同样，为什么我们如此避讳不能不认真面对的"局限"呢？

我们的学术批评，何时修复正在局部丧失的关于"局限"的记忆？何时找回无需隐匿的"局限"？海德格尔那句著名追问"诗人何为"，在这里是不是可以改写成"批评何为"?

理性面对自身局限,也即尊重批评,尊重不同的修辞观所支配的话语权,尊重学术对话的平等规则。我跟我指导的研究生交流时,希望他们选择阅读不同修辞观的研究成果,开列的阅读书目不要求研究生全单照收,但要求他们一定要阅读与我的修辞观不同的学术著作。研究生完成的修辞学课程作业,如果修辞观与我不同,只要言之有理、言之有物,我一般都会给出高分。即使这些作业中体现的修辞观在我评点后被作者放弃,我仍然尊重这些论争曾经行使的话语权,并选择其中有怀疑精神的作业作为附录收进我的著作 ①,为的就是尊重学术对话的平等规则。我在《学术批评:找回无需避讳的"局限"》一文中之所以表示"广义修辞学不广义"抑或《广义修辞学》重新定义"修辞"的关键词之一"审美活动"的理解问题可以暂且存而不论,是因为我觉得更有价值的,不是读者批评和作者回应一定要辨出一个理论的"是"或"不",而是希望找回学术批评中处于隐身状态的"局限";找回正视"局限"的学术理性。

五、小结

(一)横向观察,注重细微末节的"修辞技巧论"与西方当代修辞学研究的前沿对话处于弱势;纵向观察,"修辞技巧论"割断了中国修辞研究的传统学脉。因此,"修辞技巧论"在纵横参照的坐标上导致修辞研究价值缩水。广义修辞学不拒绝修辞技巧,也不主张囿于"技巧论"的眼光而否定修辞诗学和修辞哲学;广义修辞学倡扬修辞诗学和修辞哲学研究,但不冷落修辞技巧研究。兼容修辞技巧、修辞诗学、修辞哲学的广义修辞学"三个层面",探索修辞研究价值提升的可能性。

(二)基于学术事实的宏观考察,可以观察到中国修辞研究重表达、轻接受的不平衡状况;基于语言事实的微观分析,可以厘清修辞活动≠修辞表达

---

① 参见蔡建丰、谭学纯:《桥上的对话》,参见谭学纯:《修辞:审美与文化》,福建人民出版社2002年版,第246—258页。

的学理。二者共同说明:作为完整的修辞理论,"表达中心论"有它的欠缺。在"表达—接受"互动过程中探索重建修辞研究的路径,是广义修辞学重视修辞活动"两个主体"的学术逻辑。

（三）广义修辞学"三个层面、两个主体"的解释框架,在个案分析中检验可操作性,在变化运用中观察可推导性,也希望理性面对自身局限,在研究实践中发现问题,推动新的探索。

第五章　问题驱动的辞格研究:传统品种能否出新

《广义修辞学》出版于 21 世纪初,其时中国修辞学的传统品种——辞格研究似乎淡出了修辞研究的话语中心,本章的问题由此谈起。

一、问题意识: 后陈望道时代辞格研究如何走出难局

20 世纪汉语修辞格的系统研究始自唐钺的《修辞格》,1923 年商务印书馆出版,但对中国修辞学研究影响更大的,则是 1932 年大江书铺出版的《修辞学发凡》,后者的成就使中国修辞学研究从此进入陈望道时代。作为书中重要的知识板块,辞格研究也从此成为中国修辞学研究最主要的学术产品。

"文化大革命"前,辞格研究零散性的成果多见于语文刊物。经历了"文革"期间的学术中断,有过阶段性的空白。新时期复苏以来,汇集汉语修辞格研究的文献资源仍十分丰富,据高志明、高群收集整理的 1977—2010 年国内修辞格研究专著、期刊论文、博士学位论文、硕士学位论文等目录索引

显示,近三十年间国内修辞格研究的成果产出超过 4 万篇（部）。① 研究领域广泛涉及辞格理论与应用、修辞新格的挖掘与解释、辞格比较、辞格与语法易混现象区分、不同语种的辞格对比、辞格翻译、辞格学、辞格史、辞格与辞规、辞格专论、辞格群、辞格汇编（辞典编撰）等。②

上述研究成果的总体面貌显示,国内辞格研究的方向性选择与陈望道时代的基本格局没有太大的区别,辞格研究深化、细化及其规模效应,研究成果学术含量的提高与成果数量的递增也许没有同步。主要表现在三个方面:

（一）20 世纪汉语修辞格研究主要模式没有大的改变

20 世纪不同历史时期的主要代表人物如 20 年代的唐钺、30 年代的陈望道、80—90 年代的谭永祥,都侧重辞格功能和修辞效果的描写。其中,陈望道《修辞学发凡》对这种研究模式的持续影响最大。由于陈望道在中国修辞学界的学科奠基地位和广泛影响力,《修辞学发凡》的辞格研究模式,一直为其后的学者们效仿。今天的学者面对这一学术现实,既应该看到后来者对学术先驱的崇敬,也需要对学术传承过程中的学术创新以及学者心态和学术体制作深度透视。这里的负面因素不是上一代学者的缺失,因为:一代学者有一代学者的学术使命,一代学者有完成自己学术使命的学术环境和理论背景。我曾经打过一个比方:当年陈望道的辞格研究,买进的是原始股。原始股炒作八十多年之后,跟进的股民如果套牢,应该反省的是自己,而不是陈望道的辞格研究模式。

（二）部分学者走出“例证＋描写”的辞格研究受制于两种因素

“例证＋描写”是辞格研究遭遇的诟病之一,极端情况下,“例证”远远多于“描写”,学术研究变成水煮例证。③ 部分学者的辞格研究呈现出不同

---

① 高志明、高群:《新时期以来国内修辞格研究成果篇目索引（1977—2010）》,见谭学纯、濮侃、沈孟璎主编《汉语修辞格大辞典》,上海辞书出版社 2010 年版。

② 谭学纯、濮侃、沈孟璎:《〈汉语修辞格大辞典〉:编撰背景、编辑定位和词典结构》,《辞书研究》2010 年第 2 期。

③ 当然这种现象不限于辞格研究,也不限于修辞研究。一些强势学科的研究成果同样不难见到语料远远多于研究者对语料的分析。类似情况另如:引用远远多于引用者对引用话语的阐释。作为研究者本人的思想在他人的材料和观点中淹没。

层次的走出"例证＋描写"的学术面貌,如语义／语法／逻辑——修辞结合论中的辞格研究①,辞格认知研究②,构式研究③,象似性研究④,辞格专书研究⑤等。

此类研究或多或少受制于两种因素:纵向地看,三十多年时间跨度中的同类研究,关注焦点不断变化,少有持续性的高显示度成果;横向地看,多为学者的个人行为,较少团队跟进,似未形成规模效应。《汉语修辞格发展史》《辞格学新论》,以及《中国修辞史》⑥中、下卷对12种辞格的梳理、汇聚、评析和再阐释,作为最新成果,展示了辞格研究可挖掘的丰富资源,但后者颇见文献功力的12种修辞格阐释,在多达数百种的汉语辞格系统中,毕竟不能涵盖辞格生成与理解的复杂现象。

(三)学术转型背景下的修辞格研究一度淡出话语中心

近年修辞学研究出现不同程度、不同方向的转型⑦,更多地带有学科生长和学科重建的关怀意向。这种转型,不是对此前修辞格研究的否定,而是表明:学术活动的主体在参与学术传承的同时,以开放的理论资源和研究视

---

① 参见盛若菁:《比喻语义研究》西南交通大学出版社2006年版;吴士文:《从结构上辨析"象征"和"借喻"》,《辽宁师范大学学报》1980年第1期;《关于辞格分类的探讨》,《南昌大学学报》1980年第3期;《修辞格也是一种类聚系统》,《修辞学习》1983年第5期;《辞格分析的原则和方法》,《大众修辞》1983年第6期;《修辞格的系统性》,《辽宁大学学报》1984年第6期。张炼强:《"无理而妙"的修辞艺术初探》,《北京师范学院学报》1981年第4期;《试说"比喻是言之成理的错误"》,《首都师范大学学报》1992年第5期。

② 参见刘大为:《比喻、近喻与自喻——辞格的认知性研究》,上海教育出版社2001年版;崔应贤:《回环辞格的语法基础及认知解释》,《汉语学报》2013年第4期。

③ 参见王珏:《从构式理论、三层语法看辞格构式的生成》,《当代修辞学》2010年第1期;刘大为:《从语法构式到修辞构式》(上、下),《当代修辞学》2010年第3—4期。

④ 参见徐默凡:《语形辞格的象似性研究》,《当代修辞学》2010年第1期。

⑤ 参见冯广艺:《汉语比喻研究史》,湖北教育出版社1998年版;徐国珍:《仿拟研究》,江西人民出版社2003年版;罗积勇:《用典研究》,武汉大学出版社2005年版;张晓、徐广洲:《汉语回文与回文文化》,中国文化出版社2004年版;《反复新论》,吉林大学出版社2005年版;王天星:《借代修辞格析论》,中国文联出版社2005年版;林元龙:《双关语的语用研究》,西南交通大学出版社2010年版。

⑥ 参见于广元:《汉语修辞格发展史》,吉林人民出版社2003年版;李晗蕾:《辞格学新论》,黑龙江人民出版社2004年版;宗廷虎、陈光磊主编:《中国修辞史》,吉林教育出版社2007年版。

⑦ 参见罗渊:《中国修辞学研究转型论纲》,中国社会科学出版社2008年版;高群:《夸张研究:价值、缺失和学术转向》,《学术界》2012年第2期。

界,展开新一轮的探索。

学术转型背景下的修辞学研究范围和关注焦点一度看淡修辞格,"辞格中心论"受到质疑。例如钱冠连直言:

> 上个世纪60年代前后,我国讲修辞,大都以"格"为主,外语界更是以介绍英美修辞格为营生。这样无限"出格"下去,研究路子越来越固定,越走越窄。①

面对质疑,我个人倾向于认为辞格研究的价值与缺失同在:从尊重学术史的角度看问题,应该承认辞格研究产生过高质量的成果;从正视学术发展的角度看问题,应该直面辞格研究遭致的诟病。前者提醒我们,能否在《修辞学发凡》出版八十多年后的今天复制当年陈望道的辞格研究而重获殊荣? 后者引发我们的思考——后陈望道时代,辞格研究如何走出难局?

二、尝试性探索:《汉语修辞格大辞典》

从陈望道时代到后陈望道时代,辞格研究有不同的阶段性汇集,工具书是这类汇集的主要承载体。

(一)《汉语修辞格大辞典》编撰背景

虽然在不同时间段,系统汇集梳理汉语修辞格研究成果的集中度和显示度时强时弱,但从20世纪80年代至21世纪初,没有长时间的中断,这里有学术注意力分配的内在动因,也有应用之需。其中仅以工具书形式出现的辞格研究汇集就有:

1982　郑远汉:《辞格辨异》,湖北人民出版社

1983　濮侃:《辞格比较》,安徽教育出版社

1983　林文金:《辞格》,上海教育出版社

---

① 钱冠连:《中国修辞学路向何方》,《中国社会科学报》2010年1月5日。

1984　姜宗伦:《古典文学辞格概要》,云南人民出版社

1986　韩荔华:《汉语修辞技巧教程》,华文出版社

1986　吴士文:《修辞格论析》,上海教育出版社

1989　张文治:《古书修辞例》,中华书局

1989　唐松波、黄建霖:《汉语修辞格大辞典》,中国国际广播出版社

1990　武占坤:《常用辞格通论》,河北教育出版社

1990　陆稼祥:《修辞方式例解词典》,浙江教育出版社

1991　黄民裕:《辞格汇编》(增订本),湖南人民出版社

1991　向宏业、唐仲扬、成伟钧:《修辞通鉴》,中国青年出版社

1993　汪国胜、吴振国、李宇明:《汉语辞格大全》,广西教育出版社

1994　谭永祥:《修辞精品六十格》,山西人民出版社

1995　王漫宇、王国璋:《修辞格的应用》,中国物资出版社

1995　黄建霖:《汉语修辞格鉴赏辞典》,东南大学出版社

1995　杨春霖、刘帆:《汉语修辞艺术大词典》,陕西人民出版社

1995　史尘封:《汉语古今修辞格通编》,天津古籍出版社

1995　姜宗伦:《古典文学辞格概要》,云南人民出版社

1997　蔡谋芳:《修辞格教本》,台湾学生书局

2002　谭全基:《修辞精华百例》,台北:书林出版公司

2004　何让:《中学语文修辞格(修订版)》,广东教育出版社

2005　郑振涛、郑振仪:《中学语文修辞格详解词典》,国际文化出版公司

2005　冯伟伦、徐蜀樵:《修辞格辨析》,重庆出版社

2005　喻翔生:《英语汉语修辞格式举要》,云南民族出版社

2006　李大明:《初中语文修辞格例释》,广西民族出版社

现有辞格研究成果需要梳理、筛选和某些方面的再阐释,汇集已经开发和正在开发的学术资源,是《汉语修辞格大辞典》的编撰动机之一。

以上所列工具书中,收入辞格最多的,是 1993 年汪国胜、吴振国、李宇明主编的《汉语辞格大全》,收入一级辞格 231 条。1996 年出版的谭永祥《修辞新格》(增订本)中的多数辞格未及进入此前收辞格最多的《汉语辞格

大全》。

《汉语辞格大全》和《修辞新格》（增订本）出版以来，新的语言事实大量出现。作为新的语言形式和意义载体的修辞格，累积了大量需要认真整理、深入阐释的新材料。

《汉语辞格大全》出版近二十多年来，汉语运用的丰富变化有目共睹，为尽快反映和解释现有同类工具书未来得及反映和解释的修辞现象，《汉语修辞格大辞典》从三个方面重新处理汉语辞格：

其一，增加应入典而未入典的辞格（主要是近十多年来，新发掘的修辞格）。

其二，梳理已入典而宜归并的辞格（部分辞格名异实同或局部交叉）。

其三，梳理已入典而宜删除的辞格（作为辞格的条件不够充分）。

以上三者，共同支持了我们策划编撰《汉语修辞格大词典》的构想。

此外，还有一点个人方面的原因：家父谭永祥生前致力于辞格研究，修辞学界推其为陈望道之后在修辞新格研究方面用力最勤、成果最丰的学者，他的《修辞新格》（增订版）所收 22 个辞格和陈望道《修辞学发凡》所收 39 个辞格，代表了学者个人观察与解释修辞现象的成就。

父亲生前曾有意与濮侃教授共同主编一本新的修辞格辞典，他负责编新格，濮侃教授负责编旧格（老牌辞格）。然而此情未了父亲病故，新编修辞格辞典成了他的遗愿。

濮侃教授联系落实了出版社以后，意欲由我主持编写工作，我们共同邀请沈孟璎教授共同主编。我出于两重考虑，同意忝为主编之一：

一是父亲很多修辞学研究书稿曾是我代为誊抄的（当时没有电脑和打印机），誊抄这些研究成果的同时，我一方面对修辞学产生了兴趣，另一方面也设想：修辞学研究能否尝试不同于传统模式的做法？

二是此后我开始了《接受修辞学》、《广义修辞学》研究，走的是不同于修辞学研究的传统路子，但我内心里不排斥传统研究模式。应邀主编《汉语修辞格大辞典》，是我和我的同仁们对传统修辞研究的主打品种辞格进行广义修辞学探索的集体彩排。

编撰《汉语修辞格大词典》，可以唤回我涉足修辞学研究的初始记忆；

也可以尝试在"狭义修辞学"最主要的辞格研究领域,部分地融入广义修辞学的一些理论与方法。

(二)《汉语修辞格大辞典》相关探索

谭学纯从狭义修辞学转向广义修辞学的研究背景,在某种意义上决定了我忝为主编之一的《汉语修辞格大辞典》是探索性的。这种探索性,在编撰定位、辞典结构、辞典希望展示的学术看点等方面有不同程度的体现:

1. 编撰定位和条目设置

《汉语修辞格大辞典》定位为学术性的工具书。

本着求实、求新、求全的原则,全息性地收列汉语修辞格,重新梳理新旧辞格。尤其注重从公众语言生活中挖掘鲜活的辞格用例,反映语言运用和社会生活的有效互动。

词典条目安排分主条、副条和分条。

以主条立目,副条是与主条同格异名的条目,与主条并置列出,中间用"/"隔开,如"比喻/譬喻",释义只释主条,不重复释义和举例。

分条是主条的下位层次条目,单独立目,如"仿拟"的下位词条"仿词"、"仿语"、"仿句"、"仿篇"、"仿调"。为体现辞格的系统性和主条与分条的关系,主条释文后参见各相关分条,但不互见。

单独立目的分条限于同一辞格的二级条目,如"比喻"的二级条目"明喻"、"暗喻"、"借喻"、"博喻"等。

二级条目的同格异名条目,按一级条目处理方式,与主条并置列出,中间用"/"隔开,如"博喻/多喻/莎士比亚化比喻"。

为避免产生主条、分条和副条的认知错乱,辞典以便于辨识的辞格立目。考虑到越是下位层次的条目,内容交叉越多,《汉语修辞格大辞典》单独立目的辞格到二级条目为止。二级条目的次下位条目,在释义和分析中体现,不单独立目。

2. 辞典结构:辞格定义 + 例释 + 辨析 + 附录

以"多饰"格为例说明《汉语修辞格大辞典》的结构:

(1)**定义** 以科学性、准确性为原则。包括自定义或援用现成定义、修改

现成定义。除自定义外,援用现成定义,一律注明文献来源。如"多饰":

[定义]在连贯性语流中,利用语音、语义或语法手段,使同一个语言形式先后表达不同意义的修辞方式。谭永祥《修辞新格》(增订本)有双饰格,指的是:"在上下文里利用词的多义或修辞义,使同一个词先后表达两种不同的意义,就好像同一个人先后饰演两个不同的角色一样。"

(2)**举例和阐释** 以新例证、新阐释为原则。为节约篇幅,特殊用例引规范书证,注明出处,不影响理解的语例自造。由于修辞格研究涉及语义、句法、语用及文艺学、美学理论等理论资源和研究方法,辞典在作者知识范围内,尽量吸收此类新成果。如"多饰"的举例和阐释为:

[例释]按多饰的构成手段,可分4类:

1)利用词的同音关系构成多饰。表达不同意义的同形语言符号,是意义不同的同音同形语素。

例1:酷哥演酷吏。

前一个"酷"是形容词,20世纪90年代成为中国社会流行语,为英语cool的译音,语义比cool(冷)更丰富,在冷峻之外,兼有硬、狠、严、稳、俊朗、挺拔、潇洒等意思。后一个"酷"是语素,意为残酷,但不能单独使用。两个"酷"处于相同的语法位置,前后相继地出现,传达的意义完全不一样,只是共有一个读音和书写形式相同的语言符号,是一种极为经济的修辞手段。

2)利用词的多义关系构成多饰。表达不同意义的相同语言符号,是意义不同但彼此关联的多义语素。

例2:他媳妇不生病,只生孩子。

前一个"生"是产生、发生的意思,后一个"生"是生育的意思。两个"生"有语义关联,在转折性陈述中,共同描画媳妇形象,幽默且精炼。这个例句的预设,是"他媳妇生病","不生病"是对"生病"预设的逻辑否定,而"生孩子"则对"生病"作语义上的幽默偷换。"不生病"和"只生孩子",互为修辞语境。如果动词"生"单独进入"不生病"或"只生孩子"的语言结构,只是一般性陈述,当二者互为参照时,一般性陈述变为转折性陈述,产生连贯性语流中同一动词语义偷换的修辞效果。

3）利用特定语境中的临时义构成多饰。表达不同意义的语言形式,不能进入固定的词义系统,而是通过语用环境中的临时义,实现修辞效果。

例 3:一时髦女郎向一养牛专业户示爱,男人说"我没有四十八条腿",女人说"可你有这么多的腿"。

社会上曾流行一房齐全的家具共"四十八条腿"的说法,例中前一个"腿"用的是借代义,借指结婚的家具;后一个"腿"用的也是借代义,借指牛群。这两个意思都不能进入汉语"腿"的固定词义系统,但是上述对话片段却靠着语用环境中的临时义支持,完成了一种社会婚恋心态的写真。

4）利用词性变化构成多饰。词性变化是语法手段,不同类属的同音同形词,承担不同的语义,同现于一个完整的表意单位,产生修辞碰撞,实现修辞效果。

例 4:老王做报告,自我感觉好,听众也叫好:好晕,好睡觉。

例中共用了 4 个"好",具有 4 种不同的功能标志,按语用环境中"好"的出现先后,分别是:形容词做谓语、形容词做宾语、副词做状语、动词做状语。4 个"好"在句中的语法功能关联着不同的语义承担功能,意思依此为:效果佳;合宜、令人喝彩的;程度深;便于。从语用角度说,4 个"好"是整个句子的注意焦点。对接受者来说,前两个"好"具有上扬的心理引导功能,后两个"好"具有下抑的心理引导功能。前两个"好"的抬升性评价,为后两个"好"的打压性评价作反向的修辞铺垫,最终由后两个"好"消解前两个"好"的意义,前两个"好"被后两个"好"否定。由于汉语词的语法类别缺少严格的、普遍的形态变化,"好"归属于什么词类没有明确的形态标记,判别"好"的词性的主要依据是语法功能,因此多饰每每成为语法手段转化为修辞手段的佳例。

（3）辨析 以多角度、多层面、重实用为原则。分两类:

辞格系统外,修辞格与相关语言现象辨析,如修辞上的"反复"和语法上的"重复",修辞格"移用"和文艺学概念"移情"。系统外辨析条目中的同义异名现象,按主条/副条立目方式处理,如"仿拟和戏拟/戏仿"、"互文和互文性/文本间性"。

辞格系统内,易混辞格辨析,如"借喻"和"借代"。

二级条目辨析,按一级条目处理方式处理,如"仿拟"的二级条目"仿词"和"仿拟造词"。

辞格阐释与辨析,力求避免同类工具书学术含量同层次重复,突出《汉语修辞格大辞典》的特点。如"多饰"的辨析涉及8类相关语言现象:

［辨析1］多饰和多喻,都是变单一为丰富的修辞手法。区别是:

1)多饰的焦点信息是核心词(语素)的多项语义;多喻的焦点信息是同一本体的多重喻体。

2)构成多饰的多项语义可以是固定的自然语义,也可以是临时的修辞义;构成多喻的多重喻体全都是临时修辞义,不进入汉语词义系统。

3)构成多饰的多项语义如果是固定的自然语义,属于同一语词已知语义信息的修辞聚合;如果是临时修辞义,属于同一语词未知语义信息的修辞开发。多喻的多重喻体都是通过临时语义,把属于本体的已知信息,转化为喻体的未知信息,是对同一本体可能相似的喻体的多层面、多角度开发。

［辨析2］多饰和反复,从形式上看都是相同的语言单位在连贯性语流中不止一次地出现。区别是:

1)多饰一般限于词语平面,反复不限于词语平面,短语、句子甚至语段都可以构成修辞上的反复。

2)多饰是同一个词或同音同形异义词的不同语义信息的修辞聚合;反复是同一个词、短语、句子乃至语段相同语义信息的修辞强调。

［辨析3］多饰和拈连,都属于词语平面的修辞手段,都是一个核心词进入不同的话语组合关系。区别是:

1)多饰的不同语义都是实用,拈连的不同语义是实用＋虚用:其中拈连词的本体用法是实用,拈体是虚用。在隐去拈连本体的情况下,只有虚用语义产生修辞效果。

2)多饰的话语组合属于正常搭配,拈连的话语组合属于正常搭配＋超常搭配:其中拈连的本体是正常搭配,拈体是超常搭配。在隐去拈连本体的情况下,只有拈体产生修辞效果。

3)多饰的核心词可以是同一个词,也可以是不同词的同一读音形式和书写形式,拈连的核心词肯定是同一个词。

4)多饰的核心词没有词性限制,拈连的核心词一般为动词。

5)多饰可以由与核心词同形的核心语素进入话语组合,拈连只能由核心词进入话语组合。

[辨析4]多饰和双关,都有一语多义的特征。区别是:

1)多饰的语义承担在两项以上,都是实指,没有表层义和深层义之分,语义指向都是显性的,不存在表层义掩盖深层义的问题。如上例的4个"好"。双关的语义承担限于两项:一个实指,一个虚指。双重语义有表层义和深层义之分,语义指向一显一隐,表层义多是虚指,深层义才是实际所指,修辞功能的实现途径,多为虚指的表层义掩盖实指的深层义。

2)临时义多饰可以不依托固定的词义系统,双关至少是它真正要传达的那一个意义不能偏离固定的词义系统。

3)多饰的构成可以凭借语音手段、语义手段或语法手段,双关的构成限于语音手段和语义手段。利用语法手段产生的不是双关,而是歧义。

4)多饰的语言形式可以是语素、词或短语,双关的语言形式可以是词、短语或句子。即构成多饰的语言单位的最低或最高层级均低于双关。

5)多饰的同一语言形式在话语流至少出现两次,所表达的多重意义是先后具有的。双关的语言形式在话语流中可以只出现一次,所表达的双重意义是同时具有的。

[辨析5]多饰和同饰。都是相同的语言形式在不同的组合关系中产生修辞效果。区别是:

1)多饰的同一个语言形式在相邻的组合关系中先后表达不同的意义;同饰是同一个语言形式在相邻的组合关系中先后表达相同的意义。比较"酷哥演酷吏"和"尴尬人遇到尴尬事",前例在相邻的组合关系中先后出现的"酷",有表意差别;后例在相邻的组合关系中先后出现的"尴尬",没有表意差别。

2)构成多饰的语言单位以词语为主,构成同饰的语言单位可以是词语,也可以是大于词语的语言单位。

[辨析6]多饰和自饰。都是相同的语言形式在话语结构中产生修辞效果。区别是:

多饰的同一个语言形式在话语结构中的语义差异是该语词的不同义项;自饰的同一个语言形式在话语结构中的语义差异不是该语词的不同义项,而是修辞化的语流义变。

[辨析7]多饰和转换。都利用词语的同音异义或一词多义等条件,先后表达不同的意义。区别是:

1)多饰除了利用语音、语义手段,还可利用语法手段;转换只利用语音、语义手段。

2)多饰必须同形异义;转换既有形同而义变的,也有形异因谐音而义变的。

[辨析8]多饰和词的兼类。都体现词的多种语法功能。区别是:

语法手段构成的多饰,完成了语法手段向修辞手段的转化,属于修辞研究的对象。词的兼类停留在词的多种语法功能上,属于语法讨论的范围。

　　　例5:三个小家伙,一个在阳台上,一个在玩电脑,一个在沙发上睡了。

例中3个"在",依次为:动词、副词、介词,这是一个词以3种不同的语法功能,进入不同句子的一般性陈述,与"多饰"定义所指修辞方式不是一回事。

（4）**附录**　为方便辞典使用者和辞格研究者,《汉语修辞格大辞典》正文后附两种索引:分别为易混辞格与相关术语辨析条目索引;1977—2010年以来国内修辞格研究专著、论文、博士学位论文、硕士学位论文索引,后者按辞格通论、辞格专论编排,汇集汉语界和外语界的修辞格研究成果。

3.《汉语修辞格大辞典》希望展示的学术看点

作为学术性工具书,《汉语修辞格大辞典》希望展示的学术看点包括辞格的语义生成与理解机制、辞格的语篇功能、辞格的结构形式,三者是互相关联、互相支持的不同侧面。

（1）语义:辞格生成与理解的认知基础

语义是辞格的认知基础,辞格生成的途径和辞格理解的可能性十分丰富,最终都通过语义接通认知通道。即使产生修辞效果的是通常所说的语音表象,如"谐音"格;或语形表象,如"联边"格,其实也离不开语音/语形→语义的转换,否则,认知将无所依托。辞格生成与理解过程中提取的语义特征可以不同于自然语义,也可以借助自然语义,二者都经过不同程度的语义修辞化变异。

语义修辞化变异模式1:源语义(自然语义)→目标语义(非自然语义)

> 例1:幼年读的"左传右传"、"公羊母羊",还有平日做的打油诗、放屁诗,零零碎碎,一总都就了饭吃了。(李汝珍《镜花缘》)

例1的修辞信息主要是"左传右传"、"公羊母羊"传递的。

从"左传"生成"右传",经过两道程序:

——修辞化地处理源语《左传》的语义信息,出于修辞目的,不提取"左传"(《左传》)的原初语义,而有意将姓氏符号"左"理解为方位符号"左"("别解"格)。

——通过空符号置换,用方位符号"右"替换别解的方位符号"左",仿造出"左传"的对立项"右传"("仿拟"格)。

从"公羊"生成"母羊",同样经过两道程序:

——修辞化地处理源语《公羊传》的语义信息,出于修辞目的,不提取"公羊"(《公羊传》)的原初语义,而有意将姓氏符号"公羊"理解为性别符号"公"(雄性)+ 动物符号"羊"("别解"格)。

——通过空符号置换,用性别符号"母"替换别解的性别符号"公",仿造出"公羊"的对立项"母羊"("仿拟"格)。

"左传右传"、"公羊母羊"中的"左传"、"公羊",都是已知信息和未知信息共在的信息单位,同时存在正解和别解两种可能。

表5-1 "别解"辞格的语义生成与理解

修辞话语	正解 / 别解
左传右传	左传 ↗ 正解(已知信息,不支持"右传"的生成与理解) ↘ 别解(未知信息1)→右传(未知信息2)
公羊母羊	公羊 ↗ 正解(已知信息,不支持"母羊"的生成与理解) ↘ 别解(未知信息1)→母羊(未知信息2)

表5-1显示:"左传右传"和"公羊母羊",语义生成与理解的关键不是正解,而是别解。

正解的"左传"（《左传》）不支持"右传"的生成与理解：从正解的姓氏符号"左"到方位符号"右"，仿拟的认知路线改道；正解的"公羊"（《公羊传》）也不支持"母羊"的生成与理解，从正解的姓氏符号"公羊"到性别符号"母（羊）"，仿拟的认知路线未能有效接续。

如果还原正解"右传／母羊"的修辞认知基础，必须先别解"左传／公羊"：根据"左传右传／公羊母羊"的自然语序，认知主体的信息处理是从源语"左传"到目标语"右传"、从源语"公羊"到目标语"母羊"。由于例中源语和目标语同现，而源语的语义经过了修辞变异，因此目标语的认知参照不仅不能依赖自然语义，相反，恰恰需要避免源语的自然语义干扰，即避免源语《左传》／《公羊传》的原初语义干扰目标语"右传／母羊"成为"左传右传／公羊母羊"的完型修辞成分。

排除认知主体可能处于对《左传》／《公羊传》的认知空白或认知偏误状态，例1的认知路径需要避开正解的自然语义，选择别解的非自然语义。如何解释这一还原过程？现有工具书基本上不涉及，现有研究也很少涉及，《汉语修辞格大辞典》尝试涉及。

语义修辞化变异模式2：源语义（自然语义X）→目标语义（自然语义Y）

在辞格生成与理解的关键词语属于不同义位的条件下，语义学意义上的语义类聚被不同义位阻断，辞格生成与理解的途径是通过语义不同义位的人为置换实现的。

> 例2：角色A（赵本山）：请答题。你家小狗为什么不生跳蚤？
>
> 角色B（范伟）：因为小狗讲卫生。
>
> 角色A（赵本山）：错。
>
> 角色C（高秀敏）：因为狗只生狗，不生跳蚤。（小品《卖车》）

提取例2关键词义位置换的源语、目标语语义：

（2a）生：生育。（生狗）

（2b）生：生长。（生虱子）

从话语衔接的要求说，"生狗"与"生虱子"中的"生"，是处于不同义位的同形符号,不存在语义关联和逻辑关联,语用环境中的人为拼接,把语义关联、逻辑关联的不合理转化为修辞关联的合理。换句话说,例 2 的认知支持,不是来自语义关联、逻辑关联,而是来自修辞关联。在认知链上,(2a)和(2b)的"生"已经断开,是修辞支持了二者的重新链接,生成了"多饰"格。接受者也只有在修辞层面,才能认同这种语义偷换。否则,例中真正的错答,不是范伟,而是高秀敏的"噱头"。

结合例 1、例 2,比较模式 1 和模式 2 的语义变异路径,可以观察到:

模式 1 的目标语义是源语的自然语义变异为非自然语义;模式 2 的目标语义修辞化地改变了源语的话语逻辑和认知方向,在该辞格所依托的语词自然语义系统中,由此义项向彼义项变异,不属于自然语义系统内部变异,而属于动态语用环境中强制性的人为置换自然语义的不同义位。

辞格生成与理解过程中,认知主体对语义修辞化变异的信息处理可以同步,也可以不同步。前者建立在表达者和接受者的共享经验和变异后的语义公设基础上,后者相对复杂。如:

表 5-2 "飞白"辞格的语义生成与理解

修辞过程	辞格生成		辞格理解
修辞角色	表达者 1 (直接表达者)	表达者 2 (间接表达者)	接受者
话语行为	出错	仿错	纠错

在"表达—接受"的互动过程中,"飞白"辞格的生成与理解经历了出错、仿错、纠错的流程:从辞格生成过程说,表达者 1 出错,表达者 2 仿错,因此"飞白"又称"拟误"。而从辞格理解过程看,"拟误"的命名并不确切,因为辞格理解的纠错是从辞格生成的认知偏误回复到正确认知。仿错或纠错,都经历潜在的语义还原,也就是说,表达者和接受者共同完成了隐形的语义变异和语义还原,这个还原过程有时观察不到。

例 3:假使那老头子不是刽子手扮的,真是医生,也仍然是吃人的。他们的祖师李时珍做的"本草什么"上,明明写着人肉可以煎吃;他还

能说自己不吃人么?（鲁迅《狂人日记》）

"本草什么"是明代中药书名《本草纲目》的表达之误,这种在辞格生成过程中由表达者1(狂人)无意发生的表达之误,经由表达者2(鲁迅)的有意仿错,对应于辞格理解过程中的纠错。接受者的认知过程压抑目标语"本草什么"的语义,激活源语"本草纲目"的语义,从而使话语交际中的消极因素——错误表达,转化为积极的修辞效果。这方面,现有辞格研究关注不多,做出的解释也不多。《汉语修辞格大辞典》注意到了解释的必要和解释的理据。

（2）语篇:辞格生成与理解的可开发空间

现有的辞格研究,多注重词、句、段的修辞技巧,较少关注辞格的语篇建构功能。关于后者,有必要区别以下研究类型:

1）超句研究不等于辞格的语篇建构功能研究。超句研究有时涉及辞格问题,通常是描写作为超句的辞格所具有的修辞功能,虽然以大于句子的语言单位为观察点,但辞格的解释空间基本上仍在辞格自身,较少向语篇延伸。

2）辞格的篇章研究涉及构成篇章的语段按何种辞格组合,研究思路多为组词成句的辞格放大为组段成篇的辞格。类似汉语合成词的构成方式,可以用来解释汉语短语的构成方式。工作原理是同一规则、同一功能在语言不同层级的体现。工作原理相同的组词成句和组段成篇的辞格研究,与辞格的语篇建构功能不是一回事,详后。

3）20世纪90年代以来,语篇研究受到越来越多的关注,研究路向偏于语用解释。近年语篇研究升温,以"语篇"为关键词,进行网上搜索,除去篇名重复、栏目空白等无效信息之外的成果记录十分丰富,其中不乏深入细致的研究,但关注焦点多为语法范畴。以辞格为观察点,解释辞格承担的语篇建构功能的研究成果很少。偶有涉及,也多限于隐喻、象征之类——这主要因为隐喻、象征既可以组词成句,也可以组段成篇。

上述2）、3）两类研究,或者以辞格为研究对象,涉及语篇;或者以语篇为研究对象,涉及辞格,二者都较少关注辞格的语篇建构功能。

此外,现有语篇研究的理论资源和核心概念,在解释非汉语语料方面的有效性,有时不一定能够直接等同于解释汉语语料的有效性。汉语事实有民族语言的特性,汉语语篇也有中国人的思维特性。《汉语修辞格大辞典》从语言事实出发,拓宽辞格之于汉语语篇的解释空间。

区分辞格的叙述调节功能和语篇建构功能 例如《汉语修辞格大辞典》定义的"趣释"格,是偏离语词的自然语义,进行个人化的修辞释义。

> 例4:信任是一种滑稽的好感。(电视剧《潜伏》台词)

例4解释的"信任"偏离语词的语义公设,是依赖具体语用环境而存在的临时修辞化释义,属于《潜伏》男主角余则成的自定义。这种自定义在句子层面显现,没有扩展到语篇——电视连续剧《潜伏》的语篇叙述,也没有建立在修辞化释义的"信任"上。

但是邓刚的小说《出差》完全不同,语篇围绕"出差"的语义公设和个人修辞展开叙述:

表5-3 "出差"的语词义和修辞义

语　词	语　义
出差0	暂时到外地办理公事
出差1	公费到外地游览

"出差0"和"出差1",分别是小说《出差》中的"我"和其他人物关于"出差"的语义理解。不同角色对"出差0"和"出差1"的接受反应不一样,不断产生新的叙述能量:当"我"兼为叙述人的时候,小说中的科长、会计、妻子、岳父、列车员、医生、旅社服务员、司机等人是叙述接受者。"出差"的语义差,频频制造叙述者和叙述接受者之间的认知错位;当"我"与语篇中的其他角色互为叙述者和叙述接受者时,作为接受者的一方,总是在误解中使表达信息改值,推动荒诞叙述。读者必须依据自己对具体语境中"出差"的语义判断,进入不同的接受通道:要么随同小说中的叙述接受者一起误解;要么越过叙述接受者的信息改值,与作家的修辞意图产生共鸣。

区分小于或基于语篇的辞格解释空间 辞格研究可能会忽略一个现象:同样的语言材料,以小于或基于语篇为单位的观察与解释,观察单位不一样,思考路向不一样,解释也不一样。对此,作者有过系列探讨。①

（3）结构:辞格生成与理解的可识别标志

进入话语运用和话语理解的修辞格,应便于识别。

辞格识别可以从多角度、多层面观察,结构是其中最具区别特征的观察点之一。《汉语修辞格大辞典》梳理已入典而宜删除的辞格、梳理已入典而宜归并的辞格、增加应入典而未入典的辞格,依据之一便是结构。这种考虑,有四个理由:

1）结构是辞格的可识别标志。

描述可以观察到的结构形式,是辞格识别的重要参照。

例5:浩海汪洋波涛涌溪河注满,雷霆霹雳霭雲雾霖雨雾霏。(旧时海神庙对联)

观察例5"格"中套"格"的结构,属"对偶"格和"联边"格套用:

一级结构:对称结构,属"对偶"修辞格。

二级结构:在对偶修辞格的对称结构框架内,上下联的书写符号以相同偏旁部首（局部同构）的汉字生成"联边"修辞:上句"水"部字,下句"雨"部字,通过视觉联想,营造"水""雨"的修辞幻象,以汉字的义符,激活修辞主体对"海神"的想象。

2）结构是辞格的区别性标志。

辞格之间的区别,尤其是相似相近辞格的区别,很大程度上在于结构的区别。如"顶真"格是链式结构 a-（b）-c, c-（d）-e;"回环"格是环式结构 a-（b）-c, c-（b）-a②;"离合"格是显隐结构——隐藏一级结构,分离为显性的二级结构。必须还原出隐藏的一级结构,才能产生符合辞格生成

① 参见谭学纯:《这也是一种X:从标题话语到语篇叙述》,《语言文字应用》2011 年第 2 期;《"这也是一种X"补说:认知选择、修辞处理及语篇分析》,《语言教学与研究》2012 年第 5 期;《身份符号:修辞元素及其文本建构功能》,《文艺研究》2008 年第 5 期;《中国文学修辞研究:学术观察、思考与开发》,《文艺研究》2009 年第 12 期;《小说修辞批评:"祈使—否定"推动的文本叙述》,《文艺研究》2014 年第 5 期;《巴赫金小说修辞观:理论阐释和问题意识》,《中国比较文学》2012 年第 2 期。

② 濮侃认为,顶真的轨迹是直线,回环的轨迹是圆周,实际上即是以结构为观察点的比较识别,参见濮侃:《辞格比较》,安徽教育出版社 1983 年版,第 142 页。

规则的理解。观察下面的语例和辞格结构：

> 例6:云容复枕无非白,水色侵矶直是蓝。田种紫芝餐可寿,春来何
> 事恋江南。(陆龟蒙《和龚美怀鹿门县名诗离合其二之一》)

三个地名"白水、蓝田、寿春",在陆龟蒙诗中被"离合"——准确地说,是表达者主"离";接受者主"合"。因此在辞格生成环节,需要把隐藏的一级结构abc,分离为二级结构a1，a2 b1，b2 c1，c2;在辞格理解环节,需要把分离的二级结构a1，a2 b1，b2 c1，c2还原为一级结构abc。如表5-4所示:

表5-4　例6"离合"的辞格结构

结构层次	话语形式		
一级结构	白水 a ↙↘	蓝田 b ↙↘	寿春 c ↙↘
二级结构	a1,a2 白,水	b1,b2 蓝,田	c1,c2 寿,春

此外,辞格与非辞格相关语言现象的区别,很大程度上也在于结构的区别。《汉语修辞格大辞典》共归纳整理出588条具有可比性的辞格,细致辨析,有的是辞格系统内的类同易混现象,有的是辞格与非辞格类同易混现象,辨析的识别和区分基础,很多是从结构观察的。

3）结构是辞格下位层次的分类标志。

很多辞格下位层次的分类依据,是内部结构。

"换述"格的结构包括三部分:已述项、换述词语、换述项。已述项在前,换述项在后,换述词语是两者的联系标志,也是区别标志。据此可以把换述分为3类:

释言式换述:A,即B（功能相同的换述话语标记:就是说、也就是说、这就是、意思是、意思是说）。

换言式换述:A,或者说B（功能相同的换述话语标记:换言之、换句话说、反过来说）。

总言式换述:A,总之 B(功能相同的换述话语标记:总而言之、总起来说、一句话、综上所述、简而言之)。

"换述"在上文已经叙述的基础上,改换一种说法进入新一轮叙述。表面上看,前后的叙述好像是等值的,实际上二者形成互补,后面的叙述对前面的叙述有突出强调、简洁概括、说明解释等修辞功能。换述的已述项和换述项,通常后者是更强势的叙述。

4)结构是辞格存疑的参考依据。

一些修辞格工具书或论著将"幽默"、"淡抹"等视为独立辞格,我们考虑可能的认识纠缠:具有"幽默"、"淡抹"风格的诸多辞格具有可识别的结构形式,但这种可识别的结构形式不属于"幽默"、"淡抹"本身。《汉语修辞格大辞典》在上述条目前以＊号标记,这样处理,一方面表明尊重现有研究成果;另一方面表明我们对辞格与非辞格界限的谨慎态度。

一些修辞格论著将"计白"视为独立辞格,指的是表达者有意识地运用交际双方的背景知识和心理图式,省略会话过程中的某些推理步骤和程序,用特定的话语形式激活双方的共享知识,完成话语行为:

> 例7:诗人海涅因为是犹太人,经常受到各种非礼。在一次晚会上,一个旅行家不怀好意地对他说:"我发现了一个小岛,这个小岛上居然没有犹太人和驴子!"海涅白了他一眼,不动声色地说:"如果真是这样,那只要我和你一同到小岛上去一趟,就可以弥补这个缺陷了!"旅行家被嘲弄得满脸通红。

例7的推理过程是:

双方都知道某个小岛上没有犹太人和驴子。

→如果犹太人和驴子一起到这个小岛上,那么这个岛上将既有犹太人,又有驴子。

→海涅和那个旅行家一起到岛上可以弥补岛上没有犹太人和驴子的"缺陷"(海涅是犹太人,与海涅同行的旅行家是驴子)。

海涅的反唇相讥隐藏了推理过程中的关键信息:例中的旅行家为驴子。这个推理过程在 1、2 两个前提明确的条件下是必然如此的,所以旅行家没有反驳的空间。在海涅的推理中,旅行家的话语挑衅反而为自己设置了陷阱。整个话语片段能否达到交际效果,取决于交际者之间的共享知识和文化背景。《汉语修辞格大辞典》在确认"计白"的辞格之"格"时,用＊标记,即是考虑"计白"没有明显的结构标志。作为一种对照,辞典收入了与"计白"格字面相近的"留白"格,参考依据是"留白"通常是一个未完型的结构。未完型,可视为"留白"辞格的结构标志。

《汉语修辞格大辞典》作为学术性工具书的编撰定位,要求我们在汇集辞格研究成果时考虑两方面的情况:

从学术性考虑,希望这部辞典在可能的情况下,能够反映修辞学研究的新理论、新方法,解释新的修辞现象。

从工具书的性质考虑,需要照顾不同层次的使用者。同时,辞典作为集体工程,兼顾创新性和稳定性。

《汉语修辞格大辞典》编撰过程中需要谨慎处理的问题很多,可以开发的学术空间很宽广。这是一个庞大的学术工程,不可能一次性完成。要实现我们的目标期待,有赖于语言工作者的共同努力。

《汉语修辞格大辞典》尝试问津部分难题的探索意向、尝试解释部分难题的操作实践,或许可以看作在局部意义上尝试广义修辞学视野中的辞格研究的一种铺垫:如对例3"飞白"格的观察与解释,在"表达—接受"互动的框架中进行,涉及广义修辞学的"两个主体";对例4"趣释"格的观察与解释,进入了广义修辞学的"修辞诗学"层面,当然这都只是有限范围内的尝试。同时,整部辞典的学术面貌不太平衡,对修辞现象观察和解释也处于不同的层次,甚至难免讹误。这部辞典所做的,只是投石问路的学术试水。希望修订再版时能够减少编者的遗憾。

三、广义修辞学视野中的辞格研究:
个案分析及扩大观察

广义修辞学"三个层面、两个主体"的解释框架并不是针对辞格研究而构建的——验证某种解释框架的解释力,不能限于修辞格,需要面对更为广泛的研究对象,但广义修辞学不排斥辞格研究,不以辞格为研究对象的广义修辞学解释框架,希望能够尽可能多地覆盖辞格研究。其实这方面的前期探讨在《广义修辞学》出版前后都有涉及,如果从辞格角度看待广义修辞学解释的一些修辞现象,或者将广义修辞学解释的一些修辞现象还原为辞格,也许可以观察到:进入广义修辞学解释框架的辞格,可解释空间,不限于"例证+描写";涉及的理论资源,不限于语言学。或者说,不限于巴赫金所说"纯语言学"的修辞研究,而是在"纯语言学"和巴氏倡扬的"超语言学"之间打开修辞解释的空间。

(一)个案分析:"仿拟"的广义修辞学解释

"仿拟"是模仿现成语言形式,置换或增减其中的部分构成元素,使现成语言形式以陌生化的面目出现,实现优化效果的修辞方式。"仿"和"拟"为同义语素,其中"拟"除了包含"模仿"的意思以外,兼有"设计"之意。所以,仿拟是一种模仿性的修辞设计。

被模仿的仿拟形式叫源语、或原型语言单位,仿造的语言单位叫目标语。在具体语境中,源语和目标语可以同现,称明仿;也可以只出现目标语,隐去源语,称暗仿。但隐去的源语,仍然作为潜在的意义参照,引导人们对目标语的认知。

以"郎才女貌"仿拟为"郎财女貌"为例,在广义修辞学解释框架中可以逐层分析:

1.修辞技巧层面的解释:"郎才女貌"仿拟为"郎财女貌"的话语建构

通过"才—财(cái)"同音置换,改变被模仿的原型语言单位给定形式的部分构成元素,完成从源语到目标语的修辞建构。利用人们对源语的语言记忆,重建修辞化的目标语。源语"郎才女貌"可以隐藏,也可以显现,但都会作为认知参照,引导人们对"郎财女貌"的语义理解。当然,这通常有一个前提,即隐去的源语是社会知晓度和流通度较高的话语。

仿拟的源语和目标语都包括两部分:X 和 Y,其中 X 是可变成分, Y 是不可变成分。

可变成分是目标语相对于源语的更新元素,以此确保仿拟的开放性,例如:

设源语"郎才女貌"的"才"为可变成分,仿拟生成的目标语可以是"郎财女貌"或"郎豺女貌"(所谓"美女+野兽"的组合)

设源语"郎才女貌"的"郎"、"女"为可变成分,仿拟生成的目标语可以是"郎貌女才"或"郎貌女财"(所谓"贵妇养帅哥")

可变成分建构目标语的生动形式;不可变成分唤起源语的语言记忆——以此引导目标语的语义理解。

2. 修辞诗学层面的解释:"郎才女貌/郎财女貌"的语篇叙述被不断仿拟

普洛普区分了民间故事的结构素——"可变项"和"恒常体",民间故事的"原型",是作为"恒常体"的行为类型,"可变项"是实现民间故事语篇功能的具体方式。这与仿拟结构中的可变成分和不可变成分具有某种"象似性":

"郎才女貌"婚恋故事中,两性相遇相知相悦有各种不同的机缘和表现方式,这是"可变项"。"貌"和"才/财"的角色分配和"郎才/郎财"—"女貌"的角色功能是"恒常体"。不同的婚恋故事,在同一个抽象的结构框架内进行开放性的叙述填空,这是仿拟结构的可变成分和不可变成分转换为"郎才女貌"婚恋故事的"可变项"和"恒常体"在修辞诗学层面的仿拟。

作为"恒常体"的郎才女貌婚恋故事,在中国文学史中有一文一武两种传统的叙述模式:

图 5-1 郎才女貌婚恋故事的两种叙述模式

如果"郎才女貌"的婚恋故事插入"郎财女貌"的角色安排,多半出于修辞诗学方面的考虑:让"郎才"和"郎财"围绕"女貌"的博弈成为推动语篇叙述的能量。中国民间故事中的财主,或角色功能相当于财主的有钱有势的恶少等,以"郎财"的角色身份PK"郎才",追逐"女貌",在不同的民间故事中被设计为不同的"可变项"。但这类叙述模式的"恒常体"多是土豪败阵、"郎财"出局,"郎才女貌"终成眷属。

中国古代戏曲中的婚恋叙述结构,也多为文人／商人和女人构成有意味的"恒常体":

女貌 → 郎才 （士——官绅／文人）
女貌 ↘ 郎财 （商人）

图 5-2 中国古代戏曲婚恋叙述结构的"恒常体"

此类一个女人和两个男人的婚恋纠葛,以"郎才／郎财"——"女貌"之间感情战的形式进入文学叙述,是语篇框架中修辞诗学的研究对象。如果局限于选词造句的修辞技巧,很难解释此类语篇叙述的修辞设计。

随着社会向消费时代转型,"郎才／郎财"争夺"女貌"的感情战,冲击了"郎才"胜出的"恒常体",由此进入下面的观察——

3. 修辞哲学层面的解释:"郎才女貌／郎财女貌"的"说法"如何影响人们的"活法"

仿拟模仿性地改造源语的结构,将源语形式的熟知化转变为目标语意义的陌生化,将源语的权威重建为目标语的权威。不管是源语的权威,还是目标语的权威,在修辞技巧层面只是一种"**说法**",但在修辞哲学层面可能影响人们的"**活法**"。

从"郎才女貌"仿拟出的"郎财女貌",怎样以新的"说法"影响人们的"活法"? 我们怎样估价与社会婚恋观相生相随的话语权力? 这些问题,需要修辞哲学的解释:

"郎才女貌→郎财女貌"的修辞置换,宣告了社会婚恋心态中价值取向的物质升级。20 世纪红色革命中受冷落的财神复出,击碎了传统意义上才子佳人的修辞幻象。消费时代解构着文人的话语权力,消费指数正在构建一种价值系统。在这个价值系统中,蓝领的"郎才",很难进入白领"女貌"的婚恋档案。资本神话冲击着人们的价值标准,经济状况窘迫的男人与貌美女子的婚恋,要么是圣女的真爱,要么没有悬念。虽然在价值多元的婚恋观中,也有白领女士的择偶倾向"经济适用男",但并不意味着女方不在意男人的"才／财";"宠物女"可以宣称"把男人当宠物养",可是婚恋事实中,每月领取地板工资的"经济适用男"很少成为"宠物女"的"宠物"。

人们通常认为,修辞只是被动地反映社会现实和人的生存状况,却忽视了修辞另一个更重要的功能:修辞话语如何主动地介入社会现实、参与人的生存模式的建构。修辞话语的意义模塑着人,反过来,人的行为方式又被不断地写进语义空框的"召唤结构"。一方面,人赋予修辞话语以意义,比如从"郎才女貌"到"郎财女貌";另一方面,修辞的意义世界像一个模子,模塑着人的行为方式和生存样态,比如"郎才女貌/郎财女貌"模塑的社会婚恋心态。

4."表达—接受"互动过程中的仿拟(郎才女貌→郎财女貌)

仿拟的认知前提,预设了仿拟原型的存在。"郎财女貌"的认知前提,预设了与"郎财女貌"语义相关的"郎才女貌"的存在,而且,"郎才女貌"的认知模型被强制性地转置到了仿拟的完成形态上。从仿拟原型到仿拟的完成形态,认知主体处于相同的经验平台。

从表达者说,是主体经验系统中的仿拟原型激活了仿拟的完成形态,"郎才女貌"的认知参照,激活了"郎财女貌"修辞建构。

从接受者说,是仿拟的完成形态唤起了主体经验中对仿拟原型的记忆。这里的激活性因素作为仿拟原型,可以不出现在话语层面,但它一定作为认知引导,存在于话语主体的经验系统中,并且一定会被话语主体从经验系统中提取出来,加入到对仿拟完成形态的认知活动中。仿拟原型的意义参照,作为认知引导,确保了仿拟完成形态的意义自明性。

理解"郎才女貌"的语义,不能拘于字面,而需要一个婚恋背景。同样,理解"郎财女貌"的语义,也需要一个婚恋背景,尽管词典中查找不到"郎财女貌"的语义,但是表达者和接受者共享这个不言自明的婚恋背景及其语义。

这种语义又内化为表达者和接受者的婚恋心理:注重男女双方条件相当,强调婚恋角色各以自身条件的好坏相匹配,似乎是以一种朴素的、世俗的优化组合观念在婚恋角色之间制造一种平衡。

但男女婚恋的匹配倾向本质上是不平衡的:一般情况下,女性存在向上匹配倾向;男性存在平行匹配或向下匹配倾向。婚恋匹配倾向上性别心理的不对称性,在两性的婚恋心理中通过另一种方式重建主观认同的平衡结构。

传统社会中,这种主观认同的平衡结构的常见形态,是"郎才女貌":"郎才"为女性婚恋匹配的向上倾向提供更多的可能性;"女貌"为男性婚恋平行匹配、尤其是向下匹配的倾向找回一种心理安慰。男性的婚恋心理决定了:貌美女子比才高的女子更容易进入自己的情感世界。至于才高心也高的女子,男人通常"有贼心,无贼胆"。才高的女人、有内涵的女人,可以为男人欣赏,但常常在男人的择偶行为中"剩下"。男人在这时候,好像显出了怯弱的一面,但怯弱中有世俗的清醒。当传统的婚恋观认定了才和貌的角色承担不可错置时,才和貌,也就以相对稳定的方式,进入了对男人和女人的评价系统和社会接受心理。这是"表达—接受"互动过程中"郎才女貌"的认知基础。

从"郎才女貌"仿拟出的"郎财女貌",隐含着结构相同、功能相异的修辞设计:男人的才华和财富,分别与女貌构成价值天平——天平的一端,是作为自然资源的女貌;天平的另一端,是作为社会资源的"郎才/郎财"。

"郎才/郎财"的语义分别是男人的才能/财富,而才能/财富分别指向人和物,这很容易引导出一个表面化的推论:

——维持"郎才女貌"模式的男性资本,是男人的才能

——维持"郎财女貌"模式的男性资本,是男人的财富

但这只是表象的东西,准确的表达式应为:

——维持"郎才女貌"模式的男性资本,具有"郎才"转化为"郎财"的可能性

——维持"郎财女貌"模式的男性资本,呈现"郎才"转化为"郎财"的现实性

因此:选择"郎才"或"郎财"的"女貌",其实都是选择能创造财富的男人。这种表面的相同,增加了"郎才女貌/郎财女貌"两个关键词的可分析性。

在"郎才女貌"的时代语境中,"郎才"转化为"郎财"的可能性比较容易实现。"郎才"一旦得到社会接受,一般可以直接转化为"郎财"。"郎才"本身包含着经济份额。"女貌"对"郎才"的期待,通常连带着经济保障。"书中自有黄金屋",是个人目标,也是家族目标。这里,显在的"郎才",屏蔽着隐在的"郎财"。"女貌"召唤"郎才"出场,"郎才"的社会地位和

经济地位跟着到场。清人沈德潜，从 21 岁为生员，到 66 岁中举，耗时 45 年，历康熙、雍正、乾隆三朝，其间 17 次乡试落第，但没有影响"郎才"的价值实现，沈德潜中举后 8 年间，官升 9 级，是"郎才"的社会地位和经济地位跟着到场的历史记录。

在"郎财女貌"的时代语境中，"郎才"转化为"郎财"的可能性不容易实现。"郎才"得到社会接受，不一定直接转化为"郎财"。"造原子弹的不如卖茶叶蛋的"，这种调侃虽然有些苦涩，但反映的价值失衡，很能说明"才能"和"财富"的反差。当"郎才"的经济份额成了未知数时，直接体现经济份额的"郎财"便上了前台，而支持"郎财"自我实现的"郎才"隐向幕后。于是，显在的"郎财"，屏蔽了隐在的"郎才"。①

作为个案分析，仿拟辞格的广义修辞学解释，不一定深入，也不一定细致，甚或难免不妥之处。但对照传统的辞格研究模式，区别还是明显的：广义修辞学视野中的辞格研究，学术目标不是"就修辞谈修辞"/"就语言谈语言"，这是在巴赫金持保留态度的"纯语言学"修辞研究和倡导的"超语言学"修辞研究之间寻找平衡点并用于辞格研究的一种尝试。与此相关，广义修辞学视野中的辞格研究路子不是"例证＋描写"；研究层次从修辞技巧向修辞诗学、修辞哲学延伸；研究视角从"表达中心论"向"表达—接受"互动论转换；研究方法从辞格的微观分析转换为微观分析与宏观把握结合。

当然，这一切还只是在探索中。类似探索，也不同程度地见于徐国珍、曾毅平、郑庆君、杨彬、李桂奎等的仿拟研究。②

---

① 参见谭学纯、朱玲：《仿拟／戏拟：形式、意义、认知》，《长江学术》2005 年第 1 期。另见谭学纯：《社会婚恋心态话语分析——兼谈广义修辞学观》，《广义修辞学演讲录》，上海三联书店 2012 年版，第 1—28 页。

② 参见徐国珍：《论仿拟辞格的语用理据》，《语言教学与研究》2002 年第 3 期，《仿拟行为心理机制探析》，《陕西师范大学学报》2002 年第 4 期，《论〈红楼梦〉对话中的仿拟艺术》，《红楼梦学刊》2003 年第 2 期，《仿拟行为的认知结构及认知过程》，《红楼梦学刊》2006 年第 1 期；曾毅平：《语体仿拟浅说》，《中国语文》2001 年第 4 期；李桂奎："互文性"与中国古今小说演变中的文本仿拟》，《河北学刊》2011 年第 2 期；郑庆君：《互文性理论与汉语修辞格的关系探析——以汉语仿拟修辞格为例》，《当代修辞学》2011 年第 3 期；杨彬、李桂奎：《"仿拟"叙述与中国古代小说的文本演变》，《复旦学报》2011 年第 6 期。

（二）扩大观察：从修辞技巧向修辞诗学／修辞哲学提升的其他辞格研究

辞格研究是修辞学研究过去较受关注、近年相对降温的领域。面对传统修辞学研究中成果丰硕的辞格，后陈望道时代辞格研究如何在尊重现有研究成果和减少学术研究自我重复的双重意义上走出既有模式？学者们进行了不同层面、不同角度的探讨，共同的特点似为：走出辞格研究的"技巧论"格局，向修辞诗学和修辞哲学延伸。

这表现在辞格理论研究中，也表现在单个辞格研究中。

1. 比喻／比拟研究

比喻作为一种修辞格，首先是一种话语技巧。正因为如此，比喻研究之难，首先在于走出人人都能注意到的话语技巧。这方面最大气、最具颠覆性的研究，当属海登·怀特的历史哲学著作《元史学：19 世纪欧洲的历史想象》，当兼有"真理之源"和"错误之源"的比喻成为海登·怀特历史哲学的核心概念时，我们不得不重新思考：历史与修辞相遇对于传统史学理论的改写所产生的巨大能量，更值得思考的是：比喻研究如何走出话语技巧而成就了一位有重要国际影响的后现代主义历史哲学家和新历史主义文学批评的代表人物？

《元史学：19 世纪欧洲的历史想象》的译者陈新注意到三十年来海登·怀特的理论研究始终围绕"历史"、"比喻"、"想象"三个概念展开，《元史学：19 世纪欧洲的历史想象》、《话语的比喻：文化批评论集》、《比喻实在论：模拟效果研究》、《形式的内容：叙事话语与历史表现》，借助比喻理论寻找想象与历史之间的联系，希望在真实与虚构之间确立一个话语连续统。陈新评述怀特的学术研究亦文亦史亦哲 [1]，也是广义修辞学希望找回的中国本土传统文史哲不分家的学术记忆。

如何将文史哲不分家的学术记忆融入广义修辞学解释框架？《广义修辞学三层面：一个从微观到宏观的考察个案》也许可以看作一种尝试，

---

[1]　陈新：《历史·比喻·想象》，《史学理论研究》2005 年第 2 期。

以"玉楼／瓦舍"为观察的起点,扩大为"玉／瓦"喻象系统,对此作修辞技巧(话语存在方式)层面的解释;由"玉／瓦"喻象进一步观察,"亦玉亦瓦"喻指的女性双重形象如何投射为"喜玉厌瓦"的男性双重心理?"人／神鬼妖狐"之恋的角色分配如何体现"亦玉亦瓦"的女性形象?如何进入"喜玉厌瓦"的男性叙述?对此作修辞诗学(文本存在方式)层面的解释;由"玉／瓦"喻象,作更深层次的观察,女性的角色自认和男性的角色分裂,如何在"亦玉亦瓦"和"喜玉厌瓦"之间游移?对此作修辞哲学(人的存在方式)层面的解释。① 从历史到现实,从修辞技巧到修辞诗学再到修辞哲学,广义修辞学解释的"玉楼／瓦舍",区别于教科书中比喻的学术面貌。潘红《认知图式与文本的修辞建构——以〈撒克逊劫后英雄略〉三则比喻修辞设计为例》论证文本的语言选择、修辞形态受到读者认知图式左右,文本的修辞形态也在一定程度上建构了读者认知图式。而对翻译文本修辞建构的观察更能反映出认知图式和文本建构的关系。② 孙虹《水之喻:袁宏道王思任小品文的异质美》将两位作家小品文中的以"水"为喻置于明代文学的大背景中,就此类比喻所呈现的"自然与典雅"、"阴柔与阳刚"风格与时代的同构性以及两家之间的异质美进行了分析,论证两人小品文对明代主流文风的反拨和否定,进而考察晚明时期的文学创作从拟古文风中脱胎出鲜明的个性化特征。③ 盛若菁《影响比喻浮现结构的认知因素》从语义可及性、原型性、语义突显三个方面对比喻浮现结构进行了探讨,分析以上三种因素在何种情况下影响与制约比喻浮现结构。④ 高志明《比喻耗损与激活机制》针对比喻文本在传播和接受过程中因多次使用而呈现出耗损形态,分析其激活机制。一方面,比喻总是以贵在创新的方式被不断建构;另一方面,越是鲜活的比喻,越容易在经常的使用中,耗损审美想象的能量。二者之间平衡点的建立,需要相应的激活机制。"无中生有"的创新和"有中生无"的

---

① 参见谭学纯:《广义修辞学三层面:一个从微观到宏观的考察个案》,《广义修辞学演讲录》,上海三联书店 2012 年版,第 29—41 页。

② 潘红:《认知图式与文本的修辞建构——以〈撒克逊劫后英雄略〉三则比喻修辞设计为例》,《中国文学研究》2010 年第 3 期。

③ 孙虹:《水之喻:袁宏道王思任小品文的异质美》,《福建师范大学学报》2007 年第 5 期。

④ 盛若菁:《影响比喻浮现结构的认知因素》,《福建师范大学学报》2007 年第 5 期。

激活,共同确保"最好的比喻永远是下一个"。①

比喻和隐喻的关系因隐喻所指的含混而比较复杂,西方学术论著中"隐喻"概念往往大于"比喻";现代汉语辞格系统中,隐喻小于比喻、等于暗喻;古汉语中的隐喻有时指示借喻;在认知语言学中,隐喻是一种认知方式。如果悬搁学术文献中"隐喻"概念的含混,可以观察到隐喻研究从修辞技巧向修辞诗学和修辞哲学延伸的学术面貌。

《"弃子—逐臣":一个结构性隐喻》走出技巧论意义上的隐喻分析,认为弃子思家,逐臣念君,在"家—国"修辞关联中互为镜像:"弃子逐臣"是家庭行为向朝廷行为的修辞化投射。它在体制方面的保证,是中国封建社会"家—国"一体的政治运作机制。从"弃子逐臣",到中国封建社会的"家国"政治,可以解读为一个结构性的隐喻。这个隐喻的生成基础,可以寻求语言学方面的解释:在汉语经验中,"家"和"国"的语义互相叠合:"家庆"可以指父母生日,也可以指国家诞生之日;"家臣"是诸侯、王公的私臣,也是各国卿大夫的臣属;"家父"可以置换为"家君","国君"也可以修辞化地生成"国父";"家邦"和"国邦"可以换用。因此,古汉语"家"和"国"常常被纳入一个自我相关的阐释系统。在白居易"草草辞家忧后事,迟迟去国问前途"的灵魂呼喊中,可以解读出"家"、"国"语义相关的修辞信息。"家/国"语义叠合,在修辞哲学的意义上内凝为中国传统社会"家—国"政治的认知基础。在表层,从个体家庭,到泱泱大国,不同的所指,承载入同一能指符号——"家";在深层,齐家之术为治国之道所认同,铸定了国家政治运作模式的家长制。由家齐而国治,封建社会主流意识形态的家庭化和传统家庭成员行为规范的社会化互相映射,"父父子子"的家庭伦理和"君君臣臣"的社会伦理形成修辞化的比附。政治运作中作为亲情凝聚文化场的家,成为血缘亲情社会化的一个缩影。中国封建社会的集团权威和社会权威,是家庭权威的泛化。父权至尊和王权至尊出于同样的权力认同。家长制是家庭亲和的保证,也是社会凝聚的保证。对"家父"之孝,扩展为对"国君"之忠,铸就了忠君与爱国互相纠缠的情感心理。而家之"弃子"和国

① 高志明:《比喻耗损与激活机制》,《福建师范大学学报》2007 年第 5 期。

之"逐臣"则从相反的角度表明了"家—国"政治的修辞关联。据此可以解释:为什么中国封建社会王朝兴衰总是王室兴衰的扩大?为什么国家命运总是皇家命运的延伸?为什么朝廷行为常常与家庭行为纠缠不清?① 朱玲《重读经典:〈俄狄浦斯王〉双重隐喻》分析认知层面"我"与"非我"的背离,书写关于人之谜的隐喻;在行为层面以"杀父"与"弃婴"的血腥冲突,书写两代人生存竞争的隐喻。② 谭学纯《〈警察与赞美诗〉:修辞设计和批评指向》在修辞诗学层面阐释文本标题话语的隐喻意:警察是社会控制的刚性力量,约束人性之恶;赞美诗是社会和谐的柔性话语,引导人性向善,二者共同支持社会运作。然而,小说中作为社会控制刚性力量的警察和体现社会和谐柔性力量的赞美诗,惩恶扬善的社会功能错位了:当作家让小说主人公苏比的"本我"形象出场时,他的违法行为一再错过警察的视线,叙述的拐点把他引向教堂的赞美诗;当作家让苏比的"超我"形象退场时,他的自我拯救又错过了赞美诗,叙述急转弯,把他推向警察。小说的叙述张力由此产生,作家的批评指向也由此明朗——社会控制机制失灵,导致存在的荒诞。③ 高群《〈废墟〉隐喻模式分析》观察与解释余秋雨散文《废墟》,指出余文以"废墟"的词典释义为基础,借助词句隐喻模式从源模式到对象模式的语义修辞化等值、语篇隐喻模式从《废墟》到"废墟"整体修辞幻象的语义修辞化等值,建构了"废墟"修辞化语义类聚系统和"废墟"局部、整体的修辞幻象,在螺旋上升的隐喻模式中,完成从单个概念到语篇系统的认知。在表达者和接受者深层——表层的双向对话过程中,建立全新的认知经验。④ 李桂奎《论中国古代小说人物形体描写的"物喻"特征》注意到中国古代小说擅用比喻描写人物形体的某些部位,比喻的下位类型"物喻"意象的选择既具有包囊宇宙天象地貌的开放性,又有暗示某种力征或美质的定向性。其中男性躯体描写的动物化倾向与女性仪容描写的植物化以及食物化倾向,

---

① 参见谭学纯:《"弃子—逐臣":一个结构性隐喻》,《光明日报》2005 年 8 月 22 日。

② 朱玲:《重读经典:〈俄狄浦斯王〉双重隐喻》,《外国文学》2002 年第 1 期。

③ 参见谭学纯:《〈警察与赞美诗〉:修辞设计和批评指向》,谭学纯、朱玲:《修辞研究:走出技巧论》,安徽大学出版社 2004 年版,第 158—160 页。

④ 高群:《〈废墟〉隐喻模式分析》,《当代修辞学》2011 年第 1 期。

是"英雄壮貌"与"美女柔形"等传统文化渗透的必然结果。这种人体描写的"物喻"特征来自原始性的隐喻思维，化育成后世的"观物取象"意识，对"物喻"式写人传统的形成具有决定作用。《中国古代小说写人评点的喻说特征及话语层解》考察古代小说评点话语的元语言标记喻说倾向，分析喻说话语不同层次、不同角度地建构有关写人效果的修辞幻象。"如画"、"如生"、"若活"、"如见其人"、"如闻其声"等喻说话语，极富阐释弹性，既因显示出审美感受力的精炼而影响迄今，又因仅仅着眼于纯粹的审美感受而期待转型。①　王衡《艺术隐喻在审美批评中的价值与作用》以李健吾的文学批评为考察对象，认为艺术隐喻作为一种艺术思维方式，实现批评主体与批评对象的契合，同时也是实现审美批评文本文学意味的心理桥梁和实现人性共鸣的中介。②　黄秋林、吴本虎《政治隐喻的历时分析——基于〈人民日报〉（1978—2007）两会社论的研究》通过对 1978—2007 年《人民日报》两会社论中概念隐喻的历时考察，探讨改革年代概念隐喻的构成及其使用形态，所反映的执政理念。③　郭贵春、贺天平、安军则在哲学科学场域阐发隐喻认知、隐喻逻辑的运作机制及其方法论意义。④

隐喻无处不在，乔治·莱考夫与马克·约翰逊合著的《我们赖以生存的隐喻》，以学术话语讲述人们习焉不察的事实。束定芳《隐喻学研究》则在元研究的意义上，阐释与人的修辞化存在密切相关的隐喻研究文献。⑤

---

① 李桂奎：《论中国古代小说人物形体描写的"物喻"特征》，《中州学刊》2004 年第 1 期；《中国古代小说写人评点的喻说特征及话语层解》，《社会科学辑刊》2006 年第 5 期。

② 王衡：《艺术隐喻在审美批评中的价值与作用——以李健吾的文学批评为例》，《福建师范大学学报》2009 年第 4 期。

③ 黄秋林、吴本虎：《政治隐喻的历时分析——基于〈人民日报〉（1978—2007）两会社论的研究》，《语言教学与研究》2009 年第 5 期。

④ 郭贵春：《科学隐喻的方法论意义》，《中国社会科学》2004 年第 2 期；《隐喻的逻辑特征》，《哲学研究》2007 年第 2 期；《科学隐喻的转向》，《山西大学学报》2007 年第 3 期。郭贵春、贺天平：《科学隐喻："超逻辑形式"的科学凝集——论科学隐喻的基本原则和表现形态》，《哲学研究》2005 年第 7 期。安军、郭贵春：《隐喻与科学实在论》，《科学技术与辩证法》2006 年第 3 期；《科学隐喻的基本特征》，《科学技术与辩证法》2007 年第 2 期；《科学隐喻的认知结构与运作机制》，《科学技术与辩证法》2008 年第 5 期。安军：《科学隐喻与科学哲学——访英国哲学家玛丽·海西教授》，《哲学动态》2006 年第 9 期。

⑤ 束定芳：《隐喻学研究》，上海外语教育出版社 2000 年版。

　　"比拟"辞格的技巧性是人所共知的,走出单纯技巧的比拟研究体现出不同的气象。孙虹、张露敏《论梦窗咏花词女性拟体的拓新与融变》以宏观视野审视"比拟"的微观细节,比较观察南宋吴文英与此前两宋词人咏花词中的女性拟体,阐述前者咏花词中女性拟体的拓新与融变,据此反观宋末词体在学问与思力的双重作用下,追求极新极变的创作理念和创作实践,从而将语言学教科书阐释的"比拟"(拟人)引向了一代词体的新变。①

　　2. 典故/用典研究

　　林佩璇《〈圣经〉典故研究:价值与缺失》基于广义修辞学视野,梳理《圣经》典故研究现有成果的翻译学价值、语言学价值和文学价值:认为有关《圣经》典故翻译的研究成果主要集中在翻译方法的讨论,现有同类研究成果所涉各种翻译方法中直译、等值翻译很难实现。从客观上说,不同语言—文化系统的翻译单位对译很难做到全息对等。从主观上说,译者很难消除从理解源语到转换为目标语的过程中伴有的语义距离、句法距离和语用距离。典故见于目标文本的方式是引用,引用的对象是源文本故事或词语。源文本故事是以语言进行的意义相对完整的叙述,源文本词语也是语言表意单位。当《圣经》典故研究以语言叙述的故事和语言表意单位为考察对象时,其语言学价值得以彰显。从《圣经》典故研究的语源—语义学价值看,汉语词汇系统对非母语典故的接纳,似为《圣经》典故少于佛经典故。这也可以解释:为什么《圣经》典故研究的语言运用和语言教学成果主要出自英语学科。《圣经》典故研究的文学价值主要体现为跨文本功能和结构:从《圣经》典故由源文本进入目标文本的叙述功能观察,《圣经》典故跨文本功能研究体现为 4 种类型:人物塑造功能、情节衍生功能、主题深化功能、风格定位功能。从《圣经》典故由源文本进入目标文本的结构关系观察,《圣经》典故研究的跨文本结构也体现为 4 种类型:一对一结构、一对多结构、多对一结构、多对多结构。文章同时指出《圣经》典故研究的不足,其中学科阻隔影响《圣经》典故研究的宏观把握和理论补充,也影响微观分析的深化与细化。②

---

　　①　孙虹、张露敏:《论梦窗咏花词女性拟体的拓新与融变》,《福建师范大学学报》2009 年第 1 期。

　　②　林佩璇:《〈圣经〉典故研究:价值与缺失》,《语言文字应用》2010 年第 1 期。

广义的用典包括两个方面：一是目标文本直接采用源文本中的典实；二是目标文本剪裁源文本的典语，后者又称隐括。关于直接用典，孙虹《论梦窗词的复合用典及衍义创新》从修辞诗学层面分析吴文英词复合用典衍生新义及其产生背景，论述复合用典在构建个人词风特征的同时，与宋型文化强烈的创新意识深相契合。关于隐括用典，孙虹在宋词与诗合流的宏观背景下，考察宋词雅化过程及其从形到神、渐趋超越的发展轨迹，隐括使得宋词在螺旋式上升的修辞诗学层面不断吸收诗文"异质"、又不断回归词体特质，成为特立独行的一代文学体式。①秦亚勋、姚晓东《传统及当代汉语用典规范的"新修辞"观》融合西方"新修辞"理论资源，探索"受众＋动机"的用典研究新范式。认为用典之所以历久不衰，主要原因是用典赋予作者邀请受众参与修辞互动的机会。②

3. 异称研究

《汉语修辞格大辞典》定义的"异称"格是"从不同视点为同一人物不同角色身份进行不同命名的修辞方式，是同一人物不同身份符号的修辞聚合体"。汉语修辞格系统中"异称"的概念内涵包括称谓但大于称谓，前者还包括称呼、姓名，以及具有身份指称功能的字母（如卡夫卡小说《城堡》中的 K）、数字（如美国雷蒙德·本森所著詹姆斯·邦德惊险小说系列中指称英国超级特工的 007）。鲁迅《阿 Q 正传》中的 Q 哥、老 Q，作为阿 Q 的异称指向中同一行为主体与周围人的不同角色关系，投射出小说主人公的地位在周围人物心目中的变化。此类异称的修辞功能是叙述话语的局部调节。借助转换式可以发现：例中 Q 哥、老 Q，都换用阿 Q，不影响语篇整体结构，只改变人物身份符号选择在语篇局部的生动形式。但是分析人物异称及其指向的身份建构和权力关系，自我认知和社会认知的关系，意识和潜意识的关系，主体自然状态和文化状态的关系等等，修辞解释可能较之索绪尔的"语言"意义上的解释更利于触及对象的丰富性。

---

① 孙虹：《论梦窗词的复合用典及衍义创新》，《福建师范大学学报》2011 年第 2 期；《从隐括修辞看宋词与诗合流的文体演变轨迹》，《福建师范大学学报》2004 年第 6 期。
② 秦亚勋、姚晓东：《传统及当代汉语用典规范的"新修辞"观》，《福建师范大学学报》2014 年第 1 期。

下面的例子中,异称的修辞功能需要联系语篇的整体格局来解释:

> 例8:那个坐在吉姆牌轿车、穿过街灯明亮、两旁都是高楼大厦的市中心的大街的张思远副部长,和那个背着一篓子羊粪、屈背躬腰、咬着牙行走在山间的崎岖小路上的"老张头",是一个人吗? 他是"老张头",却突然变成了张副部长吗? 他是张副部长,却突然变成了"老张头"吗? 这真是一个有趣的问题。抑或他既不是张副部长也不是老张头,而只是他张思远自己? (王蒙《蝴蝶》)

张思远、张副部长、老张头,指向小说中同一行为主体的不同角色身份,分别隐含着作者不同的叙述动机:张副部长关涉人物的高峰体验,老张头关涉人物的底层体验,张思远面对同一自我的不同身份,不断地追问、陈述和评判。

除了张副部长、老张头,《蝴蝶》主人公张思远的异称在整个语篇中十分丰富:

亲属身份:小石头、父亲、丈夫

职权身份:张指导员、张主任、市委书记

革命异己身份:叛徒

出于语篇建构的需要,小说主人公张思远以"小石头"身份展开的意识流,不能是"父亲"或"丈夫"的意识流,也不能是"张指导员"、"张主任"、"张副部长"、"市委书记"身份展开的意识流,更不能是"叛徒"身份展开的意识流。同一人物心理的意识流动与人物不同身份符号的修辞聚合,共同支持了《蝴蝶》的语篇生成,也共同制约着《蝴蝶》的语篇理解。正是小说中同一人物不同角色身份的意识流,主人公多重身份的混杂和转换,建构了角色的多重话语,建构了属于《蝴蝶》的规定历史时空,控制着《蝴蝶》的叙述路向,规约语篇整体结构,使之定型为特定样态。脱离语篇整体环境,《蝴蝶》主人公的身份符号,只是一个区别性称谓,一旦进入语篇整体,这些身份符号就汇聚成一个系统,共同作用于语篇生成与理解。[1] 潘红

---

[1] 参见谭学纯:《身份符号:修辞元素及其文本建构功能——李准〈李双双小传〉叙述结构和修辞策略》,《文艺研究》2008 年第 5 期。

《林译〈迦茵小传〉人物称谓和身份建构的广义修辞学解读》在跨文化语境中,比勘译本和原著的人物身份异称,透视林译不同于原著的人际关系、人物个性,社会权势图谱,解读林译的深层语义指向,探究原著和译著的意识形态对话,论述翻译如何通过修辞重构揭示生命存在的不同特征,指向深层的人类生存哲学。从文题到论文展开方式,都不难看出作者研究的"异称",走出了"技巧论"的格局,也走出了"纯语言学"的认识框架。①

4. 通感研究

高志明《通感研究》在分析通感话语的感觉语义场之外,认为进入语篇层的通感有三种存在形态:摹真写实之态、幻化虚拟之态和通灵审美之态。通感话语在语篇中的修辞建构与审美效应基本同步。通感话语在语篇中具有衔合功能和诗学功能,后者主要表现在格式塔质形成的通感语篇张力,通感语篇中的意象显现主要由语篇中的通觉形象发挥作用,通感修辞活动中,五官的各项功能全面打开并进行彼此交流互通。通感在"表达—接受"过程中进行双重互动:表达—接受的互动需要表达者和接受者尽最大努力敞开感官,将话语或语篇意义进行转换,生成可供感知的语言形象,提升主体情感,建构主体的精神结构。《通感:语义、语法及修辞阐释》认为语义及语法层面的通感研究仍有可深化的空间,似可在修辞技巧研究的基础上,补之以修辞诗学和修辞哲学阐释,在广义修辞学意义上拓展通感的阐释深度与广度。②

5. 互文研究

作为修辞技巧的"互文"研究,可能因为"秦时明月汉时关"的经典语例,一定程度上定格了汉语经验中的"互文"认知,与这种研究格局不同的是祝克懿、蒋勇《20世纪社会政治关键词"革命"的互文语义考论》,文章定义的"互文"为当下话语对先前话语的复现和回应,以同形或异形的方式建立起说者和听者在彼时与此时、此地与彼地共享的修辞语义。这实际上更接近文学理论场域的"互文性",但文章考察的则是互文语义——以"革命"

---

① 潘红:《林译〈迦茵小传〉人物称谓和身份建构的广义修辞学解读》,《福建师范大学学报》2014年第5期。

② 高志明:《通感研究》,《语言文字应用》2010年第4期;《通感:语义、语法及修辞阐释》,《福建师范大学学报》2009年第5期。

的语义历史嬗变过程为研究对象,从纵横交织的文化空间考察"革命"语义互形变义的嬗变轨迹及修辞动因,描写其兼容的互文语义和在不同交际领域中的互文覆盖率,并从一侧面印证郑子瑜关于中国革新的修辞学史的描写推理及其国际视野。[①]

6. 夸张研究

夸张研究现有成果的丰富,给学术研究"接着说"制造了难度,也向走出重复性研究的后来者提出了理论与实践方面更高的要求,高群运用广义修辞学理论框架观察与解释夸张语料,作为作者主持的国家社科基金课题"广义修辞学视野下的夸张研究"(13BYY125)的前期准备[②],高群进行了文献基础扎实、阐释层次超越修辞技巧的系列探讨:《夸张研究:价值、缺失和学术转向》梳理夸张研究的价值和缺失,探索兼容广义修辞学——认知构式语法理论资源的夸张研究模式,推动夸张研究转向。后者发生于修辞学研究转向——辞格研究转向的学术背景,同时作为上述背景下的一道风景,丰富着修辞学研究的学术资源。《夸张研究:结构·语义·语篇》探索兼容广义修辞学——认知语言学理论资源的夸张研究模式,参与夸张研究转向的学术实践。采用封闭性研究和开放性视野,依次探讨夸张结构要素及相关问题,夸张语义特征和生成机制,夸张语篇叙述结构和修辞策略。《民间故事结构性夸张构式的广义修辞学分析》分析结构性夸张构式如何参与语篇生成,控制语篇叙述路向,使之定型为特定样态。其下位类型封闭性夸张构式与开放性夸张构式都起到支撑语篇结构的作用。由于民间故事母题链的参与,情节单元多寡不定,叙述长度增加等因素的影响,结构性夸张构式更多地表现为修辞诗学层面的叙述功能。《"飞流直下三千尺"的修辞学阐释与追问》运用广义修辞学理论资源探究夸张经典用例"飞流直下三千尺"的生成理据,认为只有充分认识夸张构式的构式义与组成部分意义融合的整体性,才能判

---

① 祝克懿、蒋勇:《20世纪社会政治关键词"革命"的互文语义考论》,《福建师范大学学报》2010年第2期。

② 本节择举的辞格研究,属于作者主持的国家社科基金项目另有李桂奎、祝克懿、孙虹、潘红等人的课题,"广义修辞学视野下的夸张研究"以辞格专论的形式获得国家社科基金项目立项,在辞格研究遭受质疑的学术背景下,值得深思。

断一个数量结构是属于常量、超常量还是夸张量,从而更充分地解释夸张义。夸张构式在修辞哲学层面的修辞幻象特征,以物象、意象、语象的转换方式体现。"夸饰恒存"与"象"思维及修辞幻象有着很大的关联。《夸张话语标记"夸张地说"及其否定形式》解释夸张话语标记生成的修辞动因,及修辞主体发掘话语的最佳关联、明晰夸张的认知路径。《余华〈兄弟〉:性符号、隐私话语权的集中与放大》以偷看女厕所和举办处美人大赛为焦点事件展开叙述;以直指女性身体隐私的"性边缘"符号和"性中心"符号作为推动叙述的动力;以"有其父必有其子""李光头的绯闻比战场上的硝烟还要多"的标志句作为推动叙述的时空轴,小说结尾三个角色的性缺失退场,隐藏修辞哲学层面的评价:欲望化语言形式背后承载着反欲望意味。[①]本文从标题到学术叙述都隐去了修辞技巧层面的"夸张"概念,而以"隐私话语权的集中与放大"凸显夸张的实质——这样更利于提升修辞诗学和修辞哲学层面的论述新颖度。

　　以上研究成果的学术空间,不同程度地走出了"修辞技巧"层面和"例证+描写"的研究格局;不同程度地改变了辞格研究遭受诟病的就事论事,"小题小做"的学术面貌,在"小题大做"中体现作者的理论更新、方法更新和材料挖掘的功力,在推进辞格研究深化、细化方面,似有更多的回旋余地。期待这方面看点更多的学术进球。

四、小结

　　(一)汉语修辞格研究的价值与缺失同在:从尊重学术史的角度看问题,应该承认辞格研究产生过高质量的成果;从正视学术发展的角度看问题,应该直面辞格研究遭致的诟病。前者提醒我们,是否仍在八十多年后的今天复

---

　　① 　高群:《夸张研究:价值、缺失和学术转向》,《学术界》2012年第2期;《夸张研究:结构·语义·语篇》,《语言文字应用》2012年第3期;《民间故事结构性夸张构式的广义修辞学分析》,《江淮论坛》2012年第4期;《"飞流直下三千尺"的修辞学阐释与追问》,《浙江社会科学》2012年第3期;《夸张话语标记"夸张地说"及其否定形式》,《湖南科技大学学报》2014年第6期;《余华〈兄弟〉:性符号、隐私话语权的集中与放大》,《福建师范大学学报》2012年第2期。

制 1932 年出版的《修辞学发凡》影响深远的辞格研究模式？后者引发我们思考——后陈望道时代的辞格研究如何走出难局？

（二）《汉语修辞格大辞典》尝试问津部分难题的探索意向、尝试解释部分难题的操作实践，或许可以看作在局部意义上尝试广义修辞学视野中的辞格研究的一种铺垫。虽然整部辞典的学术面貌不太平衡，对修辞现象观察的细致和解释的深入也处于不同的层次，但毕竟迈出了探索的步子。

（三）见于学术文献的研究成果显示：探索中的广义修辞学视野中的辞格研究，学术目标不是"就修辞谈修辞"／"就语言谈语言"，这是在巴赫金持保留态度的"纯语言学"修辞研究和倡导的"超语言学"修辞研究之间寻找平衡点并用于辞格研究的一种尝试。与此相关，广义修辞学视野中的辞格研究路子不是"例证＋描写"；研究层次从修辞技巧向修辞诗学、修辞哲学延伸；研究视角从"表达中心论"向"表达—接受"互动论转换；研究方法从辞格的微观分析转换为微观分析与宏观把握结合。

第六章　问题驱动的语言教育研究：修辞缺失及延伸探讨

本书第二章，我们分析过弱势背景下修辞学科学术话语"去修辞化"和学科状态"空心化"，前者可能耗竭学科建设热情；后者可能掏空学科建设能量。这种"两化"现实，反映到语言教育中，是现行学科目录框定的知识谱系意义上归属于语言学的修辞，从宏观设计到微观操作，都不同程度地缺失。

一、问题意识：语言教育的修辞资源不限于狭义的修辞知识

讨论语言教育的修辞缺失，不能脱离相应的修辞观。

依据狭义修辞观，语言教育的修辞缺失，可能被认为是一个伪命题。仅仅从新世纪进入流通领域的现代汉语教材观察，虽然吸收修辞研究新成果比较谨慎，但还是不同程度地保留或调整了教材中的修辞知识板块，其中不乏较具创新意识的探讨。据袁毓林等统计，新世纪有 7 种现代汉语教材以不同形式或名目为修辞内容留下了位置，按教材出版先后，教材主编或编写单位分别为：黄伯荣、廖序东，北京大学中文系现代汉语教研室，邵敬敏，钱乃荣，

邢福义,胡裕树,张斌。① 此外未进入上述统计的还有 8 种教材,使用对象包括本科生和研究生,涉及汉语国际教学,有的本身也是教学改革的成果,如李廷扬《语法修辞学》。② 而北大版的 2012 年增订本,较此前的 2004 年本,修辞内容也多有调整。

教材之外,从 20 世纪 80 年代张弓、张寿康的讨论,到近年一些学者的研究,都对修辞问题表示了关注。③ 这些研究不乏睿见,不过关注焦点相对集中在修辞手法方面。涉及的修辞内容,功能上主要体现为"技巧中心论";分析视角主要体现为"表达中心论"。

作为修辞学科专业刊物的《修辞学习》,从 1982 年创刊到更名《当代修辞学》之前的 2009 年 ④,长期保持"修辞教学"专栏。⑤《修辞学习》另一个持续时间较长的栏目"语文教材修辞分析",与"中小学语文教材修辞赏析"、"教材与教学语言评论"等栏目,也从不同角度关注语言教育中的修辞问题。其中,"语文教材修辞分析",与"中小学语文教材修辞赏析"专栏的一些研究成果,后来汇编成集,由黄岳州主编出版。

文献事实说明语言教育中的修辞问题没有淡出学者视线,但文献阅读不难发现:现有研究成果集中关注的,多是修辞技巧和修辞表达问题。这二者正是本书第四章分析的狭义修辞学最主要的特征。

---

① 参见袁毓林、李新良:《当前修辞学教学的若干问题》,《当代修辞学》2016 年第 4 期。

② 参见陈汝东:《对外汉语修辞学》,广西教育出版社 2000 年版;肖奚强主编:《多文体·精泛结合·高级汉语教程》,北京语言大学出版社 2003 年版;吴礼权:《现代汉语修辞学》,复旦大学出版社 2006 年版;池昌海:《现代汉语语法修辞教程》,浙江大学出版社 2009 年版;周一民:《汉语语法修辞学》,北京师范大学出版社 2010 年版;李廷扬:《语法修辞学》,贵州人民出版社 2010 年版;崔应贤:《修辞学讲义》,清华大学出版社 2012 年版;申小龙:《现代汉语》,上海外语教育出版社 2013 年版。

③ 参见张弓:《修辞教学漫谈》,《语言教学与研究》1983 年第 3 期;张寿康:《修辞教学答问》,《汉语学习》1987 年第 4 期;林去病:《试谈修辞与语法的关系——兼谈海外的汉语语法、修辞教学的改革》,《厦门大学学报》1990 年第 4 期;陆庆和:《对外汉语教学中的修辞问题》,《语言教学与研究》1998 年第 2 期;周健、彭彩红:《中高级汉语教学应突出修辞能力培养》,《汉语学习》2005 年第 3 期;徐国珍、施麒麟:《对外汉语修辞教学研究述评》,《云南师范大学学报》2009 年第 1 期;汪国胜:《修辞教学的目标定位》,《华中师范大学学报》2010 年第 2 期。

④ 信息来源:《当代修辞学》编辑部整理的《〈当代修辞学〉〈修辞学习〉1982—2013 年总目录》电子文本。按:2010 年《修辞学习》更名《当代修辞学》,"修辞教学"专栏未延续。

⑤ 这期间除 2002 年、2004—2006 年之外,《修辞学习》每年都刊发修辞教学研究成果。按:该专栏与"修辞与教学"、"修辞与语言教学"、"中学修辞教学"等临时栏目时或交叉出现。

依据走出"修辞技巧论"/"表达中心论"的广义修辞观,本章所论语言教育的修辞缺失,不仅仅是基于狭义修辞观的"修辞"知识点。语言教育应重视而疏于重视的,是更值得挖掘和解释的修辞资源。①

本章的问题意识,由此触发。

二、高考语文: 概念定义背后可挖掘的修辞问题

2003 年,一本让语文教师"痛并快乐着"的《直谏中学语文教学》,以《炮轰全国统一高考体制》高调开篇,描述被称为"黑色"时间的高考如何成为全国考生和家长共同的精神炼狱,吐槽一些怪异的考题和自以为是的"标准答案"。② 作者孙绍振是我尊敬的年逾八旬的青春教授,他不老的学术青春很惹"火",个中缘分之一是不打不相识——他的"直谏"和"炮轰",曾以高分贝的音量,向中国教育体制说"不"。

《直谏中学语文教学》出版的当年,我主持全国高考福建省考区语文试卷评阅工作。我注意到一种反向的情况:高考也有近乎送分的初级游戏,但绝大多数考生吃不着送到嘴边的蛋糕。这一现象引发了我的思考。

(一)由"定义"的方式触发的思考

2003 年全国高考语文试卷第 24 题要求考生:提取下列材料的要点,整合成一个单句,为"遗传"下定义。

试卷提供了四个话语片段:

1. 遗传是一种生物自身繁衍过程

2. 这种繁衍将按照亲代所经历的同一发育途径和方式进行

3. 在这同一过程中,生物将摄取环境中的物质建造自身

---

① 参见谭学纯:《语言教育:概念认知和修辞认知》,《语言教学与研究》2005 年第 5 期;《这也是一种 X:从标题话语到语篇叙述》,《语言文字应用》2011 年第 2 期;《"这也是一种 X"补说:认知选择、修辞处理及语篇分析》,《语言教学与研究》2012 年第 5 期;《"废墟"语义和〈废墟〉语篇叙述及相关问题再探讨——兼谈语言能力认证标准和母语教育缺失》,《当代修辞学》2011 年第 1 期。

② 孙绍振:《直谏中学语文教学》,南方日报出版社 2003 年版,第 2 页。

4. 这种繁衍过程所产生的结果是与亲代相似的复本

标准答案可以从以下两种表述中任选一种：

（1）生物按照亲代所经历的同一发育途径和方式，摄取环境中的物质建造自身，产生与亲代相似的复本的一种生物自身繁衍过程叫做遗传。

（2）遗传是指生物按照亲代所经历的同一发育途径和方式，摄取环境中的物质建造自身，产生与亲代相似的复本的一种生物自身繁衍过程。

从题目提供的材料到标准答案，虽然文字差别不大，"整合"程序也不算复杂，但是考生的答案与标准答案基本相符的并不多。

以答案（2）为例，只需要考生进行一般性的语言整合，技术上很简单，具体程序基本上可以分作三步：

第一步，删除原材料 1—4 重复的语义信息；

第二步，几处非关键性增补；

第三步，低难度的组装；

按以上步骤处理过的原材料 1—4：

1′. 遗传是（指）一种生物自身繁衍过程（。）

2′. 这种繁衍将（生物）按照亲代所经历的同一发育途径和方式进行（，）

3′. 在这同一过程中，生物将摄取环境中的物质建造自身（，）

4′. 这种繁衍过程所产生的结果是与亲代相似的复本（的）

重新组装后的话语认知顺序为：

遗传是（指）+ 2′ + 3′ + 4′ + 一种生物自身繁衍过程。

也就是说，删除上述话语中加下划线的部分，添加带括号的文字和标点，无须变动序号，将 2′—4′ 依次插入 1′ 的判断词"是"（指）之后，即是答案（2）。

这几乎是一道送分题，一种并不复杂的文字、标点组装，但考生得高分的寥寥无几。

2003 年福建省首次试行网上阅卷，阅卷的主体工程在 6 月 14 日—20 日完成。为减少不准确因素,我选择阅卷标准掌握得相对稳定的第3—6天的不同时间段,进行抽样统计,每天统计 50 份试卷, 4 天共统计 200 份试卷。本题满分 4 分,得分情况见下表:

表 6-1　2003 年全国高考语文试卷第 24 题福建考区 200 份试卷得分统计

得　分	4	3.5	3	2.5	2分以下
人　数	0	11	57	51	81
百分比（%）	0	5.5%	28.5%	25.5%	40.5%

从题目难易程度和分数段分布看,多数考生不能按照标准答案思路定义"遗传",但是我毫不怀疑,多数考生明白"遗传"是什么意思,只不过,多数考生不知道该如何运用标准化的下定义的语言锁住"遗传"这个概念。

很凑巧,我的孩子正好是 2003 年应届高中毕业生,他因为参加当年的国际中学生生物奥林匹克竞赛卸除了高考压力,免试被北京大学生命科学学院录取,但我还是想考考他。

我知道,在生物学的知识谱系中,孩子最感兴趣的是"遗传"。"遗传"的定义对他来说是烂熟于心的。我想了解的是,他怎样根据考题提供的 4 个话语片段,进行简单组装。没想到,孩子的瞬间反应,全然不同于考题规定的思路。他几乎未加思索,就从定义所需的逻辑语境抽身而出。接下来,严肃的定义被游戏化了。

他说,鲁迅早定义过了:

> 阔人的子孙都是阔人,坏人的子孙都是坏人——这就叫作"遗传"。

孩子随口引用的,是鲁迅《故事新编·理水》中的一句话。

从阅卷现场到家庭交流,同一道题目,两种不同的应对方式,引发了我的问题意识:

其一,阅卷现场的抽样调查表明,虽然考生不得不严格按照标准答案规定的思路定义"遗传",但调查结果显示,绝大多数考生无法按照定义的方式,把几段零散的话语,整合进一个逻辑指向明确的连贯性语流——他们对

"遗传"的认知,在哪一个环节出了问题?

其二,家庭交流显示了相反的现象:孩子可以按照考题规定的定义方式,完成这个基本上没有难度的话语组合,但是他面对试卷给定的待整合的话语材料不管不问,却与鲁迅《故事新编》中的一句人物对话产生了思维链接。孩子的回答有些出我意外,不过我还是庆幸:孩子没有因为备战生物奥赛,让那些好像永远读不完的生物书吞没了幽默感,没有让那些死记硬背的定义封闭了他的思想空间——孩子对"遗传"的认知,为什么会走出逻辑指向明确的概念通道?

其三,大多数考生对定义语言的陌生化和孩子应答的游戏化,从不同的向度,共同支持了我的一个观点:**人生活在一个被定义的世界里,但定义世界的方式却可能因为认知的角度不同而体现出极大的差异。有概念化的认知;有修辞化的认知,后者对人把握世界的方式的影响比前者更大**——这是一道高考语文试题中可挖掘的修辞问题。

循着以上问题,进入下面的讨论:

(二)概念认知和修辞认知

人以语言的方式进入世界,这是普通意义上的认知状态。但是在语言中显像的世界,不是本真的世界,而是经过我们的认知经验重新编码的世界,这个编码的过程常常是修辞化的。当人们使用或者接受一个概念的时候,可以通过对这个概念现成意义的修辞化重建来重新接近主体所认知的世界。这实际上是人在修辞认知中重建自己的精神家园。

以"历史"为例,比较概念认知和修辞认知——

《现代汉语词典》解释的"历史"依据概念认知:

> 自然界和人类社会的发展过程,也指某种事物的发展过程和个人的经历。

电视剧《武后传奇》主题歌词诠释的"历史"依据修辞认知:

> 历史是一段男人的传说,传说中的英雄正扬鞭奔走;历史是一片女人的风景,风景中的巾帼正尽显万种风流。

从认知"历史"的科学性要求来说,前例更准确;从认知"历史"的人文性
特征来说,后例更生动。从影响历史的男性英雄和女性名人的文化视角观察
与解释历史,扬鞭奔走和万种风流,修辞化为两性演绎的鲜活历史。

　　作为"生动形式"的修辞话语,有时并不是与"历史"的概念语义捆绑
在一起,恰恰相反,有时是随着"历史"概念语义的失落而传递修辞信息的。
当"历史"被胡适纳入"任人打扮的小女孩"的喻象结构时,"历史"的意
义已经偏离了客观存在的历史,成为语义主观化重建的"历史"。认知主体
颠覆本真的历史,挖掘历史的修辞形象(任人打扮)。由此想到鲁迅以修辞
化的方式撕开了"历史"残酷的一面:"历史"的字里行间"吃人"和"被
吃"的修辞形象,使"历史"作为文化批判的对象进入中国现代白话文小说
中最早的经典修辞表达。

　　正是在这个意义上,有人对尊重历史究竟有多大的可能性表示怀疑,因
为被尊重的历史是在语言中复现的。也许正是出于这样的观察与思考,海
登·怀特认为"历史叙述"其实是"历史想象"。怀特《元史学:十九世纪
欧洲的历史想象》深入地阐释了这一点。

　　怀特所说的"历史想象",即历史叙述的修辞化过程。我曾借《光明日
报》的一角,将这一过程表述为下图:

图 6-1　本真历史的修辞化

历史 1 渗透着历史 2,并以历史 3 的形式重新在场。如果说,作为历史事实
的历史 1 只有一个,那么,历史叙述的完成形态,则不止一个历史 3,而是有
多种可能。在历史事实进入历史叙述的过程中,历史每一次与修辞相遇,都
可能产生一个不同于此历史 3 的彼历史 3。更复杂的情况是,每一种历史 3,
都可能受制于同一研究对象的前一个历史 3,并可能成为后来的历史学家研
究历史 1 的意识形态参照和叙述参照。任何理解都依赖于理解者的前理解,
它作为初始视域,与研究者的当下视域碰撞,进入阐释的循环。司马迁写作

《史记》时,对历史人物、历史事件、历史活动的理解受此前的文本记录历史3的影响,司马迁对历史的再度叙述产生新一轮的历史3——修辞化的《史记》。修辞化的《史记》作为历史3,又不同程度地介入后世的历史研究者重返历史1的努力。这就是说,历史叙述者本人不可避免地出入往返于他人叙述的历史3。于是,每一次从历史1向历史3的转换,都可能因为历史研究者的意识形态介入和叙述介入,使得存在着的历史真实成为语言叙述的历史真实。语言再现历史真实的同时,也可能屏蔽历史真实。当本真的历史呈现为历史文本的时候,实际上已经完成了存在着的历史的意识形态化,历史被"历史想象"填空了,历史被历史叙述合法地修辞化了。不管人们做出怎样的努力,试图封闭本真的历史,只要用以封闭本真历史的方式是怀特所说的交给"言说"的"历史想象",它的结果就只能是"修辞性的"。从这个意义上说,尊重历史,不过是尊重语言叙述的历史,即修辞化的历史。①

我们认知的"历史",正如考生认知的"遗传",既有词典释义的概念内涵;也有认知主体自定义的修辞形象,前者属于概念认知,对应于公共经验;后者属于修辞认知,对应于个人经验,这是认知主体把握认知对象的两种路径。

当然,具体的问题比较复杂,需要再阐释——

1. 认知离不开概念,但不拘于概念

一方面,理解概念是形成主体认知经验的前提,认知主体通过概念去接近世界,概念为认知主体提供对象世界的符号性表征。

另一方面,认知主体又不断走出概念化的世界,重建修辞化的世界。这时候,主体认知的对象已经不是对现成概念既有表述的机械克隆,而是个人主观参与的结果。一位诗人说:"世界就是我的眸子的颜色、手掌的形状和词语的意义。"② 当然,"世界"是我的"词语的意义",指的决不仅仅是在词典中固定下来的词义——它属于所有的人,而是修辞化重建的意义——它是"我"赋予"世界"的意义,是"我"的思想突围的见证。

卡西尔甚至认为重建修辞化意义的思想突围体现了人类言语的某种原初特点:

---

① 参见谭学纯:《历史与修辞相遇》,《光明日报》2005年9月29日。
② 任红渊:《为了叫出自己的汉语世纪》,《山花》2002年第3期。

人类文化初期，语言的诗和隐喻特征确乎压倒过其逻辑特征和推理特征。但是，如果从发生学的观点来看，我们就必定把人类言语的想象和直觉倾向视为最基本的和原初的特点之一。①

语言的诗意、隐喻特征压倒逻辑特征、或者人类言语原初特点的想象和直觉，即越过普通的语义系统、语法规则和逻辑的权力，在认知主体的审美自由状态下抵达更丰富的修辞世界。

概念认知使对象透明，然而，一旦认知主体进入贴近生命的交谈，僵硬的概念将被鲜活的修辞话语所替代。

据此可以作一个简单的区分：概念认知是一种普遍的把握世界的方式，进入概念认知的概念，以一种被规定的语义，指向事物的共性。支持概念认知的是逻辑语境，概念组合体现事物的逻辑关系，这种逻辑关系是排他的，体现世界的现成秩序。修辞认知是一种主观化的认知行为，是以审美的权力颠覆现成语义的权威，以修辞化的方式，重返被现成概念屏蔽的诗意。修辞认知也借助概念，但进入修辞认知的概念往往偏离了事物的语义规定，或者说，修辞认知解除概念认知的普遍性，激起具体生动的感性经验，使概念化的语义在重新建构中被编码进另一种秩序。支持修辞认知的是审美语境，进入修辞认知的概念挣脱事物的逻辑关系，重建一种审美关系，这种审美关系是兼容性的，超越世界的现成秩序。

概念认知与修辞认知的最大区别是：概念认知在普遍的意义上理性地接近认知对象，往往积淀为公共认知；修辞认知在局部的意义上激活主体的新鲜感觉，以此重新接近认知对象，往往具有鲜明的个人认知特点。前者概念化地锁定对象，后者审美化地展开对象。后者的局部认知，往往偏离前者普遍认知的通道，在另一个认知维度重新观照对象，这决定了修辞认知的两面性：一方面发现概念认知没有赋予的意义，另一方面遮蔽概念认知已经赋予的意义。如胡适、鲁迅对"历史"的修辞认知。

2. 概念认知转化为修辞认知

认知是抽象性和具象性的统一，也是客观性和主观性的统一。抽象性和

① ［德］E.卡西尔：《语言与神话》，于晓等译，三联书店 1988 年版，第 134 页。

客观性由概念认知锁定;具象性和主观性由修辞认知建构。概念认知转化为修辞认知,是走出恒定的认知边界,开发认知主体心智的一种途径。

实际的认知活动中,人们不仅经常对概念本身进行修辞化的置换,而且概念的延伸和展开也时常伴随着修辞化的置换。在这个过程中,概念化的定义不时地被转换为修辞化的表述。不管是余秋雨写《废墟》,还是读者读《废墟》,都存在从概念认知向修辞认知的转换。我在《语用环境:语义变异和修辞认知》、《语用环境中的义位转移及其修辞解释》、《语用环境:释义·认知·接受策略》等文中比较详细讨论过这类问题。①

3. 修辞认知对概念认知的隐性介入

很多我们习以为常的概念,其实都不是标签式的,而是修辞化的。我们看两组基本词汇:

> 灯头　针眼　山腰　脚注
>
> 成熟　蜕化　腐朽　底气

以汉语为母语的认知主体,认知这些基本词汇的语义时,一般不注意它的语义构成方式,其实,这里有最简单、也最普遍的修辞认知的隐性介入。

第一组合成词,由不同质的两种对象——物和人的器官、躯体,在一个修辞框架内进行概念合成压缩,它是一个"近取诸身,远取诸物"的隐喻系统,一种充分修辞化的人文符号。这些符号的所指物背后,始终闪烁着"人"的影子。人体的局部成为物体的局部的隐性认知参照,二者被修辞化地纳入同一认知框架。

第二组合成词的语义可以同时指向物和人,当我们说"某人成熟"的时候,庄稼成熟是一种隐喻性的认知参照,当我们说"思想腐朽"的时候,物体腐朽是一种隐喻性的认知参照,于是,认知主体和认知对象之间的关系,以修辞化的方式链接了起来。

修辞认知对概念认知的隐性介入,发生在我们身边,伴随着我们的日常生活,可能因为太常见了,有时反而觉察不到,但正是这种觉察不到,掩盖了一种追问:人对外部世界的修辞认知在何种意义上体现了人之为人的精神自由?

---

① 参见谭学纯(在北京大学、暨南大学、华南师范大学的学术交流):《广义修辞学演讲录》,上海三联书店 2012 年版,第 107—166 页。

三、高考作文：认知选择背后可挖掘的修辞问题

2009 年福建省高考作文题"这也是一种 ____",标题中的 ____,属于"X"的空符号位置,可以自由填入一个完句成分:形容词、动词、名词或短语。

作为标题话语,"这也是一种 X"的话语结构,隐含不同的语义关系和逻辑关系。给出该话语结构中的"这"可能回指的语言单位,主要包括三种类型,对应于三种认知支持:

第一类 ［黄瓜］这也是一种瓜（2009 年福建省高考很多低分作文属此类）

第二类 ［痱子］这也是一种皮肤病

第三类 ［瞬间］这也是一种永恒（2009 年福建省高考优秀作文之一）

高考资源网公布的 2009 年福建省高考优秀作文均属第三类。我曾以第三类为考察对象,撰文分析。① 文章发表后,陈泽平教授提供了新语例:

痱子也是一种皮肤病。

语例属于上述第二类。陈泽平问我,有无考生就此类题目写说明文? 这个提问,引发了我的问题意识:

2009 年福建省高考语文命题组长林富明表示,"这也是一种 ____"的作文命题意图是希望,填入 ____ 的空符号"X",在高质量的语篇叙述中成为"非 X"。有学者认为这一年的作文命题写作难度大。

本章的分析将表明,可能的写作难度,难在"X"成为"非 X"的语篇叙述需要挣脱公共认知压力。

考生面对"这也是一种 X"的空框结构,选择以上三种类型中的哪一类进入写作状态,取决于对空符号"X"的语义表达和理解。选择的背后,有不同的认知支持:

――――――――――

① 参见谭学纯:《"这也是一种 X":从标题话语到语篇叙述》,《语言文字应用》2011 年第 2 期。

第一类"X"和"这"回指的对象,分别是同一语义场的上下位词,二者具有逻辑上的属种关系。"这也是一种 X"呈现的逻辑事实,不言自明地支持公共认知。

第二类"X"和"这"回指对象的语义关系和逻辑关系同第一类,但这种逻辑关系在日常交际中可能不够突显。待逻辑关系由隐到显地被挖掘出来,"这也是一种 X"呈现的逻辑事实支持公共认知。

第三类"X"和"这"回指的对象,构成反义义场,不具有逻辑上的属种关系。作为逻辑事实,应为"[瞬间]这不是一种永恒","这"回指的对象原本不是"X"。从逻辑认知"[瞬间]这不是一种永恒",到修辞认知"[瞬间]这也是一种永恒",逻辑缺口经修辞主体强力引导,修辞化地重新链接,该表达式因此摆脱公共认知压力,重建主观化的个人认知。

三种类型的认知选择,分别记作认知 1、认知 2、认知 3。受其支持的个人话语权和语篇新颖度等级倾向于:**认知 1 <认知 2 <认知 3。**

指出这一点并不困难,需要深入解释的是"为什么"以及三种认知选择背后更值得关注、而我们的语言教育忽视的修辞问题。

(一)比较分析:认知选择和语篇叙述空间及新颖度

认知 1:重述公共认知中的逻辑关系,陷入语篇叙述困境。

根据 2009 年福建省高考语文命题组长林富明先生提供的信息,当年全省高考作文 287387 篇,相当多的低分作文属于第一类,即认知 1,共同的失误是低水平复制公共认知中已知的逻辑事实。

以"黄瓜是一种瓜"为代表的认知 1,语义可以完全预测。"黄瓜"和"瓜"的逻辑关系突显,且属于公共认知中无需置疑的事实。"黄瓜是瓜"的叙述空间,基本上已经在公共认知中封闭,这在很大程度上限制了语篇新颖度。认知 1 在这个封闭的认知空间中的再叙述,很难追求语篇新颖性。当人人都知道"黄瓜是瓜"、并且"黄瓜"和"瓜"在逻辑上的属种关系不可更改的时候,公共认知必然压制个人话语权。修辞主体为了完全可以预测的语义和不言自明的逻辑,牺牲修辞,陷入语篇叙述困境。因此,无论是语篇立意,还是叙述角度,认知 1 都是失败的选择,甚至用不着展开语篇叙述,就输在了起点。

认知2:挖掘不够突显的逻辑关系,收窄语篇叙述空间。

我曾就2009年福建省高考作文有无发现第二类的写法咨询命题组负责人,得到的回应是:认知2所属的类型,一般考生可能想不到。如果有考生涉及,阅卷组应有较深的阅卷记忆,但阅卷现场似未发现此类作文。

以"痱子是一种皮肤病"为代表的认知2,逻辑事实本已存在,"痱子"和"皮肤病"的属种关系,在专用领域是明了的,但在日常交际中可能不够突显。科普知识普及较弱的群体,如老年群体,知道"痱子是皮肤病"的,可能不如年轻人多。认知2的再叙述,是将不够突显的"痱子"和"皮肤病"的逻辑关系挖掘出来。认知2的语篇叙述空间,存在于"痱子是一种皮肤病"的逻辑关系由隐到显的被挖掘过程。但挖掘余地有限,因为语篇叙述不能越出关于"痱子是皮肤病"的现有知识范围,"X"的属性不能更改,"X"的逻辑边界也不能逾越。认知2挖掘的逻辑关系,只能是"[痱子]这也是一种皮肤病"中不够突显的已知信息。按认知2展开语篇叙述,只是恢复公共认知,个人话语权并不充分。在逻辑与认知都不能越界的条件下,语篇新颖度和语篇叙述空间都有限。

此外,认知2的文体指向,比较适宜写说明文(2009年福建考高语文试卷没有标明文体限制),而说明文自由腾挪的空间有限,不像记叙文和议论文有更大的自由度,这也在一定程度上收窄了语篇叙述空间。因此,假定考生选择认知2,得高分的可能性不太大。如果选择认知2,在某种程度上,等于选择了很难出彩的语篇叙述。

认知3:修辞化地链接非逻辑关系,拓宽语篇叙述空间。

经高考网公布的2009年福建省高考优秀作文得分在68—70分之间,分别是:

《这也是一种永恒》

《这也是一种力量》

《这也是一种芬芳》

《这也是一种爱》

《这也是一种问题》

《这也是一种危机》

《这也是一种承诺》

《这也是一种幸福》

同属认知3的优秀作文,不约而同地把握了语篇出彩的关键:

1. 认知3完成了"这也是一种X"中"X"的修辞分化和转化

第三类语篇叙述中,"这"回指的对象,不等同于标题话语"这也是一种X"中的"X"。进入语篇叙述的"这",是回指标记,回指作者主观认定的"X"。回指的语言单位可以是语篇中的一个词、一个短语、或一个叙述片段。用〔 〕标示优秀作文的回指对象:

表6-2　标题话语和语篇叙述中不同的"X"

标题话语	语篇叙述
这也是一种X(永恒)	〔瞬间〕这也是一种X(永恒)
这也是一种X(力量)	〔微笑〕这也是一种X(力量)
这也是一种X(芬芳)	〔苦涩的药香〕这也是一种X(芬芳)
这也是一种X(爱)	〔饭桌上父亲无言〕这也是一种X(爱)
这也是一种X(问题)	〔没有问题〕这也是一种X(问题)
这也是一种X(危机)	〔不是书店里书越多越好,书多〕这也是一种X(危机)
这也是一种X(承诺)	〔发自心灵的人性关怀〕这也是一种X(承诺)
这也是一种X(承诺)	〔在爸爸和妈妈一起走了二十年的路上〕这也是一种X(承诺)

表格中"这"引导回指的对象,进入主观设定的关系。即:

标题话语中的"X" ≠ 语篇叙述中的"X"

语篇叙述中的"X"分化为:

a. "非X"

b. 修辞化地包含了"非X"的"X"

在标题话语中,"X"指向固定语词义;进入语篇叙述,"X"指向临时修辞义。二者分别记作"X0"和"X1"。随着语篇叙述的展开,标题话语中

的 "X",被强势推导为 "［X1］这也是一种 X0"。

2. 认知 3 释放了 "X0" 之于 "X1" 的公共认知压力

"X0" 既是 "X1" 的隐在语义参照,也构成影响当前语篇新颖度的公共认知压力。"这也是一种 X" 的语篇叙述能否成功,取决于能够在多大程度上摆脱 "X0" 的公共认知压力,突显 "X1 也是一种 X0" 的个人认知。可以提取一些规则:

规则1:在不构成阅读理解障碍的前提下,公共认知压力越大,释放压力的修辞处理越彻底,个人话语权越充分,语篇叙述越成功。

就第三类语篇叙述而言,释放公共认知压力的技术实现手段,是将逻辑否定,强制性地重述为修辞肯定,制造 "X1" 对 "X0" 的反向偏离,以此释放 "X0" 之于 "X1" 的叙述压力。压力释放之后的 "这也是一种永恒",不限于 "永恒" 的固有语义,也不限于 "［瞬间］这不是一种永恒" 的逻辑事实,而是强制性地重建 "瞬间也是一种永恒" 的修辞认知,并强制性地促使接受者改变对 "X" 固有的公共认知。

以上比较,简为下表:

表 6-3　认知类型和语篇叙述空间及新颖度

认知类型	语篇叙述逻辑	语篇叙述空间	语篇新颖度	个人话语权
认知 1	重述公共认知的逻辑关系	陷入语篇叙述困境	低	受压制
认知 2	挖掘不够突显的逻辑关系	收窄语篇叙述空间	中	有限
认知 3	修辞化地链接非逻辑关系	拓宽语篇叙述空间	高	充分

表 6-3 显示:相对于认知 1、认知 2 来说,认知 3 可能支持的语篇新颖度等级最高,很大程度上是因为认知 3 释放公共认知压力较认知 1 和认知 2 更为充分。这决定了认知 3 较认知 1 和认知 2 更自由地体现个人话语权:认知 1 和认知 2 言说 "这也是一种 X",只能就 "X" 的固定语义谈 "X";认知 3 则可以在 "X1 也是一种 X0" 的修辞维度,相对自由地行使个人话语权。

第三类语篇叙述自由行使个人话语权的方式,是强力引导 "X1" 属于 "X0" 之一的修辞认知:

(1) 挣脱逻辑限制:"X0" 修辞化地包含 "X1"

如果仅仅看标题,看不出"这也是一种永恒"包含了"瞬间即永恒"的修辞化改写。人们关于"瞬间"和"永恒"的语言记忆,处于逻辑上的对立状态,在没有外力推动的情况下,逻辑思维保持着对"瞬间不是永恒"的清醒。

当"瞬间即永恒"的新颖表达在语篇中实现时,"X0"包含"X1"在逻辑上的非真状态,被修辞化的"X"重新包装。

提取表 6–2 中的"X"及其隐含的分化形式——"X0"和"X1"对应的语言单位,可以观察到:

表 6–4　被修辞化的"X"重新包装的"X0"和"X1"

X	包含 X1 的 X0
永恒	瞬间也是永恒
力量	微笑也是力量
芬芳	苦涩的药香也是芬芳
爱	饭桌上父亲无言也是爱
问题	没有问题也是问题
危机	书店里书多也是危机
承诺	超越歌词承诺,兑现人性关怀也是承诺
幸福	淡定持久的婚姻生活也是幸福

表 6–4 产生了下面的矛盾:

在逻辑上,"[X1]这不是一种 X0"。"X1"向"X0"的逻辑过渡,不能成立。

经过修辞包装之后,"[X1]这也是一种 X0"。"X1"向"X0"的修辞过渡,在语篇环境中临时完成。

从逻辑上的"不是",到修辞包装之后的"也是",可以提取另一条规则:

规则 2:逻辑否定的事实转换为修辞肯定的表达,"X1"向"X0"过渡的逻辑障碍,由修辞临时消除。

"X0"包含"X1"的非逻辑表达,通过以上规则完成修辞过渡,得到主观认同。在将近 29 万篇作文中筛选出的 8 篇优秀作文,均属此类,有一定的代表性。这是修辞认知临时接管了逻辑的权利,一旦脱离当前语篇,还将恢复对逻辑权利的尊重。

由于标题话语屏蔽了"X1"向"X0"的修辞过渡，需要在语篇叙述中展开并强化。因此，前述规则应在语篇框架内补充——

规则3："这也是一种X"由标题话语向语篇叙述延伸，引入相关事件、情节、场景或评价，构建强力支持"X1"属于"X0"之一的语篇环境。

以"这也是一种永恒"为例，全文800字左右，反复强调一个逻辑悖理的表述："瞬间即永恒"，用下划线标示：

永恒，不只在于时间从洪荒而来的脚步；也不只在于风声从亘古而至的呢喃，一个瞬间，往往也能成就永恒。

昙花从不为她鲜艳得（的）短暂而暗自哀怜，因为她将自己怒放的那一刻书进了天地的长卷，万物无一不记得这瞬间却永恒的娇美，朝露从不为她光华得（的）瞬息而顾影悲叹，因为她用自己闪耀的那一秒照亮了世界的一隅，众生无一不怀想这瞬间而永恒的清丽。

因为真美，那些短暂的事物竟撼动了时间的定律，仅凭一个瞬间，缔造了无尽的永恒。

当诗仙宽袍弃履，举金樽而邀明月，沐月华而影三人的那刻，这一丝浸透了蟾晖的酒香便飘飘摇摇了千余年，萦绕在数万才子的鼻尖挥散不去，似是还携了月下那人的三分不羁，极醇。这瞬间的感悟，便在孩童清亮的诵读声中变为醉人的永恒。

因为不凡，那些即逝的侧影竟跃过了文明的更替，仅凭一个瞬间，缔造了无尽的永恒。

当屈子以血讴歌，孑然一身，仅怀拥一胸才气，腹含一枚忠胆投身汨罗的那秒，这一缕赤红泣血的绝美魂灵已挣脱世俗的枷锁，就随着汨罗江水的平平仄仄流过了漫漫岁月，滋润在每个志士的心田。这瞬间的悲壮，便在岁岁年年坚实的粽角中变为深沉的永恒。

因为无愧，那些闪现的生命竟无视了历史的变迁，仅凭一个瞬间，缔造了无尽的永恒。盖将自其变者而观之，则天地曾不能以一瞬。人生苦短，纵是八十而寿又何尝不是一瞬。

但且回首再看那南山脚下菊态幽美，洞庭湖心月晖清华；看那赤壁山涧金戈铁马,大漠暮里炊烟人家,弥足短暂,却也弥足永恒。

这些那些由真、善、美缠绕而成的瞬间,往往在笔尖的跃动甚至风叶的交响中被铭记。它们不曾在历史的长河中沉坷,甚至不曾在岁月的波涛中起伏,它们总以一种轻盈而美好的姿态起舞,独立于世,而在万物心中刻下永恒。

以真行走于世,以善放歌于世,以美馈赠于世,便可以自身之瞬间,成就大世之永恒。

瞬间,也是一种永恒。

语篇的修辞处理,是强力引导"X1(瞬间)也是一种"X0(永恒)"的修辞认知,在不同的叙述位置不断产生新的叙述动力,直到抵达语篇叙述目标。逻辑层面不属于属种关系的"瞬间"和"永恒",在语篇叙述中进行修辞调度。文中关于"真美"、"不凡"、"无愧"的叙述所成就的"瞬间即永恒",对标题"这也是一种永恒"构成修辞支撑:因为真美,昙花一现的瞬间融进了天地长卷,短暂的事物撼动了时间定律;因为不凡,诗仙"举杯邀明月,对影成三人"的瞬间,在孩童的诵读声中变为醉人的永恒;因为无愧,屈子投身汨罗的瞬间悲壮,在岁岁年年坚实的粽角中变为深沉的永恒。语篇叙述的每一个维度,加入同一个修辞强化句:"仅凭一个瞬间,缔造了无尽的永恒",呈现为语篇层面复沓的修辞结构,由此导向结论:真善美缠绕的瞬间,造就了永恒。

语篇起始句反向地否定"永恒"在公共经验中时间的无尽绵延,将"永恒"的时间长度减至最短:"一个瞬间,往往也能成就永恒"。叙述终端"瞬间,也是一种永恒",是对起始叙述的自然回应,也是叙述展开的自然结论。语篇环境中,每一次"瞬间即永恒"出场,都伴随着相关事件、情节、场景或评价的介入,也都伴随着修辞认知对"X1(瞬间)也是一种"X0(永恒)"的强力引导。

(2)"X1"对"X0"的偏离度

由于语篇叙述强力引导"X1"属于"X0"之一的修辞认知,"这也是一种 X"的语篇看点,在于"X1"为摆脱"X0"的压力如何偏离"X0"。

"X1"推动语篇叙述的能量，较多地取决于"X1"对"X0"的偏离度。因此，"X1"偏离"X0"的程度往往制约语篇生成空间。这里有两点值得注意：

1）在可识读的前提下，"X1"对 X0 的偏离等级倾向于：**偏离度高 > 中 > 低 > 零偏离**。

理想状态下，"X1"对"X0"的偏离度不能太小，拒绝零偏离。零偏离等于"X1"拷贝"X0"，即"X1"在"X0"的语义范围内及对应的常规判断中被克隆。这意味着"X1"无法摆脱"X0"的压力，失去了强力改变公共认知的意义，很难突显当前语篇富有新意的叙述，也不能满足未知信息 > 已知信息的接受期待。

2）在不改变"X1"和"X0"的道德评价的情况下，"X1"对"X0"的反向偏离，是偏离度的最大化。

以语篇为单位，重新观察 8 篇优秀作文，给出"X1"偏离"X0"的方式：

表 6-5　语篇叙述中"X1"对"X0"的反向偏离

标题话语	语篇叙述中"X1"偏离"X0"的方式
这也是一种永恒	"瞬间"和"永恒"构成反向偏离
这也是一种力量	"微笑"和"力量"构成刚性和柔性的反向偏离
这也是一种芬芳	"苦涩"和"芬芳"构成反向偏离
这也是一种问题	"没有问题"和"问题"构成反向偏离
这也是一种危机	书店里书越多文化市场越繁荣和书店里书越多文学市场越泛滥构成反向偏离
这也是一种爱	传递爱的信息的话语和无言构成反向偏离
这也是一种承诺	外在的语言承诺和发自内心的人性关怀构成反向偏离
这也是一种幸福	淡定持久的相守和轰轰烈烈、痛彻心扉的幸福构成反向偏离

8 篇优秀作文，都有效地制造了叙述张力，都对接受者产生陌生化刺激，也都部分地得力于选择"X1"对"X0"的反向偏离，即选择偏离度的最大化。这种反向偏离，有的在语义层面发生："X1"和"X0"处于语义对立的反义义场；有的在审美、逻辑、伦理等层面发生："X1"和"X0"处于反向对立的修辞场。

制造叙述张力的反向偏离，伴有"X1"向"X0"的转换。这种转换在《这也是一种芬芳》中表现得相对复杂：标题屏蔽的反向偏离，在语篇中首先

由"X1"完成。从"X1"到"X0",再次反转,经过了几次修辞处理:

在叙述起始部分,考生的童年记忆是一碗碗褐色的药汤、老中医爷爷佝偻的背影,药罐里冒出的气体。爷爷煎熬中药的气味在房屋内弥漫时,"我"远远地躲避,病中服药,加冰糖也觉得苦口。中药味苦,既是一种事实描述,也是文末"苦涩的药香"的反向铺垫。

在叙述展开部分,病榻上的"我"从家中破旧的中草药图典里认识了许多药名:白芷,半夏,紫宛,青黛,这些审美化的药名,成为一种修辞幻象:前世温婉绰约的美丽女子,化作草药安抚病人,"我"甚至想象《红楼梦》里林妹妹因为药香的衬托,楚楚身影让人惋怜。

到叙述终端,"我"感觉到了"满室氤氲里"是"爷爷的爱"和病人"温柔的健康保证",原先"药铺苦涩的气味",变成"苦涩的药香",叙述中止于"芬芳"。

语篇叙述的反向偏离路线可以描述为:

表 6-6 《这也是一种芬芳》中"X1"对"X0"的反向偏离

X1	X0
感知对象	中草药
客观感觉	苦涩
主观感觉	香→苦涩的药香→芬芳

中草药由"苦涩"而"香",是一次反向偏离。从"香"到"苦涩的药香",是第二次反向偏离:"苦涩的药香"是一种主观化的感觉,"苦涩"和"香",在同一经验主体的感知系统中,不会作为同一感知对象同时在场。汉语中有"清香"、"馨香"、"幽香"、"暗香"、"醇香"、"芳香",没有"苦涩香",即使"异香",也是异在香味浓烈,而不是香中的苦涩。就"苦涩的药香"来说,"苦涩"是真,"香"是幻,否则不会加冰糖还觉得药苦。从"苦涩的药香"到"芬芳",修辞化地过滤了"苦涩",修辞主体的审美感觉接纳了非实体意义的"药香","香"与"芬芳"同义。至此,"[X1]这也是一种 X0"的强力引导才最终完成。

在"[X1]这也是一种 X0"的叙述结构中,反向偏离较多地出现。反例的排除似可考虑:当"X1"和"X0"属于语义对立的极性形容词、且语义对立的极性形容词涉及道德评价时,不能选择反向偏离。如:

　　〔卑鄙〕这也是一种高尚 ×

如果出现这种偏离,只能在语境支持下生成以句子为单位的反语,如"高尚"和"卑鄙"在反向对立的修辞场可以生成佳句:

　　卑鄙是卑鄙者的通行证
　　高尚是高尚者的墓志铭。(北岛《回答》)

但不能生成以语篇为单位的美文。因为关于"高尚"和"卑鄙"道德评价的公共标准不能互换。北岛诗中"高尚"和"卑鄙"道德评价的公共标准没有互换,与句子层面的修辞表达不是一回事,不属于同一讨论对象。

(二)语篇生成前后的修辞问题:"表达—接受"互动过程中的认知3

从标题话语"这也是一种X",到语篇叙述"〔X1〕这也是一种X0",是认知3的修辞转化。这种修辞转化,在"表达—接受"互动过程中如何被认同,情况较复杂,且不容易观察到。重要的区别是:

对表达者来说,标题话语"这也是一种X"本身不能直接显示认知3。语篇标题的语义容量,不足以支持"这也是一种X"的真实信息传递,标题话语"这也是一种永恒"屏蔽了"〔瞬间〕这也是一种永恒"的认知方向。只有表达者清楚,自己将在语篇中重建"〔X1〕这也是一种X0"的认知方向。理想状态下,语篇叙述"这也是一种X"的前提,需要在主观设定的"X0"和"X1"的关系中重新包装"X"。表达者要做的,是在语篇叙述中将"〔X1〕这也是一种X0"的修辞认知,梳理出一条清晰的线索,并将自己思考的结果叙述清楚。这个过程,受认知3支持。

对接受者来说,"这也是一种X"作为标题话语,只是激发了一种接受期待,并不等于已经被接受的语言现实。语篇中这个"X"将如何重新定义?如何在重新定义的"X"的基础上展开修辞化的叙述?需要在语篇范围内跟踪，只有语篇提供了有关"X"未知信息的刺激，接受者才能确认：当前语篇中"这也是一种 X"中的"X"，是一个能指，两个所指。当"X"在"X0"和"X1"的关系中重新包装，并编码进当前语篇时，原先处于接受者认知区域边缘位置的信息（"[X1]这也是一种 X0"），不同程度地向表达者认知区域的中心位置趋近。只有在这时候，认知 3 所支持的优秀作文得到认同，才是可能的。当逻辑上的"[X1]这不是一种 X0"重新包装为修辞化的"[X1]这也是一种 X0"的时候，之所以没有出现接受者的误判，就因为接受者和表达者通过认知 3 接通了信道。

（三）考场之外：认知 3 支持的语篇叙述

考场之内，认知 3 支持了优秀作文的语篇生成。阅卷现场，认知 3 支持了对优秀作文的集体认同。经高考资源网公布的福建省 2009 年高考优秀作文均为认知 3，2009 年福建省高考作文命题的目标期待也为认知 3。

考场之外，认知 3 支持了挣脱公共认知压力的语篇生成与理解。本书第三章分析过余秋雨的散文《废墟》：语篇叙述始于并终于"X0"，叙述展开过程以"X0"和"X1"轮番推动，据此确保语篇新颖度。修辞处理的认知机制同本章所述认知 3。

认知 3 支持的语篇叙述，在差异中体现一定的可推导性。限于篇幅，不拟更多地引录和分析，仅补充三种不同文体类型的语篇各一例：

1. 汗漫《脚注》：语篇关键词"脚注"分化为"脚注 0"和"脚注 1"用脚注释自身。

> 多年以前，外祖母变形的小脚，注解了一个漫长而又变态的晚清。
> ……
> 《现代汉语词典》（商务印书馆，1996 版）对于"脚注"一词的注解是："列在一页文字末了的附注。"——每一个人都是一页写满了文字的纸，那些晦暗不明的部分，通过一双脚来注明……

"脚注 0（X0）"的认知基础是经概念压缩生成的语词义；"脚注 1（X1）"认知基础是重建概念的修辞义。"脚注 0"与"脚"没有语义关联，是修辞关

联支持了"脚注0"的概念压缩:

　　1)"脚"处于"身体"的下端位置;

　　2)"脚注"(页面下方的附注)之"注"处于"页面"的下端位置;

　　1)和2)经修辞关联,压缩为3)——"脚注0"。

　　"脚注0"的语词义,在《脚注》语篇的起始句就被取消了。语篇叙述的起点是"脚注1":"用脚注释自身"。语篇叙述空间由"脚注1"打开:"外祖母变形的小脚,注解了一个漫长而又变态的晚清"。直到叙述终端,"脚注0"的语词义才突显出来,但仍以"脚注1"的修辞义收束全文:"每一个人都是一页写满了文字的纸,那些晦暗不明的部分,通过一双脚来注明……"

　　以上描述,可图示为:

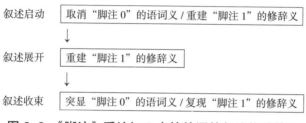

图6-2　《脚注》受认知3支持的语篇叙述修辞策略

　　《脚注》刊于《中国社会科学报》2010年3月4日19版"词语妙解"专栏,认知3支持了语篇叙述空间的拓展,也支持了接受者的语篇理解。

　　2.臧克家《有的人》:语篇关键词"活/死"分化为"活0"和"活1"

　　　　有的人活着,

　　　　他已经死了;

　　　　有的人死了,

　　　　他还活着。

"活0(X0)"的认知基础是语词义;"活1(X1)"的认知基础是修辞义(相反投射):语篇关键词"活"和"死"都是一个能指、两个所指:

表 6-7　"活 / 死"：X0（语词义）和 X1（修辞义）

X（语词）	X0（语词义）	X1（修辞义）
活 死	有生命 失去生命	有生命价值 失去生命价值

将"X0"和"X1"的语义带入语篇《有的人》，认知 3 消除了字面上的逻辑悖理，一个经典的句子在"X0"和"X1"的相反投射中诞生，一个经典的诗歌语篇在"X0"和"X1"的交叉推动中生成，并且强制性地引导读者接受"X1（修辞义）"。

3. 乔羽歌词《最美不过夕阳红》：语篇关键词"夕阳"分化为"夕阳 0"和"夕阳 1"

> 最美不过夕阳红，
> 温馨又从容。
> 夕阳是迟开的花，
> 夕阳是陈年的酒，
> 夕阳是晚到的爱，
> 夕阳是未了的情。
> 多少情爱，
> 化作一片夕阳红。

"夕阳 0（X0）"的认知基础是语词义；"夕阳 1（X1）"的认知基础是修辞义（相似投射）：语篇关键词"夕阳"以语词义（"傍晚的太阳"）进入首句话语组合，记作"夕阳 0"；语篇展开过程中的 4 个"夕阳"，由"傍晚的太阳"经相似投射，重建"夕阳 1"的修辞义"老年人的情爱"。"夕阳 1"摆脱了"夕阳 0"的公共认知压力，承前：修辞化地解说了"最美不过夕阳红，温馨又从容"；启后：汇入"多少情爱，化作一片夕阳红"的修辞认同。语篇新颖度的认知支持，也是认知 3。

从高考优秀作文的语义修辞化重建，到拥有更为广泛的读者的精美语篇,被忽略的修辞问题值得我们思考:考场内外,认知 3 支持的语篇看点,很大程度上在于作者如何为语篇关键词重建修辞化的语义。这些关键词的修辞义,如何挣脱公共认知?我们如何解释这些关键词承载的修辞义推动语篇建构的叙述能量?与此相反,为什么考场之内相当多的考生选择认知 1 却不明白实际上接近"死亡选择"?学生究竟需要什么样的语言训练?这不仅仅是理念,更重要的是可操作的实践。如何让学生在掌握词典记录的语词义的同时,引导、鼓励他们创造性地重建修辞化的语义?何如在语义重建过程中,修辞化地表述和理解语言建构的世界?

由此进入下面的讨论——

四、语言能力弱化和语言教育的修辞缺失

语言能力包括母语能力和非母语能力,本章所论,只涉及前者。

美国《财富》杂志一篇文章论述培养具有国际竞争力的下一代问题,把人的语言能力放在首位,大到国家的公众语言形象,小到个人的"话语作为/话语不作为",都投射出公众语言生活的鲜活程度和智慧指数,信息时代的社会文化空间对国民语言能力的开发更是充满期待。

遗憾的是,在这方面有着神圣担当的母语教育不时地遭到一些专家学者的批评。20 世纪 80 年代初,吕叔湘先生就对我们的母语教育低效表示过忧虑,90 年代以来的通俗文化对当代语言生活的负面影响,增加了问题的严重性。近年高等教育由精英化向大众化转轨,扩大了语言素质偏低群体,这一现象甚至向高学历层次扩散。

(一)语言能力弱化:从普及教育到精英教育散点透视

我先后分管过某高校文学院的本科教学和研究生教育,有机会近距离观察不同层次学历教育中的母语教育链条。本章第二节抽样统计全国高考语文试卷一道语言答题的得分情况表明:多数高中毕业生不具有语言组装的初步技能。

通过高考选拔的高中生,接受 4 年本科教育,语言能力的提高仍然有

限。《中国社会科学报》刊发教育部语言文字应用研究所孙曼均的文章,谈到 2009 年北京 4 所高校学生语言能力测试结果,不及格和得分在 70 分以下的受试分别为 30% 和 68%。而对其中一所高校部分学生的测试结果显示:100% 存在语法问题,86.5% 存在行文语气问题。文章援引《中国青年报》的调查数据,有 47.1% 的调查对象将汉语应用能力下降归咎于当前汉语教育存在问题。①

我熟悉的一所本一批招生的高校,相当多的本科生毕业论文达不到文通字顺的初级要求。教育实习和毕业论文答辩所反映的学生口语表达能力也令人失望。一次论文答辩现场,答辩者被要求改正自己毕业论文某一页的错字,这位学生有些茫然地找了半天,没找出错字,反而把一个正确的字改错了。这让人想到牙医误拔好牙的幽默段子。

本科毕业生考研的学生,总体上属于同类学生中成绩偏上的,即使这样的群体,语言能力与他们的教育经历应该具备的水平还是不相称。

2010 年福建师范大学汉语国际教育硕士学位研究生入学考试汉语基础综合试卷,有一道题:请就下面的例子作简单的语法修辞分析(8 分)。

> 孩子
> 在土里洗澡
> 爸爸
> 在土里流汗
> 爷爷
> 在土里埋葬(臧克家《三代》)

超过 80% 的考卷,不能体现考生的语法敏感和修辞敏感,后者尤其匮乏。从给定语料看,语法结构可以在句子层面观察,可以抽象出一个 "N1 在 N2 里 V" 的结构。但是修辞信息需要在语篇层面挖掘:"在土里" 作为语篇的核心语象,需要结合 "在土里" 的角色和 "在土里" 的行为,在语篇整体框架中进行修辞分析,这是一个农耕民族从个体生存到群体生存的生命过程,一个

---

① 孙曼均:《汉语应用能力弱化堪忧》,《中国社会科学报》2012 年 4 月 16 日。

世世代代与"土"进行廉价交换的民族的生存状态。比较:

表 6-8 《三代》句子层面的语法结构和语篇层面的修辞信息

角　色	场　所	行为状态	模式提取／修辞信息
N1	在 N2 里	V	一个概括的句子结构
孩子	在土里	洗澡	"土里"修辞化地指向童年嬉戏的场所
父亲	在土里	流汗	"土里"修辞化地指向成年劳作的场所
爷爷	在土里	埋葬	"土里"修辞化地指向生命安顿的场所

汉语"在土里～～"的表达式,支持了语篇《三代》内涵丰富的隐喻义传递;接受者需要挖掘"在土里～～"的修辞信息,使之突显。但是阅卷现场似乎没有发现考生显示了这方面的修辞敏感,国内现行汉语教科书的修辞知识谱系,也不支持考生的修辞挖掘。

　　硕士生入学考试的优胜者,经过三年的专业训练,语言能力仍然让很多指导教师失望,有时甚至令人抓狂。一位硕士生 400 多字的学位论文摘要,指导教师代改的语言错误、欠妥的表达或不符合学术叙述的话语方式共 20 多处。相信很多研究生导师有过帮学生改写甚至重写"论文摘要"的无奈。

　　我一直认为,让考生重拟几百字给定的论文摘要,足以判断考生的语言能力。根据一段高质量的论文摘要判断作者的语言能力,准确度并不亚于一篇优秀论文;反之,读了一段糟糕的论文摘要,无需细读全文,已经可以大致清楚作者的语言能力。为此,从 2007 年到 2011 年,连续 5 年,福建师范大学语言学及应用语言学专业硕士研究生入学考试,都有一种题型:阅读给定的论文摘要,按题目要求重拟（20 分）。

　　例如 2007 年考题（保留原文语言错误）:

　　　　原文　前人对《荀子》的研究主要是从宏观的角度概括荀子的修辞观,却很少对《荀子》中的修辞的手法进行具体地、分门别类地研究和讨论。本篇论文在全面对荀子辞格做统计的基础上,概述"荀子"的修辞总体的特色:长于论辩,其文多见长篇大论;论点很清楚,句式整齐而精炼。总结《荀子》对辞格的选择与运用的特点:意境、材料方面辞格的运用技法纯属,辞格联用的现象很长见,句式安排依内容而定,多用排偶。论文从多方面研究《荀子》修辞的特色,分析了其中大量设问句、反问句具有雄辩色彩的修辞效果,以及对话、辩难的修辞效果。论文为突出《荀子》的修辞的特点,还将《荀子》中的主要的修辞手法与《论语》中的加以比较,并加以总结出两者不同的修辞风格。

答题要求:不改变原意,逻辑合理、观点清楚,语言流畅、简洁。

综合上述答题要求,结合阅卷现场的实际情况,我们将考生的语言能力能力大致分为四等:

A 等:表意准确,语言组织流畅性好,有文采。(得分 19—20)

B 等:表意较准确,语言组织流畅性较好,较有文采。(得分 16—18)

C 等:表意欠准确,语言组织不够流畅。(得分 12—15)

D 等:表意不准确,语言组织不通顺。(得分 11 以下)

阅卷结果显示:属于 C、D 等级的得分相当多。凡没有改正原文错别字,没有删除原文多余用字的试卷,记 11 分以下。凡改变了愿意,或没有理顺原文未能理顺的逻辑关系的试卷,记 15 分以下。这道题满分 20 分,2007 年共 216 份答卷。得分情况如下:

表 6-9 研究生入学考题"重拟论文摘要"得分情况

得 分	19—20	16—18	12—15	11 分以下
人 数	0	19	96	101
百分比(%)	0%	8.8%	44%	46.8%

统计数字显示:将近 200 份试卷重拟的论文摘要,不同程度地显示了考生亟待提高对语言错误的敏感、对学术文体话语逻辑的敏感、对学术叙述的修辞敏感。而这些亟待提高语言敏感的考生,都是报考语言学专业的。

这种现象各学科都有,且数量不少。陆俭明慨叹大学生(包括研究生)"语文修养和语文水平都有每况愈下的趋势"①,值得深思的是,这些学生参

---

① 陆俭明:《跨入新世纪后我国现代汉语语法应用研究的三个主要方面》,《中国语文》2000年第 6 期。

加高一层次的学历考试,录取率并不低。我所了解的一些语言能力在基本水平线以下的硕士报考名校的博士生,考分都在前几名,类似的情况还比较多。由此体现的**我们的语言教育对象在应试能力和语言能力方面的分离,应该引起语言教育工作者和国民教育政策决策层的高度重视。**

即使处于语言教育链终端、属于精英教育对象的博士生,语言能力也不容乐观。任继愈毫不讳言国家图书馆"博士生文库"中"不少论文语法不通,标点不对"。《光明日报》为此刊发的短讯坦言:"现代汉语尚且如此,古汉语的素质更让人不敢恭维。"[①]

语言教育培养对象的语言能力弱化,不完全归因于修辞能力弱化,但在"活语言"中提高语言能力,往往成本更低、成效更高,而修辞注重的就是"活语言"的运用与理解。从这个意义上说,修辞缺失是语言能力弱化最主要的、但受重视程度最低的因素。也许因为这样的缘故,我教语言学课程,只要有可能,通常会调整教材内容的编排顺序,从修辞开讲,而不是先讲绪论、语音,这样或许更利于调动学生学习语言的兴趣。我国高校在校生的性别结构,女生比例较高,师范院校尤为突出,女生的思维偏向往往认为"语言学不好玩",修辞可能多一些活性。所以我主持出卷的语言学考题,通常会在区分从本科生到博士生考题难易梯度的前提下,倾向于一种出题思路:由修辞拉动语音、文字、词汇、语法知识的灵活运用。目的是希望考生在静态的规则和动态的例外之间,寻找一个平衡的支点,观察与解释"活语言"。

(二)语言教育的修辞缺失

一位指导修辞专业研究生的教授讲述自己亲历面试现场的一个真实情况:报考语言学专业和文学专业的研究生,都不乏对"修辞"茫然无知的考生。教材涉及的有限"修辞"内容,考生不了解;教材之外的修辞研究信息,考生更是闻所未闻。(据我所知,有的高校汉语课不讲修辞;有的学生选择修辞研究方向做学位论文,被语言学其他专业的老师"好心"劝阻。)这类问

---

① 　参见《光明日报》2005 年 9 月 1 日短讯《博士生论文质量下降》。按:这是一个总体判断,不否认比例有限的优秀博士论文存在,不影响本书作者对其中一些语言流畅、表达精当的智慧成果的欣赏。

题的根源不在他们,而在我们的语言教育缺失了不应缺失的修辞资源。

1.教材建设的修辞缺失

阅读教育部编制的从"十五"到"十二五"期间普通高等教育教材建设与改革的意见,虽多为宏观架构,但有时也具体到了拟新编教材"指定选题"目录,其中涉及汉语的有:古代汉语、语言学史、语言文字信息处理、训诂学、文字学、音韵学,与汉语这些领域相关的教材更新当然是必要的,但是,同样需要更新的修辞学教材,却处于国家规划新编教材"指定选题"被遗忘的角落。全国高校现行汉语教材中,相对于其他子学科来说,修辞学的教学内容改变最少。一方面,修辞学研究自身的理论在不断更新,另一方面,旧有的修辞学教学体系基本保持原样,这就使得修辞学教学内容的知识谱系和学科前沿的距离日渐拉大。在这样的情况下,教材建设的修辞缺失,不能不让人费解。

当然也有出版社组约不限于狭义修辞知识点的高校教材,曾有不止一家出版社与我谈过这方面的意向,但这与教材建设不是一回事。从某种意义上说,出版社组约视野相对开放的大学修辞学教材,正是瞄准了体制内吸收修辞学前沿成果的教材缺失的市场。聪明的出版社从教材建设的修辞缺失发现了商机,可是拟定教材规划的政府行为和专家行为好像共同忽视了一个问题:语言学教材建设的修辞缺失所匮乏的,难道仅仅是"修辞"知识?

教材建设的修辞缺失,表现在宏观层面;更表现在微观层面:如何通过一定的教学手段,实现预期的教学目标? 同样忽视了修辞资源。

我曾就时间名词"黄昏/傍晚"在言语运用和理解方面的差异,对831份问卷做过分析,分析结果显示:汉语教材中的同义词辨析规则很难深入地解释下面的问题:

——为什么"黄昏"可以喻指人的晚年,而同义时间词"傍晚"不具有这一义项? 为什么进入话语组合的"黄昏恋"不能置换成"傍晚恋"? 为什么老鬼的小说《血色黄昏》、余华的小说《黄昏里的男孩》、古诗名句"已是黄昏独自愁",不能用"傍晚"置换"黄昏"? 为什么张路江获奖油画《大黄昏》、冯骥才的水墨画《黄昏都是诗》、尼采的著作名《偶像的黄昏》、著名景观"布拉格的黄昏"不能置换为《大傍晚》、《傍晚都是诗》、《偶像的傍晚》、"布拉格的傍晚"? 也许,一经置换,也就同时抽换了原初表达的诗意,可是人们为什么认定:"黄昏"比"傍晚"更多地指向诗意化的时间?

——为什么"傍晚"很难激活同一时间段"黄昏"的修辞记忆?为什么商务谈判、会议纪要、法律文本中"傍晚"的语用频率大大超出同义时间词"黄昏"?为什么"傍晚回家"、"傍晚交通堵塞"之类的话语表达如果换用同义时间词"黄昏",会让人觉得别扭?人们为什么认定:"傍晚"比"黄昏"更多地指向现实时间?

——为什么南帆概叹:"城市人时间表上的黄昏已经永久取缔。他们想到的仅仅是傍晚?"①

接受问卷调查的 831 人中,有福州一中学生 597 人(高一、高二、高三学生分别为 193、201、193 人),福建师范大学文学院本科生 128 人、语言学专业硕士生 34 人、博士生 10 人、非语言学专业硕士研究生 52 人、海外教育学院留学生 20 人。

问卷调查及分析的问题,涉及人对时间的物理把握和心理参与,涉及对时间词超越纯语义理解的修辞认知。汉语教材的同义词辨析规则很难充分解释"黄昏/傍晚"的语用差异,修辞认知似可扩大解释空间。"黄昏/傍晚"进入人的感觉系统,以心理时间的面貌在给定的语用环境中重新定位:"黄昏"是审美化的,悠闲的古人拥有这种审美的从容,宁静的乡村是适宜这种审美的场所;"傍晚"是日常化的,现代人的生活节奏和城市的喧嚣把人们从"黄昏"的审美现场拉回到世俗场景。"黄昏/傍晚"在言语运用和理解中有一定的模糊倾向,总体上不改变"黄昏"多用于审美语境、乡村语境、古典语境;"傍晚"多用于日常语境、城市语境、现代语境的修辞规则。②

汉语教学是重视规则的,例如词语释义教学大多强调所释之义科学、准确、明白,问题是:**如何使释义方法便于"教"和"学"?**

黄伯荣、廖序东主编的《现代汉语》(增订四版)介绍了 6 种释义方法:指示法、定义法、以词解词法、描绘法、分解法、入境法。③另有一些现代汉语教科书也写进了有关释义方法的内容。这些释义方法对词义教学、词典编

---

① 南帆:《追问往昔》,湖南文艺出版社 1998 年版,第 84—90 页。
② 参见谭学纯:《广义修辞学演讲录》,上海三联书店 2012 年版,第 167—179 页。
③ 黄伯荣、廖序东主编:《现代汉语》,高等教育出版社 2002 年版,第 335—337 页。

篡都因其规则性而有一定的指导意义。但在具体操作中,会遇到一些问题:不管是指示法、定义法,还是描绘法、分解法,是否可以提炼出一个"指示"、"定义"或"描绘"、"分解"的模式且便于操作?这六种方法中,有章可循、相对易于操作的是"定义法",但是本章第二节抽样分析的实例表明:不要说让学生自己用"定义法"释义,就是现成的定义打散了,让学生重新组装,正答率之低也出人意料。

人们在强调词语释义方法的科学性的时候,可能有意无意地淡化修辞性,背后的预设,可能是修辞的规律性不容易把握。其实这是一种误解,实际上,有些类型的词义释义,可以依据修辞认知,提取更易于操作的释义模式。

汉语词汇系统中多义词所占比例相当大,多义词诸义项中,比喻义所占比例也相当大。因此,可以利用修辞原理,开发比喻义释义模式的研究价值和应用价值。

观察《现代汉语词典》中大量存在的比喻义,从中抽象出某种有解释力的、可推导的释义模式,涉及下面的概念术语:

句段关系(组合轴)/联想关系(选择轴)索绪尔认为语言各项元素之间的关系在两个不同的范围内展开,它们分别属于句段关系和联想关系:前者是各项语言成分按一定语言规则的有序排列,处于这种关系中的各语言单位在现实的序列中呈现,由两个以上连续的语言单位在长度上呈水平状延伸;后者是某种相关语言成分之间的关系,处于这种关系中的各语言单位,由心理联想聚合起某些同列要素。[1] 这些同列要素在相同的语法位置上可以互换,以一个给定的要素为核心,其他无定数的同列要素向这个核心聚汇。

索绪尔关于语言句段关系和联想关系的划分及其理论内容,被雅柯布逊移植并衍化出著名的诗学原理:诗意功能把等价原则从选择轴投射到组合轴。

雅柯布逊所说的组合轴和选择轴,分别相当于索绪尔所说的句段关系和联想关系,即联想关系中的选择等价原则,被投射到结构序列的句段组合中。

以"打通"为例,《现代汉语词典》释作:

打通 除去阻隔使相贯通。

---

[1]　[瑞士] F. de. 索绪尔:《普通语言学教程》,高名凯译,商务印书馆 1985 年版,第 107 页。

这项释义很概括,但解释力似可再斟酌。比较:

　　　打通 1:打通隧道 (除去阻隔使相贯通√)

　　　打通 2:打通思想 (除去阻隔使相贯通 ×)

　　　打通 3:打通学科界限 (除去阻隔使相贯通 ×)

《现代汉语词典》将"打通"之类处理成单义词,似影响该词释义的解释力。"打通"存在相对于基本义的比喻义。《现代汉语词典》在"凡例"中说明:举例不止一例,且有比喻义时,用"◇"隔开。但"打通"释义只在"把这两个房间打通"和"打通思想"之间用"◇"隔开,并没有把"打通 1"和"打通 2"处理成不同的义项。事实上,从"打通 1"到"打通 2"、"打通 3",已经不是同质经验的认同,而是异质经验的比附和置换。《现代汉语词典》所释"打通",可以解释"打通 1",但解释"打通 2""打通 3"似乎不太准确。根据"打通"用法的非单一性,把"打通"处理成多义词,将"打通 1"处理成基本义,将"打通 2"、"打通 3"处理成比喻义,似更妥。

　　考虑释义的解释力,试调整"打通"的释义:

　　　打通 1:消除阻隔,使相贯通。(打通隧道)

　　　打通 2:消除隔阂,使相沟通。(打通思想)

　　　打通 3:去除界限,使相融通。(打通学科界限)

　　通过句段关系 (组合轴) /联想关系 (选择轴),重新观察调整后的"打通"释义:

　　　打通 1:消除阻隔,使相贯通。｜
　　　　　 (句段关系 /组合轴)｜
　　　——————————————————————
　　　打通 2:消除隔阂,使相沟通。｜(联想关系 /选择轴)
　　　打通 3:去除界限,使相融通。｜

　　　　图 6-3　句段关系 (组合轴) /联想关系 (选择轴) 中的"打通"释义

"打通"由基本义"打通 1"向比喻义"打通 2"、"打通 3"的释义转换,在技术上即:

横向组合轴上在句段关系中生成的释义用语,转换为纵向选择轴上在联想关系中重新生成的释义用语。

这种转换涉及另一对概念术语——

参照符号 / 空符号　组合轴上,在句段关系中生成的释义用语,指向该词的基本义。选择轴上,在联想关系中重新生成的释义用语,指向该词的比喻义。基本义既是比喻义的生成基础,也是比喻义释义的参照原型。当比喻义的参照原型与重新生成的比喻义构成相似关系时,比喻义的生成才有可能。

相对于比喻义来说,基本义的释义用语,是一套具有原型意味的参照符号。相对于基本义来说,比喻义的释义用语,是一个可以置换的空符号序列:

表 6-10　参照符号和空符号相似关系中的"打通"释义

参照符号	消除阻隔,使相贯通。(打通 1——基本义)
空　符　号	消除隔阂,使相沟通。(打通 2——比喻义 1) 去除界限,使相融通。(打通 3——比喻义 2)

加下划线的语言单位,代表可以置换的空符号。基本义释义用语"消除阻隔,使相贯通",构成组合轴,进入比喻义转换为选择轴。选择轴上,被置换的空符号与组合轴上基本义释义用语的原型参照符号有语义关联。在组合轴同样的语法位置上,空符号与参照符号按近义关系进行选择性置换。参照符号和置换符号之间的近义关系,即该词不同义项之间语义的修辞性关联。

从"打通 1"到"打通 2"、"打通 3",通过修辞化改造,将源概念的所指移植进目标概念。以修辞化的方式对概念语义重新建构,赋予符号所指以不断置换的开放性。认知主体参照既定经验,在一个新的经验领域内寻找相似点的过程,就是语义的隐喻化生成过程。

由于相似点的存在,被置换的空符号的认知难度,小于原型参照符号的认知难度。由于"打通 1"的存在,"打通 2"、"打通 3"的认知难度较小。"打通 1"的认知模型被强制性地转移到了置换的空符号上,主体经验系统中的原型参照,修辞化地激活了置换后的"打通 2"、"打通 3"的认知经验。或者说,置换后的空符号唤起了认知主体对原型参照的记忆。原型记忆作为一种认知引导,被认知主体从经验系统中提取出来,加入到对置换符号的类似认知活动中。

　　基于以上分析,可以抽象出比喻义的某种释义模式,并根据这种模式对《现代汉语词典》部分词条比喻义释义做局部改造或补充。

表 6-11　模式 1:组合轴上的释义用语在选择轴上部分地成为可置换的空符号

语　词	基本义	比喻义
大气候	广大区域内的气象情况	广大范围内的形势或思潮
肚量	进食的限度	宽容他人的限度
分界线	划分开地区的界线	区分开事物的界限
负重	背着重物	承担重任
改造	改变原来事物的形状、性能、面貌等,使适应新需要	改变思想、制度等,使适应新形势
割断	割开使截断	分开使决断
国宝	国家的珍贵物品	国家的宝贵人才

表 6-12　模式 2:组合轴上的释义用语在选择轴上全部成为可置换的空符号

语　词	基本义	比喻义
大路货	价格大众化的消费品	水平一般化的艺术作品
到位	到达适当的位置或预定的地点	达到合适的水平或期望的境界
对号	查对相合的号码	对照相应的条件和情况
翻船	船只翻覆	事情挫败
分流	主流中的分支水流注入另外的水域	(货币、车辆、人员等)分别向不同的方向、渠道流动
副作用	药物治疗功能之外附带产生的对人体的不良影响	事物的负面影响
关卡	交通要道设立的检查站和岗哨	权力机构人为设置的办事障碍
灌注	流入、浇灌	投入,倾注(精力)

表6-13　模式3:组合轴上的释义用语在不同义项释义用语的选择轴上全部或部分成为可置换的空符号

语词	基本义	比喻义
发酸	(食物)变酸	因嫉妒等感到心里不是滋味
反弹	压紧的弹簧弹回来	①跌落的价格、行情等回升 ②事物改变发展态势后回复原先状态
放射性	物理学上指某些核元素中不稳定原子核自动发出射线而衰变为其他元素的性质	①医学上指一个痛点向周围发散 ②以某一点为中心,向周围延伸 ③(事物)向周围扩散的性质
复活	死了的重又活过来	①事物衰亡了又重新兴起或发展 ②使衰亡了的事物重新兴起或发展

注重释义模式的可操作性,使复杂的释义问题变得简单。本节的分析似可将相当多的比喻义释义纳入可模仿类推的认知模型,不仅可以用于辞典记录的有固定义位的不同义项的推导释义,而且可以用于亚义位、自设义位的推导释义,只是有时候需要部分地置换词的基本义和引申义的释义用语。我们曾将这种释义模式引入母语教学和对外汉语教学,这一模式的可操作性,其实只是在词的释义中融入了教科书不曾涉及的修辞原理。

2. 语言能力训练的修辞缺失

语言能力训练注重静态的规则,更注重动态的言语运用与理解,这两方面,修辞缺失对语言能力训练效率的影响,都没有受到应有的重视。后者的修辞资源不限于教材中的"修辞格",也不限于修辞技巧意义上的语音调配和词句选择。

例如,汉语"秋～"词群除了表示中性语义的一类以外,多具有"非喜即悲"的修辞色彩,与此相关联,中国文学史上"秋"的歌赞和悲鸣经久不歇。对这一语言现象的解释,曾经流行社会学的政治观点,认为话语主体的世界观和阶级性决定他们笔下流淌的是"秋"的歌赞,还是悲鸣:革命叙事多"颂秋",封建文人多"悲秋",是上述解释的常见结论。这种说法是否有理据,暂且搁置不论。我更倾向于注意这一现象背后未经挖掘的修辞资源:

汉语"秋～"词群存在于两个修辞场,汉语"秋"的词义与中国人"颂秋/悲秋"修辞场,存在认知关联。"秋"是一个季节符号,也是一个修辞符号。"秋"的本义是"庄稼成熟",这是谷物丰收的季节,也是草木凋零的季节。谷物丰收和草木凋零,是秋季的物候特征。由秋季的物候特征,汉语"秋~"语词系列汇聚为语义联想对立的两个修辞场:

(1)语义联想指向喜庆意识的修辞场

庄稼成熟→谷物丰收,对一个以农业经济为主的民族来说,是喜庆之事。这种喜庆意识在汉语词汇系统"秋~"词群中体现为一个共同的认知方向:

> 秋红　指秋天熟透泛红的果实。①
> 秋登　表示收成、收获。"秋获"同此意。
> 秋报　秋天祭祀社稷,报答神灵的佑护。

丰收的喜悦和人生的喜庆联系在一起,反映在词汇中,就有了:

> 秋期　婚期。
> 春花秋月　比喻良辰美景。
> 秋月春风　比喻美好的时光。

丰收的喜悦和人生的喜庆与"秋"关联则"颂秋",又由"颂秋"泛化为颂赞美好事物的"秋~"词:

> 秋女　比喻美女。
> 秋水　比喻明澈的眼波、清朗的气质。
> 秋高气爽　形容秋空高朗、气候凉爽宜人。

(2)语义联想指向悲伤意识的修辞场

与庄稼成熟相伴随的另一个视觉表象是草木凋零。庄稼成熟→草木凋零,外在景观通过内在心理转换,完成了"悲秋"修辞场的建构。

从自然规律看,成熟往往意味着生命力将开始下降、减弱。庄稼在秋季成熟,草木在秋季凋零,于是,"秋"有了萧条、破败的意思,这很自然地引发

---

① 语料来源依据《汉语大词典》,释义亦然,略有改动。

出中国古人关于"秋"的悲伤意识：

> 秋容　形容悲愁的面容。
>
> 秋颜　形容衰老的容颜。
>
> 秋怀　秋日的思绪情怀。
>
> 秋怨　秋日的悲怨情绪。
>
> 秋闺　喻指容易引起秋思的场所。
>
> 秋残　喻指秋日萧条衰败的景象。
>
> 秋士　喻指迟暮不遇之士。
>
> 秋婆　喻指老态。
>
> 秋发　喻指白发。
>
> 秋刑　喻指肃杀之气对万物的摧折。

"秋"，由此成为蕴含绵绵愁绪的修辞语象。

《广雅·释诂四》："秋，愁也。"《红楼梦》中林黛玉那首《秋窗风雨夕》，写得尤其让人伤感：

> 秋花惨淡秋草黄，
>
> 耿耿秋灯秋夜长；
>
> 已觉秋窗秋不尽，
>
> 那堪风雨助凄凉。

自然衰变、人生易老与肃杀破败，都与"悲秋"修辞场产生审美关联。

由于"秋"有萧条肃杀的意思。中国古代与律令刑狱有关的事也称秋。例如，"秋宪"指刑法和司法、监察官员及官署。"秋曹"指刑部。清代每年四月，对判处死刑，但是还没有执行的案犯，再一次进行审议，报送刑部。到八月时，刑部会同大理寺等，对报上来的死刑案件进行复审，最后请皇帝裁决，所以古代对死刑案件的复审，又叫"秋审"，而处决犯人，则叫"秋决"。

以上描述示如下表：

表 6-14　"秋"的本义和"颂秋 / 悲秋"修辞场

语词和语义	物候特征 语义联想	修辞场	词　例
秋（庄稼成熟）	谷物丰收→喜庆意识→	"颂秋"修辞场	秋红　秋登　秋报　秋期　秋女　秋实 秋熟　秋成　秋敛　秋获　秋秀　秋稔 秋骨　秋妇　秋晖　秋清　秋明　秋碧 秋晶　秋澄　秋霁　秋玉　秋桥　秋露 秋高马肥　　秋高气和　　秋高气爽 秋实春华　　春花秋月　　秋月春风
	草木凋零→悲愁意识→	"悲秋"修辞场	秋容　秋颜　秋怀　秋怨　秋闺　秋室 秋凋　秋凉　秋黄　秋彫　秋零　秋枯 秋士　秋姿　秋娘　秋心　秋思　秋怨 秋蓬　秋扇　秋叶　秋晦　秋残　秋战 秋士　秋婆　秋发　秋眉　秋刑　秋杀 秋厉　秋决　秋典　秋曹　秋严　秋审 秋风纨扇　　秋风团扇

　　"颂秋"修辞场和"悲秋"修辞场，体现了修辞认知的两个方向，认知主体朝着两个相反的方向，选择"秋 ~ "词的运用和理解。汉语"秋 ~ "词可以引发喜庆意识，也可以引发悲伤意识，其间的原理"是什么"和"为什么"？浓缩在表 6-14 中。

　　培养学生的语言能力，起点可以是裸词或裸句，但终点不能回到裸词或裸句。诺贝尔文学奖得主米兰·昆德拉《生命中不可承受之轻》的写作密码，是参透了一个词"轻"[1]，这个成就了一部世界经典的词，不可能是裸词。在"表达—接受"互动的读写交流中，更有助于开启心智的，是对携带了附加值的词句的感知，是对词句进入更大的语言结构——语段、语篇之后所承担的功能的感悟和认知。[2] 在这方面，修辞的解释力，远没有被我们的语言教学挖掘出来。

　　同一个词，对应于物象 / 意象 / 语象，往往附加值的修辞化程度不同。言语表达和理解中，一句修辞化的"枯藤老树昏鸦"，绝不等值于简单的物象符号，而是经历了第一自然（现实化的自然）→第二自然（人格化的自然）

---

[1]　参见谭学纯：《"存在编码"：米兰·昆德拉文学语言观阐释》，《中国比较文学》2009 年第 1 期。

[2]　参见朱玲：《广义修辞学：研究的语言单位、方法和领域》，《福建师范大学学报》第 3 期。

→第三自然（符号化的自然）的转换,这三个层面,分别属于物象、意象1和语象,对应于古人所说的"眼中之竹"、"胸中之竹"、"手中之竹"。

现实层面的物象加工成心理层面的意象,再呈现为符号层面的语象,这一过程中虽然物质形态是可能同一个词,但词的附加值被不同程度地修辞化。意象是对物象的修辞加工,语象是意象的符号呈现。相对于物象的客观规定性来说,意象融入了认知主体的修辞思维;相对于意象的瞬间生成性来说,语象具有再加工性。中国古人强调的炼字炼句,其实是以语象为单位、而不是以意象为单位进行的修辞活动。

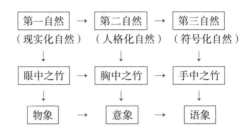

图 6-4　物象→意象→语象的转换及对应形态

随着外在客体由第一自然形态转换为第二自然形态,人格化的自然超越了现实化的自然。相应地,在认知主体的思维活动中,也完成了由物象向意象的转换。意象对于物象的审美超越在于:前者不仅仅再现或代替现实,而且创造审美化的现实。外在物象在认知主体创造性思维中分解、改造、重组、变形;认知主体以自我的精神去接近客体,进而在认知主体对客体的精神渗透中,偏离客体的物质规定性,重新调整客体的存在方式,结果,人格化的自然取代了现实化的自然。认知主体凝固住对客体的审美体验,使物象转化为意象。

在意象生成的运思阶段,是客体材料的审美化;在语象呈现的物质实现阶段,是审美体验的符号化。意象处在这两个过程的中间地带,它本身无法直接表现,也无法直接理解。与认知主体的思维运动相随相生的意象流动,只有在找到了物质承载体的时候,才能使审美意象依托"有意味的形式"呈现出来,完成意象的语象化。

意象转化为语象也是认知主体的修辞过程,这不仅因为意象的语象化包含着语象对意象的梳理、取舍,以及这一过程不可避免地伴有修辞信息的损耗和增值(言不尽意和象外之旨由此而来),更重要的是,当语象物化了意象的时候,原先存在于认知主体心中的个体经验,转化为社会化的艺术信息,成为可供解读的审美对象。接受者根据语象,在自己的心理层面重新建构出一个意象。表达者建构的意象和接受者建构的意象,不可能完全重合,应分别标记为意象 1 和意象 2。由于意象 2 出于接受者的经验系统,因而,它与意象 1 之间,经常会有差异。而不同的接受者,由于认知经验的差异,根据同一语象所领略到的意象 2,往往不尽相同。

由于我们对**意象**的认定不在外部符号(物质现实)层面,而在认知主体的心理层面;又由于在表达←→接受的互动过程中,同一意象,可能分属表达者和接受者不同的认知经验和心理现实。因此可以进一步区分认知主体根据**物象**在心理层面生成的意象 1,以及接受者根据**语象**在心理层面生成的意象 2。这一思维流程可大致描述为:

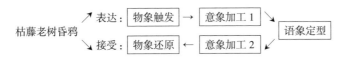

图 6-5 "表达—接受"互动过程中物象→意象→语象的转换

语象是表达的终端,也是接受的起点。接受者接受的语象,正是表达者完成的那个语象。接受者从语象走近意象 2,可能落实于现实层面,进入物象,也可能停留在心理层面,以意象 2 为接受终端。

在言语表达环节,作为现实化的自然,"枯藤"、"老树"、"昏鸦"仅仅是**物象**,当它们被表达者的审美经验激活之后,转化为意象 1。

意象 1 在未经外化阶段,共时性地映现在表达者的经验意识中。它们的分布,不一定遵循逻辑联系和时间顺序:从空间上说,"枯藤"、"老树"、"昏鸦"可能不在同一视觉中心,甚至不在出于同一视点的视觉范围;从时间上说,"枯藤"、"老树"、"昏鸦"可能有的属于过去的记忆,有的属于眼前的现实,甚至有的属于想象。但是,当表达者的心理现实转化为物质现实时,意象 1 在表达者心理层面的共时性映现,转化为语象在文本物质实现层面的历时性排列。原先网状交织的心理流,此刻成为线状延伸的语流。表达者多维的经验世界,被拉长为一维的能指,原先无序的经验状态就被纳入给定的话语秩序。经过语象定型的《秋思》文本，是表达者建构的最后的物质现实，也是接受者面对的第一现实，接受者需要从这第一现实建构成自己的心理现实，以此接近表达者心理现实中那个意象化的审美结构。具体地说，接受者是从符号层面的语象，走近表达者心理层面的意象1，正像世界上不存在两片完全相同的树叶，世界上也不存在两种完全相同的认知经验，因此，接受者与表达者的心灵交谈，是**意象2**和**意象1**的修辞对话。语言教学虽然很难还原这种修辞对话，但是需要挖掘其间隐藏的修辞信息。

3. 语言能力认证标准的修辞缺失

关于语言能力，从不同的角度，可以有不同的类型划分。我倾向于认为：

语言能力是语言活动主体在运用和理解进入动态语用环境的语言材料方面所具有的个人条件。体现语言能力的语言活动主体包括表达者和接受者。

基于这一认识，尝试对语言能力做如下粗线条的区分：

图6-6 "表达—接受"互动过程中语言能力的结构层次

语言能力包括言语运用能力和言语理解能力，二者在"常规"和"变异"方式的配置上，各有4种可能：

（1）言语运用能力

　　1a）言语常规运用能力 +　　言语变异运用能力 +

　　1b）言语常规运用能力 +　　言语变异运用能力 −

　　1c）言语常规运用能力 −　　言语变异运用能力 +

　　1d）言语常规运用能力 −　　言语变异运用能力 −

（2）言语理解能力

　　2a）理解常规言语运用的能力 +　　理解变异言语运用的能力 +

　　2b）理解常规言语运用的能力 +　　理解变异言语运用的能力 −

2c）理解常规言语运用的能力 – 　理解变异言语运用的能力 +

2d）理解常规言语运用的能力 – 　理解变异言语运用的能力 –

对语言能力的一般认证,重视（1a）、（1d）、（2a）、（2d）,忽视（1b）、（1c）、（2b）、（2c）。基于此,需要再思考的是:

言语运用和言语理解的变异元素多于常规元素。**进入动态语用环境的修辞主体会更多地启动修辞认知、重建语词的修辞义、设计语言的修辞组合,完成修辞行为。**在这一点上,我们的母语教育是不是偏离了语言能力培养中更具心智开发意义的理论与实践?

认证语言活动主体的语言能力,有不同的层次和要求。

在词汇层面的一般的要求是:以权威性词典所收词目和所释语义为考量标准,测试受试者掌握的词汇量和掌握语词义的准确度。问题是:掌握词汇量的多少、掌握语词义的精准度,只说明一个人掌握了一定量的静态语言系统中的备用语言单位。至于这些语言单位进入动态语用环境中的种种变异现象,单从词汇量和语词义的掌握程度很难合理地认证。

不能排除下列情况,设不同的个人掌握的词汇量相近,但认知优势有选择性差异。例如:

（1）掌握语词义的准确程度 + 掌握修辞义的丰富程度 +

（2）掌握语词义的准确程度 + 掌握修辞义的丰富程度 –

（3）掌握语词义的准确程度 – 掌握修辞义的丰富程度 +

（4）掌握语词义的准确程度 – 掌握修辞义的丰富程度 –

当我们面对（2）和（3）的时候,究竟认同谁的语言能力更强呢? 如果出现这种情况,语言能力如何认证呢? 当然,这种假设可能招致反诘——从理论上说,识记和理解语词义,是重建修辞义的基础,但是语言实践清楚地告诉我们:"背"不出词义,未必"造"不出词义。而"背"得出词义,未必"造"得出词义。很多人可以通过背记词典释义,识记和理解"永恒"、"芬芳",但只有很少的人能够重建前述优秀作文中的"永恒"、"芬芳"。而重建修辞义,并富有思想含量和智慧含量,则少之又少。

语言能力认证在语法层面的一般要求是:以权威性语言学教科书所列语法规则为标准,测试受试者掌握这些规则的情况。无须置疑,掌握教科书知识谱系中的语法规则十分重要,但教科书中语法规则的"备战"价值,能不能在"实战"中很好地体现,还要看进入"实战"的言语运用和言语理解。

邢福义强调汉语语法教学与测试应处理好四对关系,其中"违律与合法"、"一般与特殊"、"偏误与切境"这三对关系进入动态语用领域时,显示出的复杂性[①],往往对静态规则构成冲击。邢先生跟我谈到的一个细节,更加发人深思:先生在美国的公子被公认为英语很好,可是邢公子感到自己只是入了美国国籍,没有融入美国社会,将来也很难融入美国社会。这里有来自非本土文化的压力,包括语言压力。对此,我的理解是:邢公子英语好,是他很好地掌握了语义和句法层面的英语交流,但是语句之外的含义往往成为跨文化交际的深层障碍。从邢公子语句之内的娴熟和语句之外的困惑,联系韩礼德的"小句之外"(表达的隐喻模式),这是否可以理解为:跨文化交际的深层障碍,是**修辞>语义/句法**?母语交际中,拉近交际主体之间关系的语言能量也是如此。语义规则和句法规则一般是从自然语言总结出来的,在科学规则的指导下,语义障碍、句法障碍的消除,不是没有"可控"的可能。但是自然语言进入语用环境产生的修辞变体,会不同程度地松动现成规则。规则松动产生的修辞障碍涉及因素多,开放性强,有一些"不可控"的成分。如果我们能够解释清楚这些"不可控"的成分"是什么"?"怎么样"?"为什么"?语句之外的含义也就清晰起来,而语句之外的含义主要是由修辞承载的。

保罗·德曼正是在上述意义上,认为修辞和语法之间存在着紧张关系,修辞是这种关系中的活力因素。德曼所说的紧张关系不是学科意义上的,而是指语法规则和修辞对规则的冲撞产生的不平衡,这导向了言语运用在遵循语法规范和超越规范的修辞话语之间重建平衡点的努力。语法和修辞在言语运用和理解中出现的紧张关系的消除,需要考虑静态规则和动态的言语运用与理解的不同参数。按照我们对语言能力的常规认证标准,也许更多地体现了修辞主体把握静态语义、遵循语法规范的能力,这对指导常规的言语运用和言语理解是有意义的、也必不可少。

---

① 邢福义:《汉语语法教学与测试的若干问题》,《澳门理工学报》1998 年第 1、2 期。

重静态规则、轻动态变化，从宏观规划到微观操作，我们的母语教育，共同忽视了提高动态语用环境中语言能力的重要资源——修辞。

由于我们重视的语言能力偏于静态规则，疏于动态的运用；语言研究注重的"解释力"和"科学化"，指向常规的言语运用和言语理解，言语的变异运用和理解每每成为修辞主体不按规则出牌的例外，可是偏偏言语运用中的出彩，常常是"例外"。这在一定程度上突出了一种现象：以提升语言能力为目标的母语教育在"例外"面前变得尴尬。语言教师"在囧途"的大概率事件，往往是学生的"例外"，让教师有些晕。

应该肯定，中国的母语教育有精品课程，有阳光课堂和魅力教授，但是凤毛麟角。更为普遍的情况是：母语教育目标定位和学生智力开发之间的矛盾，使得学生语言能力提升缺少有力的教学支撑。对此，已经有一批学者表示了关注。[①]

这种状况如何改变？是否需要调整我们的语言能力认证思路？是否需要调整我们的母语教育理念？我们在重视常规言语运用和言语理解的同时，是否应该同时重视言语的变异运用和理解？言语变异运用和理解的研究空间很大一部分在目前仍处于边缘状态的修辞学，这种边缘状态因语言教育的修辞缺失，近乎关闭了一个重要的解释空间。

基于上述现状和上述认识，我们提出——

五、语言教育应正视：人是语言动物，更是修辞动物

"人是语言的动物"，这一表述体现了哲学家的精彩。的确，只有人，用语言为混沌的世界进行秩序化的编码，也用语言解读被编码的世界。人借助

---

①　参见李宇明：《语文现代化与语文教育》，《语言文字应用》2002 年第 1 期；马庆株：《信息时代高校语文教育刍议》，《中国大学教学》2002 年第 1 期；蒋绍愚、邢福义、刘焕辉、黄德宽：《语言学教学改革笔谈（一）》，《中国大学教学》2002 年第 5 期；曾宪通、王宁、黄国营、尉迟治平：《语言学教学改革笔谈（二）》，《中国大学教学》2002 年第 6 期；于龙、陶本一：《教材编写没过认字关》，《语言文字应用》2010 年第 1 期。

语言沟通了认知的此岸和彼岸，通过语言为世界命名，也通过语言获得对世界的解释权。语言将人与世界的关系，重新秩序化为词与物的关系。所以，在哲学家看来，语言破碎处，世界残缺不全。我们可以观察失语症患者所认识的世界，在他们的经验系统中，世界的贫乏其实也是语言的贫乏。没有语言活动、或者退出语言活动的人，尽管也扮演自己的社会角色，但却经常处于"匿名"状态。能够进行正常语言活动的人们，很难想象失语症患者介入社会的难度。至于通过外在的力量，强制进行"语言剥夺"，那实在无啻于对存在的剥夺。

然而，"人是语言的动物"并不是很准确的学术表达，实际上，不仅对经验世界的命名常常是修辞化的，对超验世界的命名，更是修辞化的。不管是人与外部世界的对话，还是人对自身的探索，修辞都是一条隐形规则。正是这条规则，使得语言不断挣脱对世界的概念化命名、及其所引导的概念化认知。

人以修辞的方式进入关于这个世界的表达，也以修辞的方式进入关于这个世界的审美化理解，修辞将人带入与世界的审美关系。即使最日常的用语，如果把修辞化的意义载体换作非修辞化的意义载体，人类认知世界的方式将变得枯涩，试想，如果把"桌腿"、"山腰"、"路口"、"河床"、"瓶颈"、"针眼"、"灯头"，换作非修辞化的意义载体，将会增加怎样的认知难度？事实上，这些最日常的用语，都是修辞思维的产物，只是这种用法在"修辞化—词化"的连续统中弱化了认知主体对隐含其中的修辞信息的敏感。

当我们意识到语言以修辞化的方式对概念世界进行改造的时候，"人是语言的动物"这一表述，需要某种修正。我们强调"人是语言的动物，更是修辞的动物"，就是针对人如何更有效地通过语言证明自己、走近他人的一种描述。作为修辞的动物，人创造了修辞，又被修辞所缠绕。修辞洞开我们的思维空间，也堵塞我们的思维空间。修辞激活我们的感觉，也窒息我们的感觉。修辞聚集我们的经验，也扩张我们的经验。修辞规定我们思考的方向，也改变我们思考的方向。修辞创设一个新的焦点，不同的经验、不同的表象，在这里相遇，重新凝聚成我们关于对象世界的认识。应该承认，很多情况下，人际交流并不是将存在着的世界转化为抽象的表述，而是将真实世界转换为似真甚至失真的修辞世界。这意味着，在更多的情况下，认知主体不是沉于概念读写的"语言动物",而是鲜活的"修辞动物"。

当一个新生儿来到世上的时候,他所认识的有限的世界,就已经部分地以修辞的面貌改装过了,婴幼儿所认识的外部世界,并不是真实世界,而是修辞化的。例如"狼外婆"、"山羊公公"、"猫头鹰博士"、"春姑娘"、"月亮姥姥"、"北风爷爷"……外部世界以"人化"的方式重新命名,儿童在接受这类命名的时候,这些命名所代表的事物已经部分地偏离了真实世界,成为修辞化重述的世界。客观世界一旦进入主观视野,便具有了某种修辞化特征。所谓"自然的人化",在话语层面,常常表现为对象世界的修辞化。

我孩子的语言启蒙留下了"修辞动物"的一些生动细节——

儿子1岁左右,刚刚学会说话,表达还不太清楚。有一次他看见窗外树枝随风舞动,乌黑的眼睛突然发光,激动地抒情:"两个风"。这是"语言动物"让人费解的表达,是"修辞动物"的萌宠表达。作为"语言动物",1岁的儿子语言极其有限,他找不到表示"大风"的语词,只是朦胧地感觉到"两个"比"1个"多,于是用表示数量多的"两个"替换了表示风力强的"大风","两个风"由此成为"修辞动物"一个临时性的修辞化能指 ①、一个鲜活的修辞创意,尽管孩子只是不自觉地完成了这个步骤。②

儿子两岁的时候,听大灰狼的故事,他问妈妈:"大灰狼是小白兔的猎人吗? 猎人叔叔是大灰狼的大灰狼吧?"这句幼稚问话包含了"修辞动物"所理解的故事角色关系——以儿童的修辞思维,为当前故事中的"大灰狼"和"猎人"重新命名:大灰狼是小白兔的猎人 / 猎人是大灰狼的大灰狼;以儿童的修辞思维,解说丛林规则:猎人猎杀大灰狼、大灰狼捕食小白兔;以儿童的修辞思维,懵懂地追问"终极"意义上的强者:谁是最后的"猎人"? 谁是最后的"大灰狼"? 一个稚拙的提问,这样简单,又这样复杂,这就是作为修辞动物的儿童世界。

---

①　汉语中另有表示"弱风"意义的"女风",这是固定的修辞化能指。"女风"的修辞造词过程中,压制了"女"［＋性别］的义素,凸显了［＋柔弱］的义素。

②　2007 年,我应陆俭明教授邀请,在北京大学就"语用环境:语义变异和修辞认知"做学术讲演,曾举过"两个风"的例证,现场和事后,有我意想不到的反应。按:既定理论认为修辞一定是自觉行为,但事实上修辞活动中有大量不自觉的行为,为此有必要对既定理论进行修正。参见谭学纯:《修辞话语建构:自觉和不自觉》,《辽宁师范大学学报》2003 年第 5 期。

　　儿子上幼儿园小班的时候,画过一幅画:画面上一只母鸡带着几只小鸡,母鸡胖墩墩的,很可爱;小鸡傻乎乎的,也很可爱。儿子为这幅画题名《一家鸡》。幼儿园老师告诉他:"一家鸡"的说法不好。其实:用"语言动物"的尺度衡量,这是出位的表达;用"修辞动物"的尺度衡量,这是出彩的表达——"一家鸡"的题名与画的内容极好地体现了语图互文性。试想,如果按"语言动物"的标准,改"一家鸡"为"一窝鸡"或"一群鸡",虽然符合现代汉语"数量—名"搭配规则,但却失去了"修辞动物"表达与理解外部世界的灵动与诗意。

　　也许正因为"修辞动物"认知世界的方式时时抬头,所以如本章第二节所述,儿子到了高考季节,备战国际生物奥林匹克竞赛前的他,虽然有能力用清晰的逻辑组合一个生物学概念的语义表达,但修辞认知又一次使他偏离"语言动物"的思维。

　　"人是语言的动物,更是修辞的动物",语言动物找到修辞动物的感觉,即世界的修辞化过程。悟性思维和诗性表达特别擅长的中国人,在很多情况下,更是作为"修辞动物"认知世界的。即使在专门化的领域,例如在文论话语中,中国人也很少借助抽象概念进入对象,而是常常以修辞化的方式抵达对象:比较"分叙"和"花开两朵,各表一枝"、"起伏"和"文似看山不喜平"之类的同义表达,表面上,这是"修辞动物"比"语言动物"的"说法"更为生动;在深层,它折射的是"修辞动物"比"语言动物"的"活法"更富诗意。这是我们的语言教育理念应该正视的文化事实,也是我们的语言教育实践应该探索并设法解决的重要问题。

　　如果说上面的修辞话语提供的是似真的世界,那么下面的例子提供的则是失真的世界:例如"笨得像猪"、"脏得像猪"。修辞规定了猪以笨和脏的形象进入人的视野,这其实是修辞强加给猪的不实之词①,它并不是科学化的表述,所以一些科普杂志有文章为猪的"笨"、"脏"形象翻案。

　　也许,正是较多地看到了修辞提供的是似真甚至失真的世界,柏拉图才

---

　　① 我有过养猪的童年记忆,我的第一篇被老师讲评的自己命名的作文是:《小猪和我一起长大》。这只小猪是我删不掉的影像,这影像颠覆了"笨得像猪"、"脏得像猪"的修辞幻象。

偏狭地认为,修辞是语言的巫术,是用巧言设计的骗局和陷阱。柏拉图批评高吉阿斯,实际上是批评巧言。曾经担任雅典大使的高吉阿斯,在雅典人心中是能辩善言的偶像,但是在柏拉图看来,却是一个巧言令色者,在柏拉图的《高吉阿斯》中,这位当年西西里最负盛誉的雄辩之士,成为巧舌如簧的代名词。柏拉图认为制造巧言的修辞,是伪修辞。贺拉斯也批评过分的话语修饰是"大红补丁",巴克斯特则批评"经过粉饰的布道文像窗上的彩色玻璃隔绝了灵光",然而,这些批评修辞的话语,本身恰恰是修辞。无论是西方的柏拉图、贺拉斯、巴克斯特,还是中国古代批评"巧言"的老、庄,他们的批评话语,都是绝佳的修辞。此外,当厌倦了修辞的人们决心"反修辞"的时候,这反修辞本身别无选择地也还是一种修辞,这是一个深深的悖论,也是人无法逃离"修辞动物"的存在本质。

修辞在美学上挑战默认的话语秩序,在哲学上改造公共经验,开发个人认知实验区。修辞的诞生,或许就是修辞主体不满于既定认知框架和既定话语秩序的一种另类表态。修辞热衷于换一个方位重新认知事物,并为之重新编码和解码。这决定了修辞思维的创新性本质。修辞不乏深刻的片面,拒绝面面俱到的肤浅——与其什么都说了却等于什么都没说,不如挖掘事物原先晦暗的一角,将其置放到聚光灯下。当然这也在一定程度上制造了潜心规则的语言研究对修辞的不满,修辞对新的表达方式的追求,使得规则的追认总是跟在修辞后面奔跑。更不安分的是,规则好不容易追认了修辞的创新追求,新一轮的追求又悄悄地开始了。相比之下,一些虽经历时性演变而最终以共时性方式凝固的语言现象,可控的程度大于不太可控的活语言。但是,惟其因为修辞现象的可控性低于语言学其他子学科的语言现象,所以修辞试图解释不可控的动因和机制,才是应该受到尊重的精神劳动。

语言教育的对象是活生生的人,如何让人回到鲜活的生命状态享受语言教育? 如何挖掘隐性的修辞资源,使之融入可操作的教学脚本? 我们的理论滞后,实践也滞后——语言教育怎样以尽可能低的成本,获取尽可能高的成效? 语言教育课程资源怎样开发、配置和利用? 师生交往、学生交往、媒体信息、社会生活、公共事件、历史文化等课程资源,怎样转化为课内教材的延伸体,进入学生的修辞视野? 课程设计、教学思路、教学组织的调整、更新和多样化,怎样转化为相应的修辞形象融入语言教育的课堂细节？语言教育的课堂训练、课外练习、考试命题思路怎样进行修辞化设计？语言教育工作者怎样塑造自己的语言形象？语言教育质量评估体系怎样构拟？需要设计一套什么样的用于评估的元语言,这套元语言如何融入包括修辞元素在内的各种参数条件？如何让修辞学研究更好地介入公众语言能力培养,提升修辞学研究的科学化、学术信度和影响因子,形成与公众语言生活的良性互动？学者思考和行政决策在何种程度上碰撞？专家行为和政府行为如何协调？如何有利于产生建设性的成果,付诸可操作的语言教育实践？这些,需要修辞学研究拿出有干预力和解释力的成果,需要广大语言教育工作者的积极参与。

六、小结

（一）依据狭义修辞观,语言教育的修辞缺失,可能被认为是一个伪命题。因为除了已经有部分教材和相关研究成果注意到了修辞问题,作为修辞学科专业刊物的《修辞学习》曾设计修辞教学、语文教材修辞分析等专栏,对语言教育中的修辞问题,表示了长期的关注。但是从教材到学术文献,关注的修辞问题,主要是狭义修辞学意义上的知识点,且相对集中于"修辞技巧"和"修辞表达"。而依据走出"修辞技巧论"／"表达中心论"的广义修辞观,语言教育的修辞缺失所匮乏的,不仅仅是作为语言知识的"修辞",语言教育应重视但未重视的,是更值得挖掘和解释的修辞资源。

（二）从一道语文高考题,挖掘背后的修辞问题。区分概念认知和修辞认知:概念认知在普遍的意义上理性地接近认知对象,修辞认知在局部的意义上激活主体的新鲜感觉,审美化地展开认知对象。后者的局部认知,往往偏离前者普遍认知的通道,在另一个认知维度观察对象。这决定了修辞认知的两面性:一方面发现概念认知没有赋予的意义,另一方面遮蔽概念认知已经赋予的意义。修辞认知以审美的权力颠覆现成语义的权威,重返被现成概念屏蔽的诗意。

（三）从高考作文"这也是一种 X",挖掘背后的修辞问题。标题话语

"这也是一种 X"的话语结构,隐含不同的逻辑关系,对应不同的认知选择,记作认知 1、认知 2、认知 3。比较分析可知:认知 1 重述公共认知中的逻辑关系,陷入语篇叙述困境;认知 2 挖掘不够突显的逻辑关系,语篇叙述空间收窄;认知 3 修辞化地链接非逻辑关系,拓宽语篇叙述空间。语篇生成前后,认知 3 在"表达—接受"互动过程中,处于修辞主体不同的认知区域。认知 3 所支持的语篇叙述,具有一定的可推导性。

（四）语言教育从宏观设计到微观操作,忽视了不应该忽视的修辞资源,修辞缺失反映在教材建设、语言能力训练、语言能力认证标准诸多方面,共同导致了教育对象语言能力的弱化。

（五）针对语言教育中的修辞缺失现状,强调"人是语言动物,更是修辞动物"。人对世界的认知,是修辞化优于概念化的。怎样使活生生的人在接受语言教育的过程中,回到鲜活的生命状态,怎样在概念认知和修辞认知之间找到语言教育的平衡点？语言教育课程设计、教学思路、教学组织的调整、更新和多样化怎样转化为相应的修辞形象融入课堂细节？语言教育的课堂训练、课外练习、考试命题思路怎样进行修辞化设计？语言教育工作者怎样塑造自己的语言形象？语言教育质量评估需要设计一套什么样的元语言,这套元语言怎样融入包括修辞元素在内的各种参数条件？改变语言教育中修辞缺失是否需要调整语言能力认证思路？是否需要调整语言教育理念？这些问题,我们目前的语言研究关注得极少,因而值得基于言语运用于理解的修辞研究积极介入,期待语言研究工作者的建设性参与。

结　语

　　本书的问题意识、问题的理论展开、探寻解决问题的思路,以及将思想转化为执行力的学术实践,均围绕修辞学与"交叉学科/跨学科/多学科"的学术关联。书中主要观点、可能的创新点及待探讨的问题,也围绕这三个关键词及其背后隐蔽的逻辑进行阐发。

一、主要观点:贯穿全书的问题意识及解决问题的可能性途径

(一)上篇第一至三章,由对"交叉学科/跨学科/多学科"的实际所指及其与修辞学关系的思考,探讨学科建设与发展问题

　　1."交叉学科/跨学科/多学科",是与修辞学关联性极强、且使用和理解见仁见智的三个概念术语。概念纠缠的表象,隐藏着学术运作机制中某些不容易观察到的东西,有关修辞学的学科生态和学术空间,修辞学"研究什么/怎样研究/为什么这样研究"等学术理念和学术操作的一些具体问题,均纠结于"交叉学科/跨学科/多学科",因此有必要挖掘这三个概念术语掩盖的认知逻辑。

　　2.通过语义分析、还原学术事实、追溯传统学脉、参照域外风景,尝试给

出互相纠缠的复杂问题背后的学理,倾向于区分:指向学科性质的表述,宜为"交叉学科";指向研究主体学科视野的表述,宜为"跨学科"。作为修辞学交叉学科性质和跨学科视野的逻辑延伸,是修辞学科置身"多学科"构建的学科生态,修辞学研究介入"多学科"共享的学术空间。见图1-3。

3. 修辞学的交叉学科性质和跨学科研究视野决定了修辞学的学科生态系统由多层级的学术共同体共同构筑,即:以修辞学研究为主要学科身份的三级学科学术共同体(小同行);以语言学研究为主要学科身份的二级学科学术共同体(大同行);以非语言学研究为主要学科身份的一级学科/跨一级学科人文学科学术共同体(超同行)。小同行和大同行涉足修辞学的学术资源主要来自语言学;超同行涉足修辞学的学术资源主要来自文艺学、哲学、符号学等。这也许可以部分地解释:为什么巴赫金批评"纯语言学"的修辞研究,倡导"超语言学"的修辞研究;为什么朱莉娅·克里斯蒂娃表示描述词语的文本功能不能满足于单纯的语言学,需要使用"超语言学"方法? 为什么广义修辞观在"纯语言学"和"超语言学"之间寻找平衡的支点,主张小同行、大同行、超同行互相阅读,吸纳相关学科智慧,共同为修辞学科的生长注入创新性能量?

4. 多层级学术共同体构建的修辞学科大生态,进一步决定了修辞学研究的学术空间是多学科共享的。为此,广义修辞观倾向于:修辞学研究成果的目标读者或潜在的目标读者,似应包括小同行、大同行、超同行;修辞学研究成果同时向小同行、大同行、超同行的主流刊物流动。小同行讲述的学术故事,能不能激起大同行和超同行的反应,决定了修辞学研究是在现实的意义上还是在虚拟的意义上进入多学科共享的学术空间,并且实质性地影响大生态系统中的修辞学研究能否与相关学科对话? 在什么层次对话? 以什么样的理论框架和研究范式对话? 以什么样的学术形象向相关学科的研究领域推进? 很难设想,介入相关学科、相关领域的修辞学研究成果,不出小同行宅门,处于大同行、超同行的弱接受甚或零接受状态——这是广义修辞观强调走出学术"生产—消费"的自给自足模式、融入大生态的学术逻辑,为此进行的十年学术探索实践,具体化为相应的个人行为和团队行为,扩展至一定范围的学科实验。

这里体现的认知逻辑似可推导至修辞学科之外同样存在的"交叉学科/跨学科/多学科"所指含混的表达与理解。

（二）下篇第四至六章，由对"交叉学科/跨学科/多学科"的实际所指及其与修辞学关系的思考，引发修辞理论与应用的问题及相关探索

1."修辞技巧"和"修辞表达"都是修辞学研究的内容之一，但不是全部。如果拘于前者，影响中国修辞学研究格局之大气；如果拘于后者，影响中国修辞学研究格局之完整。走出"修辞技巧论/表达中心论"的广义修辞观倾向于：既不宜仅仅以"修辞技巧"定义"修辞"；也不宜仅仅以"修辞表达"定义"修辞"，为此广义修辞学构建"三个层面、两个主体"的解释框架。其中，"三个层面"包含修辞技巧，同时向修辞诗学、修辞哲学延伸，这是广义修辞学基于交叉学科性质和跨学科视野，正视多学科构建的大生态，面向多学科共享的学术空间的一种框架设计；"两个主体"兼顾修辞活动的表达者和接受者，贯穿于修辞技巧、修辞诗学、修辞哲学三个层面，或许可以在更完整的意义上，支持基于话语行为发生与理解的修辞学研究。

2. 面对辞格研究近年遭受的质疑，本书倾向于：从尊重学术史的角度看问题，应该承认辞格研究产生过高质量的成果；从正视学术发展的角度看问题，应该直面辞格研究遭致的诟病。前者提醒我们：继承修辞学研究传统是否等于在《修辞学发凡》出版八十多年后的今天复制"例证+描写"的辞格研究模式？后者引发我们的思考与探索：后陈望道时代，辞格研究如何走出难局？

3. 依据狭义修辞观，语言教育的修辞缺失可能被认为是一个伪命题；依据广义修辞观，语言教育的修辞缺失所匮乏的，不仅仅是作为语言知识的"修辞"，而是更值得挖掘和解释的修辞资源。后者体现在语言学教材建设中，也体现在语言能力训练和语言能力认证标准中，这里有宏观设计问题，也有微观操作问题。改变这种状况，涉及众多因素，其中最根本的，是我们的语言教育理念应该正视一个无法否认的事实：人是语言的动物，更是修辞的动物。

二、可能的创新点：尝试拓宽学科空间、
提升理论层次

本书"导言"援引陆俭明所论修辞研究之"难"与"挑战性"，挑战呼唤学术创新。学术创新动能多来自问题意识，问题意识来自对学科史、学科地图、学科前沿、学科互动的观察与思考。这种观察与思考转换为研究主体执行力的过程，能否成为问题驱动的学术创新过程，是学术研究自我检测的参照指标。

如果本书有什么创新之处，也许是广义修辞观正视"交叉学科／跨学科／多学科"与修辞学的学术关联的理论表达与实践探索：

（一）倡导并推动修辞学研究新格局，拓宽学科发展空间

中国当代修辞学研究能够以什么样的前沿研究融入学科大生态？彰显大气象？体现大格局？能够以什么样的方式体现问题意识和原创亮点？这是本书第三章提出、并在"导言"中强调的问题，也是作者希望尝试的学术实践。

本书在同类研究成果中，首次就学科的生存现状进行理性客观的分析，主张在学科渗融的学术背景下，有着多重理论资源的修辞学学术空间不宜自我折叠。走出学术"生产—消费"自给自足的格局，融入学科大生态，是修辞学研究介入社会的更宽广的舞台。

为此，作者倡导并践行学术前沿与学术传统共同"在场"的修辞学研究，以开放性的全球视野和渊源深厚的传统学脉为纵横参照的坐标，找准修辞学研究的位置，拓宽中国修辞学研究的学术空间，以此推助问题驱动的修辞学研究在更宽广的学术空间汇聚，扩大学术成果的公共影响；倡导并践行修辞学研究成果流向更为多样的话语平台，尤其是学术显示度较高的话语平台，以此倒逼研究主体跟踪相关学科前沿态势，注入学术创新动能，与学科内在驱动能量产生合力，推动修辞学研究与相关学科的智性眼光相互注视，也推动大生态中的相关学科共同发展。

（二）倡导并推动修辞学研究新气象，提升理论层次

《山东大学学报》2013 年第 6 期刊发 2 篇修辞学研究文章 [①]，同时发表编者按：

> 语言学科和非语言学科的修辞学印象"异"多于"同"；语言学科内部，也有不同的认识倾向：一种倾向认为修辞学研究很难，而"难"也是挑战；另一种倾向认为修辞学研究很容易，并推衍出修辞学研究无思想、无智慧、无理论、无方法的评判。本期发表的两篇文章，在"问题驱动—话题提炼—话语出场"的流畅转换中体现的学术视野、理论资源、思想的力量、研究方法的选择，充溢着学科意识和学科关怀，提供了中国当代修辞学研究多元格局中个性鲜明的学术文本。

本书希望少一点"四无"产品的负性指标，也希望修辞学研究催生更多有学术看点的成果，向"修辞学研究无思想、无智慧、无理论、无方法"的印象说"不"。当更多的修辞学研究成果都呈现出维护学科尊严的学术气象和执行力的时候，提升修辞学研究的理论层次和应用价值，可能减少隔空喊话的务虚，增加用研究成果说话的务实。

三、待探讨的问题：两种矛盾、一点构想

本书有待进一步探讨的问题，源自对"交叉学科 / 跨学科 / 多学科"的实际所指及其与修辞学关系的思考转化为执行力所面对的学术现实和学术构想。

（一）学术现实中的两种矛盾

矛盾的焦点，在于学科分类和学科分割的运作机制；也在于学术体制和研究主体自身。

---

① 参见谭学纯：《融入大生态：问题驱动的中国修辞学科观察及发展思路》、高万云：《汉语修辞研究方法论的三个理论问题》，均载《山东大学学报》2013 年第 6 期。按：谭文为本书第二章主要内容。

1. 以学科分类为基础的学科组织模式和以学科分割为特征的科研管理模式的矛盾

融入大生态的修辞学研究,是大科学时代基于修辞学学科特点的一种自我调整。问题是修辞学的交叉学科性质、跨学科视野、多层级学术共同体构建的学科生态、多学科共享的学术空间和中国学术体制之间具有理念和操作层面的矛盾:在理念上,从政府提高交叉学科国家重大科研项目资助,到《中国交叉科学》创刊,北京大学成立前沿交叉学科研究院,再到有些学术活动的学科分类出现了交叉学科名目,可以体会到有关方面对交叉学科的重视。但是学术理念做多交叉学科进入实际操作,常常转而做空。以传统学科分类为基础的学科组织模式,落实到以学科分割为特征的科研管理模式,很难从可操作性方面支持交叉学科的运行机制。由于交叉学科本身没有固定的学术共同体,也不是利益分配的实体,从事交叉学科研究的学者,实际的学科身份还在相关学科。交叉学科的成果鉴定、职称评审、奖项评定等,在国内现有学科格局中,常常回到学科分割的运作机制。这个问题如何解决,需要专家行为与政府行为的碰撞,并形成机制合理的可操作规则。

2. 修辞学研究对研究者知识结构的要求与这种要求在现行学术体制中不能满足的矛盾

修辞研究走交叉学科路线,打跨学科牌,融入多层级学术共同体构建的学科大生态,面向多学科共享的学术空间,这几个方面的因素对研究主体有一个共同的要求:知识结构"1+X"。"1"代表小同行的学科知识;"X"代表大同行、超同行的学科知识。"X"的知识储备可以因人而异,储备量不强求,但最好不要缺失。这也是陆俭明认为修辞研究之"难"及"挑战性"所在。这种"难"及"挑战性",有学者认为是研究方法,其实经过一段时间的学术训练,掌握研究方法不算难,很多研究生的成长经历可以证明这一点,而知识储备是一个积累过程,不宜以快餐的形式恶补,否则消化不良,其他学科的养分融不进自己的血液;也不宜"硬着陆";更容易形成研究主体心理障碍的是,"X"的知识储备很可能超越功利性的"有用之用",指向"无用之用"。后者是从庄子到王国维都推崇的"大用",而我们的学术体制似乎更注重狭义的"实用"。

修辞研究"无用之用"的知识储备,表述为"1+X"。这个"X",在陈望道来说,真正延伸到了"多学科"。这是中国现代修辞学奠基者陈望道最优秀的学术基因,可惜学术基因传承不理想。当然这不是陈望道的错,也不是陈望道后学弘扬宗师优长之漏失,深层阻力仍来自国内学术运作体制:现行学术体制引导"有用之用"的定点爆破;而修辞研究需要"无用之用"的知识储备。修辞研究对研究主体知识结构的要求,与这种要求在目前的学科状态下得不到满足的矛盾,是无法回避的学科现状。这既需要修辞学研究者做出符合修辞学交叉学科性质、跨学科视野以及融入学科大生态、面向多学科共享的学术空间的自我调整;更需要学术体制做出"为学术"的调整。广义修辞学的探索参与了前一种调整,并将继续参与;后一种调整有没有可能?有没有时间表?有没有可操作的运作机制? 本书提出了这些问题,期待问题能够得到符合科学规律和学术研究特点的解决。

(二)学术开发的一点构想

本书第四章第三节大致显示了广义修辞学解释框架在区别差异及控制过度解释前提下的可推导性,现有研究成果触发了我进一步的学术构想:广义修辞学理论框架能否为研究修辞史、修辞学史、修辞学科史,提供一种新的观察角度和解释角度?我希望有机会进行这方面的探索和开发,也期待更多的探索者和有思想冲击力、有理论解释力的探索成果。

附录 1　本书微阅读

　　信息碎片化带来阅读取向的变化——有论者认为是逃离深度阅读,走向浅阅读。我则倾向于:浅阅读是阅读主体的选择,不是信息碎片化时代的专利。越是被大数据裹挟的海量信息包围,人们对阅读的要求越高,而不是越低、越浅、越平。不管是注重休闲性、审美性的非学术阅读;还是注重科学性、逻辑性的学术阅读,都不会因为进入信息碎片化时代选择浅阅读,而可能更多地趋向微阅读。

　　重视在"表达—接受"互动过程中考察修辞活动"三个层面"的广义修辞学,希望读者以更少的阅读成本,获取更多的学术信息。微阅读也许不失为一种尝试。

　　阅读疲惫,学术阅读尤其疲惫。如果读得太累,也许微阅读可以让读者从沉闷的漫漫长途找回轻快的节奏;如果读者的阅读印象是修辞学研究"无思想、无智慧、无理论、无技术",也许微阅读邂逅的话语,可以是逃离文本谋杀的出口——读者可以在微阅读的乏味瞬间,随时终止更为乏味的阅读长跑和精神受虐。

导言　中国修辞学：学科之问和学术之问

1. 中国修辞学在语言学科注册而游离于语言学的学科结构,问题出在哪里? 问题的核心是什么? 问题之间如何相互缠绕? 由于修辞学与"交叉学科 / 跨学科 / 多学科"的关联度极高,修辞学的学科生态大于修辞学在现行学科目录中被规定的学科外延,这一重要的学术事实未经充分阐释。为此有必要再思考:"交叉学科 / 跨学科 / 多学科"等掩盖的学科认知理据,及其在何种意义上与"修辞学"关联? 这种关联如何在修辞学的学科性质和学术视野、学科生态和学术空间等不同层面产生多米诺骨牌效应? 由此转动的学术魔方如何影响学科利益、学术资源、学术体制相互制衡、相互协调、共同作用的活动和文化资本的博弈?

第一章　问题驱动的学科认知：指向"修辞学"的三个关联性概念及其学理

2. 修辞学与"交叉学科 / 跨学科 / 多学科"的概念纠缠,隐藏着学术运作机制中某些不容易观察到的东西。学者选择某个概念,同时也就选择了与这个概念相关联的学术表达,而某种学术表达的背后有概念使用与理解的学理和逻辑。这种学理和逻辑透露出概念使用与理解的主体对修辞学科问题的认知,有关修辞学"研究什么 / 怎样研究 / 为什么这样研究"等学术理念和学术操作的一些具体问题,在深层都纠结于"交叉学科 / 跨学科 / 多学科"这几个基本概念。

3. 学术研究是思想的馈赠,学术表达如何选择"交叉学科 / 跨学科 / 多学科"等与"修辞学"的匹配? 是思想的权利。我无意指认"交叉学科"、"跨学科"抑或"多学科"哪一个概念是修辞学的自然原配? 如果越过概念术语的语义,让概念 A 取代概念 B 或概念 C,可能制造概念术语的不可承受之重。"交叉学科 / 跨学科 / 多学科",它们当中的任何一个概念,都无力删除与"修辞学"匹配的其他概念。在这个问题上,我尊重他人思想的权利,也坚守自己思想的权利。深思细察可以发现:关联修辞学的"交叉学科 / 跨学科 / 多学科"有不同的语义指向,需要从不同层面、不同角度观察与解释。概念的语义指向,以及概念掩盖的认知逻辑,是概念之辨所需要的理论清醒。所以概念之辨的结果并不重要,重要的是过程,以及这个过程中展现的思想、智慧和逻辑的力量。不奢望通过概念之辨找到一个标准答卷。学术争鸣在很多情况下,都是不同观点的相持,很少有论争的一方心甘情愿地撤出自己的理论站位,但是难求共识不等于没有理论收获。每一轮概念之辨,都可能引入不同的观察和思考角度,站上不同的认识深度。

4. 语义分析及可以佐证的学术事实也许可以共同支持一种区分:从学科性质着眼,修辞学属于交叉学科——以语言学为主,涉及符号学、文学、传播学、新闻学、心理学、教育学、民俗学、宗教学、社会性、人类学、哲学等众多领域的交叉学科;从研究视野着眼,修辞学是跨学科的——可以广泛介入相关学科领域,同时可以是相关学科领域的公共关注对象。

5. 在修辞学学科生态的意义上,"多学科"是一个层级性的构架:修辞学归属于二级学科语言学(大同行),交叉于一级学科中国语言文学以及相关的非中文一级学科(超同行)。在三个层级的学科生态中,小同行和大同行、超同行可以共同探寻修辞学科的生长点,共同开发学术空间。

6. 既然修辞学的学科生态是多学科构建的,那么理想状态下,处于大生态系统的修辞学研究,就存在小同行、大同行、超同行共同在场的多学科共享空间。这也可以解释:为什么陈望道认为修辞学是介于语言学(谭按:大同行)和文学(谭按:超同行)之间的边缘学科。

7. 既然修辞学研究的学术空间是多学科共享的,那么理想状态下,修辞学研究成果的目标读者或潜在的目标读者,似应包括小同行、大同行、超同行。小同行讲述的学术故事,能不能激起大同行和超同行的反应,决定了修辞学研究是在现实的意义上还是在虚拟的意义上进入多学科共享的学术空间。前者实质性地影响大生态系统中的修辞学研究能否与相关学科对话?在什么层次对话?以什么样的理论框架和研究范式对话?以什么样的学术形象向相关学科的研究领域推进?

8. 不同层级学术共同体介入修辞学研究的学术面貌,区别特征明显:小同行和大同行的学术资源主要来自语言学;超同行的学术资源主要来自超语言学。也许正因为这样的缘故:巴赫金批评"纯语言学"的修辞研究,倡导"超语言学"的修辞研究。朱莉娅·克里斯蒂娃同样表示,描述词语的文本功能不能满足于单纯的语言学,需要使用"超语言学"方法。这在某种程度上也许需要走出学科硬约束,在"纯语言学"和"超语言学"之间重建生态平衡系统。在开放性的学科生态中,小同行与大同行、超同行进行信息交换,共同为学科生长注入创新性能量。这也是广义修辞观在"纯语言学"和"超语言学"之间寻找平衡的支点,正视多学科构建的学科生态,分析修辞学生存处境、探讨学科发展途径的认知理据。

第二章 问题驱动的学科思考:大生态中修辞学科的生存现状

9. 如果按照中国现行学科分类,将有一大批不同国籍的高端学者的学科身份很难认定:列维—斯特劳斯、雅柯布逊、维科、阿尔都塞、福柯、拉康、尼采、克里斯蒂娃、瑞恰兹、利奇、英迦登、罗兰·巴特、德里达、保罗·德曼、巴赫金、哈贝马斯、海登·怀特,甚至包括主要学术领域在经济学的亚当·斯密⋯⋯如果定位这些学者属于什么学科,不啻于用"学科"绑定了学术研究;如果将他们归入语言学下位层次的修辞学科,可能很难被接受,也委屈了这些学者。其实,重要的不是这些学者的研究是不是可以归入修辞"学科"? 而是修辞学研究领域有没有他们真实的在场? 阅读这些作者的著作,不管书名有没有出现"修辞学"字样,都可以不同程度地读出超出"学科"意义的更开阔、更深邃、更睿智的修辞思维,他们的学术思想对修辞学乃至哲学社会科学的影响力,体现了人类共有精神财富在公共学术空间的跨学科动能。

10. 学术史上的经典文献清楚地告诉我们:除修辞学之外的语言学其他子学科,解释世界的方式"趋同"大于"相异";修辞学解释世界的方式与语言学其他子学科是"相异"大于"趋同",二者的区别作为不同的学术基因延续在后世注疏及相关研究中。如果说语言学在传统研究范式向现代研究范式的转换中,除修辞学之外的其他子学科不同程度地呈现出某种接近自然科学的学术面貌;那么,修辞学则最多地保留了人文科学的特征:从研究范式到概念术语,从技术路线到学术表达,修辞学科有着区别于语言学其他子学科的纯正血统。不同的血统,是各自的出身、各自的基因。血统不可改变,出身不可过户,学科的知识谱系由学科基因框定。学科评价需要考虑这个前提,不宜出于转基因想象,给出忽视学科特点的评价标准。

11. 超同行进入修辞学场域,在突出"学科"概念的学术体制中,被认为是墙外开花,任其墙外结果,很少有人思考:墙外的学术动向可能影响墙内的学术格局。

12. 修辞学研究不是不作为,而是难作为,于是走为上策成为行为选择之一。一些早期在修辞界走场的学者,先后离席,他们当中有我的朋友。这些朋友离场后仍关注修辞学,但是以"华侨"身份。他们离场,分散了修辞学研究的人才资源,加剧了修辞学科的学术智慧外流,减少了能拿出高端成果的学者为修辞学研究奉献精彩的机会。另有一些刚入道的学术新人,也许还没有来得及涉足修辞学的深水区,就斩断修辞情结,蹒跚步入它途。知难而退的人们,远眺语言学其他学科的星光大道,转身去玩自己觉得更容易上手的游戏。学术跳槽隐含从边缘到中心的期待,期盼从弱势到强势的翻转。这可以理解,在价值迷茫的学术秩序中,学科群体出现分化是必然。如果利益选择和学术选择能够调和,行为主体希图双赢;如果二者不能调和, hold 不住的无言告别也不足为怪。迷茫离场的背影,昭示着学科自我认同的降级。

13. 有一种失语,叫学科话语改容。研究范围属于修辞领域的学术产品变换学术表达关键词,进入学术表达的"修辞"变换为"非修辞"符号,如同进入国际消费的人民币兑换成美元一样。"修辞"被"非修辞"话语重新包装,映射出不同学科符号资本的博弈,传递出"哀修辞之不幸、痛修辞之不争"的苦涩。更换话语包装的背后,有难言的无奈。问题的严重在于:"去修辞化"导致"修辞"成为隐身的学术符号,最终会不会导致"修辞"成为退出学术视线的学科符号? 会不会在修辞界学人的修辞韬晦中不知觉地自己黑了修辞学?

14. 如果说修辞研究"去修辞化"可能逐步耗竭修辞学科建设的热情;那么修辞学科"空心化"则可能迅速掏空学科建设与发展的动能,二者互为学科建设的负能量。当负能量积聚到积重难返的程度时,一些失望的小同行难免产生打酱油心态。"我修辞,故我在",就此而言,修辞学科的边缘身份乃至某种意义上的缺席,也许都可以从修辞研究"去修辞化"和修辞学科"空心化"的学术现实中解读出某种逻辑。

15. 学术研究水平评价的前提是价值公正,如何在价值公正的前提下评判修辞学研究水平? 学术评价的观测点应该是学术成果? 还是学者? 或是学科? 抑或上述观测点对应于不同权重的综合考量? 学科是学者所属学术共同体的共同身份,学者是作为学术人的个体符号,学术成果才是反应学术含量可以真实触碰的物质形态。学科或学者,可能是一个传说;学术成果可能不是传说(排除伪鉴定或水军点赞)。证明学者存在感和学科价值的,是学术成果。学术震撼来自学术产品会展,而不是学者秀,更不是以学科的名义为学者加分,进而为所属学科的学者成果加分。因此,作为学术评价指标的权重分配,我个人倾向于:学科<学者<学术成果。

16. 天上的飞鸟评判水中的游鱼,评判标准不宜是鱼会不会飞;水中游鱼评判天上飞鸟,评判标准不宜是鸟会不会潜水。否则在双方眼中,对方都不符合"我"的评判标准。所以,不能简单地看大同行如何评价修辞研究;也不能简单地看修辞学界如何评价大同行的研究,而应该看学术评判背后的标准是不是合理?

17. 正像游鱼和飞鸟互相评判需要考虑对方的差异性,学术评判需要考虑学科差异,如果超越"我"的学术标准,观察不同学科流向同一层次甚或同一刊物、同一栏目的研究成果,也许会发现,对修辞学研究成果的学术评判,有失公正。

18. 注重"人的学术",就是"以人为本"。不幸的是,"以人为本"落实到学术活动中常常变形为"以人的所属为本"。当学科成为学术人的所属时,学科的强势或弱势作为集体意义上的附加值转置给了个体意义上的学科成员,人们据此植入对学科成员不一定符合真实状况的想象。

19. 假定有两项研究成果,一项是关于鲁迅作品的国民性批判和现代性启蒙研究;另一项是关于鲁迅作品教材教法的研究,二者出自同一研究者之手,例如都是北京大学已故教授王瑶的旧稿,如果这两项成果在同一学术评价环节相遇,即使后者的学术含量超过前者,后者胜出的可能性也远远小于前者。在这样的情况下,与其说是两项研究成果的学术 PK,不如说是研究成果所属强势学科或弱势学科的没有悬念的游戏。然而,这是公正的学术评价吗?

20. 优化的学术体制,是注重作为学者的个体研究能力? 激发研究主体的学术创新潜能? 还是滋长研究主体的学科投胎意识? 引导个人期待学科红利?

21. 学科强势不是个人研究能力趋强的保证;学科弱势也不是个人研究能力趋弱的理由。学科弱势不是学术共同体的硬伤,更没有必要视为学科内伤。就学术研究而言,重要的不是所属学科强势抑或弱势,而是研究主体本身体现的学术活力,是研究成果的接受反应能否走出弱势状态。学科熊势背景下掘金,也许更能见出研究者的能力。如果研究对象属于强势学科,但学术研究激不起学术兴奋点甚至不能引起学术注意,同样可能搁浅在弱势传播区间;如果研究对象属于弱势学科,但学术研究本身深入、厚重,并积聚了改变学科面貌的理论能量,甚或成为学术史、学科史无法删除的符号,同样可能进入强势传播通道。

22. 中国修辞学科的现状属于弱势品种,分析其间的复杂成因和复杂关系,可以观察到一些被遮盖的征象:修辞学科的体制性弱势>结构性弱势>学术性弱势。学术性弱势存在于修辞学科,也存在于其他学科,因此学术性弱势不是修辞学科的孤岛风景。修辞学科的结构性弱势大于学术性弱势,如果熟悉中国修辞界的学科地图,也就熟悉当代修辞学研究的不同版本。人们说中国足球之殇在体制,其实,中国学术之困又何尝不在体制? 体制将思想学术、智慧学术变味成政绩学术,调包了学术品质。体制性弱势强化了学术性弱势,学术性弱势加剧了结构性弱势,固化了体制性弱势。互相影响、互相作用的负性认知,PS 了修辞学科的弱势形象。

第三章 问题驱动的学科发展思路：融入大生态的
广义修辞学研究

23. 不同的研究格局，显示了作为学术事实的修辞学"是什么"？作为学术目标的修辞学"应如何"？但深层掩盖着的，是学科利益、学术资源、学术体制相互制衡、相互协调、共同作用的活动。当学科处于压力情境时，学科成员自觉或不自觉地权衡，实际上也就自觉或不自觉加入了上述博弈。所以，在深层影响修辞学科生存的，是学术共同体需要建构什么样的学科身份和学科形象，以及被建构的学科身份和学科形象，如何成为学术共同体的隐形资源？

24. 从国际版本到传统资源，无论是全球视野中有国际影响的修辞学家同时在修辞学、文艺学和哲学领域发言，还是本土传统文史哲不分家的解释世界方式，都是小同行、大同行、超同行共同在场的修辞学研究。于是问题产生了：如果修辞研究仅仅是小同行的业内游戏，那么中国修辞研究既可能缺少融入全球视野的前提，也可能丢弃传统学脉？但这些问题，较少进入学科发展的观察角度。学科成员一般理解的学科形象，只是学科活动和学科成员学术成果的总和，较少思考学科框架、研究格局、学科建设思路、提振学科形象等等多重因素的相互牵扯和相互作用力，也较少思考这背后的学术逻辑。在这个逻辑链条上，问题的产生和解决思路共同指向——修辞学研究为什么要融入大生态？如何融入大生态？怎样在学科大生态中寻找有利于修辞学科建设与发展的位置，需要智慧，更需要执行力。

25. 融入大生态的修辞学研究，可以在更开阔的学术视野和思想空间产生问题意识，推助问题驱动的学术研究；可以在更宽广的学术空间聚集，有利于学术传播的规模效应，提升学术成果的公共影响；可以开放性地选择多元的话语平台，有利于增强研究主体的自主权和学术活力，引导研究主体跟踪相关学科前沿态势，也有助于注入创新动能，与学科内在驱动能量产生合力，推动修辞学研究与相关学科的智慧相互碰撞，推动大生态中的相关学科共同发展，更好地体现修辞学的交叉学科性质和跨学科视野；而基于交叉学科性质和跨学科视野的修辞学在大生态系统中也能够更好地体现存在价值：让大同行、超同行了解修辞学科"做什么"？"怎样做"？"为什么这样做"？

26. 促进大同行、超同行对小同行学术作为的了解，不在于修辞学科的话语音量，而在于学科成果的学术含量。足球场上漂亮进球激发的人气高于先进的足球理念。"足球用脚说话"，学术研究用成果说话。研究成果在学科生态系统中的显示度和关注度，是修辞学科无声的语言；正像客场的漂亮进球比主场的漂亮进球含金量更高——它可以博得更多对方球迷的喝彩，在大同行和超同行的话语平台，显示度高的研究成果，关注度通常更高。

27. 为提振修辞学科形象而提高研究成果显示度和关注度的最直接可行的方式，是融入大生态的修辞学研究成果在大同行、超同行的学术视野现身。既然修辞学研究的学术认同需要考虑学科大生态，那么小同行走出自家庭院，在别人的话语场，行云流水地叙述，应是另一种气象、另一种格局的学术美学。小同行的研究成果在大生态中的主流期刊跟大同行、超同行的成果共同进入阅读视野，让大同行、超同行从他们阅读的学术文本，接触修辞学科的思想、理论，以及其将转化为学术叙述的学术话语，也许更具有实际意义，并可能产生"话后行为"。当然，小同行必须面对的困局是：弱势学科向强势学科展示研究成果的学术含量，必当增加难度系数。但难度系数同时也是自我提升的刺激因素：刺激有思想、有智慧、有方法、有技术、有文献支持的学术生产。

28. 武林中人期待知遇，拳术或棒术、刀法或剑法，是他们无言的表达。没有交手的时候，他们可能互相蔑视，甚至呵斥对方"快快下马受降"。一旦彼此交手，他们会从彼此出招和接招，读出对方的攻防能量：是否快、准、狠？是否老辣？是否流畅？有无破绽？如果说交手是在共同的游戏规则中使武林中人通过近距离接触互相欣赏（《水浒传》中的王伦之类除外），那么学林中人则在小同行、大同行、超同行彼此的学术叙述和学术阅读中互相发现和相互走近（自视"学术帝"者除外）。而修辞研究融入大生态的意义，就是促进小同行、大同行、超同行的互相发现和相互走近。假如你有一套中国服装，你认为具有中国元素，为什么不穿上它和别国的服装品牌在同一个 T 台亮相？如果 T 台印象就是你 out，那就承认现实（除非审美取向转轨）；如果你的中国服装有看点，为什么不融入更广阔的消费市场？难道我们宁愿相信：守在闺中的抱怨反而更能集聚市场人气？

29. 学术研究是向社会发言,修辞学研究更是在大生态向社会发言,如果始终激不起回响,是否有悖修辞学引导"认同"的本质? 这就像"我参与,故我在"的体育运动,哪怕只是"一个人的奥运",也是一个人在全球视野中的奔跑。至于中国军团的奥运、中国主办的奥运,更是同行同台共舞的激情表演。

30. 不同的研究模式,各有存在的理由和价值。研究模式与研究成果的质量之间没有直接的对等关系。研究模式只是产生研究成果的一种可能性,研究成果本身才反映实现这种可能性的执行力。正像好莱坞模式可以制作奥斯卡经典,也可能创造失败的记录。同样的模式生产的研究成果,可能是精品,也可能是泡沫;学术面貌可能新潮,也可能陈旧。

31. 学术研究总是在探寻更优化的理论和研究模式,没有"独孤求败"的理论,也没有"独孤求败"的研究模式。小同行意识到学习大同行的优长,借鉴大同行的成功经验,是理性行为,也是学科输血。问题是,在学科输血和学科造血之间,如何选择更利于学科生长?

32. 小同行介入大同行的相关研究,是以学科输血的方式介入? 还是以学科造血的方式介入? 可以各取所需。但宜清醒:小同行并不是重复大同行的同类研究,更不是简单地模仿甚至克隆大同行的研究模式,而是能不能提供大同行相对忽略的修辞学观察与解释? 大同行视野中的中国语言学发展史、中国语言学研究史、中国语言学思想史,理论上应该有修辞学发展史、修辞学研究史、修辞学思想史的参与,而后者的参与必须是有自己的学术面貌和学术形象,如果修辞学克隆语言学强势学科的研究模式、复制大同行的学术面貌,等于对自我在场的学术弃权。所以,当修辞学界抱怨在语言学学术期刊"缺席",抱怨丧失话语权的时候,也应该有必要的反思:修辞学科究竟是以自己特色鲜明的学术形象出场,还是借语言学强势学科的包装出场?

33. 每一个学科都有自己的特点,不同学科的研究模式,实际上都是回答本学科需要解释的问题。在 A 学科能够充分体现解释力的研究模式,克隆到 B 学科,解释力不一定同样充分。"学我者死,似我者俗",模仿秀即使乱真,也是复制他人,这在某种程度上恰是学术之忌。完全照搬强势学科的研究模式解决修辞学问题,在理论和操作上,可能都会遇到难题。

34. 大同行成熟的语法分析模式,克隆到修辞学科,不一定具有同样的解释力。语法提供一个清晰的句法模式,框架性地"压制"与该模式不相匹配的成分;修辞有条件地为这个不匹配成分的合法身份提供支持。语法异中求同,在形态纷呈的树叶中提取相同的基本粒子;修辞同中求异,描写并解释世界上没有两片相同的树叶。语法和修辞,学科特点各异,可以互相渗融。但语法研究取得的成就,不宜产生修辞研究"语法化"的错觉,修辞学的语言学面貌≠语法学面貌。2008 年,复旦大学举办"望道修辞论坛",我曾坦率地在会上表示:这次会议发给代表们的研究成果汇集可以更名为"望道修辞论坛语法版",复旦师友笑而不语;出语相赞、反对学科克隆的是语法学家陆俭明。

35. 大同行同样比较成熟的语义分析模式,有时可能只是解释修辞问题的起点,而不是终点。例如当我们说一位女性是"魔鬼身材"而不会受到"人格侮辱"之类的指控时,表明这位女性根本没有按照"魔鬼"的自然语义进行话语交际。"魔鬼身材"的话语生产和话语频率,背后是消费文化和商业逻辑;是经济、娱乐与火辣的女性身体共同捆绑、共同构筑的修辞幻象。"魔鬼身材"中的"魔鬼",是"魔鬼杀手"之"魔鬼"的美学变脸,内在机制是通过语义的修辞化变异完成的。这里存在需要解释而现有语义研究较少解释的话语空间,这个解释空间主要在修辞学。

36. 观察与分析小同行对超同行"修辞学转向"的反应,有些问题值得思考:当超同行的主流期刊先后发出修辞研究进场信号时,背后的学术逻辑是什么? 小同行的学术反应整体上滞后。在跨学科视野下吸收外源性智慧,以自己的研究成果与超同行对话的理论自觉,与修辞学"墙外开花"的学术风景不相称。从学术传播的角度说,超同行不断重估和开发修辞学的学术价值,小同行的敏感度不理想,似乎忽视了与超同行就修辞学研究保持近距离学术接触的机会,或者说小同行似乎不太在意要不要在学科交叉地带"接球"。小同行面对外部机遇的回应能力,及介入超同行前沿研究并引起学术关注的能力,从整体上看,也许有待提升。

37. "修辞学转向"究竟是学科建设的负能量? 还是正能量? 抑或,在兼有二者的情况下,是弊大于利? 还是利大于弊? 当学科观察延展到大生态的时候,我们是否敏感到超同行陆续进场将增加修辞学研究走势向上的推力,有助于修辞学在社会价值中枢发言。对此做出学术回应,是可以有所作为的

"时机窗口"。问题是：当机会出现的时候，我们是否如马云所说的"看不清、看不起、看不懂"？（书中原注：马云所说指的是商界淘金的智慧，其实学术掘金更需要这种智慧，因为学术掘金有时候没能立竿见影地掘出第一桶可见的金，而只是无形的思想资源。）等到看懂了的时候，我们是在学术走势形成之前狙击？还是学术走势明朗之后跟风？等到学术走势清澈见底的时候，"时机窗口"会不会已经关闭？

38. 不管是修辞学的"交叉学科"性质，还是"跨学科"视野；不管是多层级学术共同体构建的修辞学科大生态，还是"多学科"共享的学术空间，对研究主体来说，有一个共同的要求：知识结构"1+X"。"1"代表小同行的学科知识；"X"代表大同行、超同行的学科知识。修辞研究者调动"1+X"的知识库存，处理相关信息，形成当前学术文本。"1+X"的"X"的覆盖面可以因人而异，但最好不要缺失。这个"X"，在陈望道来说，真正延伸到了"多学科"——这是中国现代修辞学奠基者最优秀的学术基因。

39. 从中国修辞学史到中国修辞学科史，都在学术共同体的每一位成员身边展开，由每一位修辞学研究者续写。如果让读者打开一本修辞学著作、阅读一篇修辞学文章，好像走进一种精神，触碰一个灵魂，看到一束智光，那将是提振中国修辞学科形象可以真切感知的气场。也许，这是一种理想境界。"理想很丰满，现实很骨感"，这句话以修辞的方式，道出了现实与理想的距离。这种距离，同时也是可以自由腾挪的空间。问题是，从现实到理想之间，怎么做？谁做？什么时候做？

第四章　问题驱动的修辞学研究：价值提升有无可能

40. 不同版本的"修辞"定义，表述不完全相同，但是核心语义大致相近，都强调对话语进行技巧层面的加工和调整。它可以是书面交际中话语行为进入交际过程之前的修辞设计和修辞包装；也可以是口语交际中修辞主体的当前话语对此前话语的说明、解释或修正。这一切，基本上都在技巧层面进行。一般以词句段为单位，尤以词句润色为主，整段删除或重写的不是绝对没有,但相对于前者,毕竟为数不多。观察语言教科书所举的修辞例证,注意版本修辞比对的语言单位,都不难发现:修辞研究的对象,很大程度上被收窄为字斟句酌的技术活:为了推敲一个词,作者"拈断数茎须";为了一个精彩的句子诞生,作者可能死去一百次。无论是中国古人孜孜以求的"炼字",还是西方文学大师的"一语说",都是"语不惊人死不休"的锤炼之技。

41. 修辞技巧是修辞学研究的一个十分重要的话语场,但"技巧"之外的修辞世界更广阔。以"技巧论"为认知基点的"修辞"定义,锁定修辞技巧的同时,屏蔽了更丰富的"修辞"内涵。在可以见到的大量学术文献中,"修辞"成为"修辞技巧"的类义表达,成为说话、写话的一种技术性包装。由此产生的一个必然结果是:修辞学研究的学术性在技巧性中稀释。修辞学研究价值缩水、修辞学研究"小儿科"的诟病,多因此而来。

42. 学术界强调在相同的学术层次与国外同类研究对话,却忽视了一个隐蔽的问题:关注焦点主要限于修辞技巧的中国修辞学研究,会不会不知不觉地拉开与国外修辞学研究前沿对话的距离? 可能的结果是,"我"读不懂"他"的修辞研究;"他"看不上"我"的修辞研究。一个专注于话语行为的微表情;一个关注重大事件的修辞能量。这是修辞学研究"技"与"艺"的对话,是修辞学思想不对等的对话,是修辞学者话语权力不对称的对话。从价值诉求到学理蕴含,注重细微末节的"修辞技巧论"相对于修辞理论的宏大叙述而言,都在国际性的学术对话中处于弱势。

43. 修辞研究走出技巧论,即走出以追求话语效果优化为唯一指归的认识坐标,但不等于修辞技巧没有研究价值。倡导走出技巧论,只是希望"修辞学"的学术含量,不要被误读为"修辞技巧"的技术含量,不要让国内语言学教科书中关于修辞的"技术范",屏蔽了修辞世界的纵深风景。因此,与巴赫金严厉批评修辞技巧不同,广义修辞学不拒绝修辞技巧,而是参与修辞技巧研究,但不主张修辞研究在"技巧论"中封闭。为此,我们在《广义修辞学》中提出划分修辞功能的三个层面。走出"技巧论"的修辞学研究,同时向修辞诗学和修辞哲学层面延伸。

44. 修辞诗学研究的切入点在诗学和修辞学的交叉地带,修辞诗学的构想,既对诗学研究前沿动态作出理论回应,也注重实践层面的学术操作,在重视同类研究学术积累的基础上,走出国内目前"就诗学谈诗学/就修辞谈修辞"互不相干的研究格局,驱动诗学研究和修辞学研究突破自我限定,有选择地吸收国外"诗学—修辞学"研究的理论资源,为建设中国化的修辞诗学提供来自诗学和汉语修辞学领域的理论思考和操作实例。立足于诗学和修辞学双重视域,修辞诗学探寻诗学和修辞学在更广泛的领域中相互诠释的理据和路径,探讨如何通过学科对话和不同学科经验的相互激活,重辟研究路径,在学科优势整合、研究方法互补的良性运作中,构拟中国化的修辞诗学。

45. "语言是思想的直接现实",曾是影响深远的经典表述;但反向的表述"语言建构我们的现实",人们尚未深入认知——这是《广义修辞学》试图在修辞哲学层面探讨的问题。

46. 哥伦比亚女囚选美比赛,是引人注目的一道独特风景。我注意过一种报道:选美中胜出的女犯人,称"监狱之花",她们往往减刑或提前释放。在广义修辞学的分析框架中,我们会发现,"监狱之花"作为选美活动中对女犯人的比喻性命名,在修辞技巧层面的有限解释空间,可以在修辞哲学层面拓宽:"监狱之花"激发失足女性对美的珍爱,引导她们按照美的模式重新融入社会,使原先存在于女犯人心中和社会对女犯人看法中的那些"丑"的因素,不同程度地释放。"监狱之花"的修辞命名,唤起误入歧途的女人的善念和良知,让她们以"监狱之花"的角色身份重新"出场",重新设计自己的形象,重建与外部世界的对话关系,这比强制性的改造更有效果。提前释放的"监狱之花",不是因为美女放电,而是因为刺激了美好想象的修辞话语,参与建构了"监狱之花"的内在精神。

47. 如果说"修辞技巧论"影响中国修辞学研究格局之大气;那么"表达中心论"则影响中国修辞学研究格局之完整。

48. 人们追求优化交际效果,是目的;为实现这一目的而对语言进行修辞加工,是手段。但是如果把修辞活动限定在表达环节,等于手段否定了目的。因为不考虑接受的交际效果是虚拟的效果;没有接受者介入的修辞活动是不完整的活动。只有表达者确认某种表达手段相对优化的时候,他才会进行自认为优化的选择。修辞研究不应该对一个习焉不察的事实失去理论的敏感:追求话语交际优化效果,对表达者来说只是愿望,而不是现实。

49. 自言自语的话语主体同时具有表达者和接受者的双重角色身份：一显一隐，以表面上的"独白"，遮蔽着心灵中的"对话"。由于表达和接受同为一个行为主体，不存在不同交际者之间的语言距离，不需要为缩小语言距离而选择语言手段。而一旦表达和接受产生了角色分化，便意味着表达者和接受者之间可能形成语言距离，进而产生表达者缩小语言距离的努力。

50. 一种现象存在着，并不等于我们已经认识了这种现象的本质。现象的存在和对现象的科学认知之间的距离，有时相当遥远。作为现象，物质运动的相对形态一直存在着，但是对这一现象的本质认识，却是在爱因斯坦提出相对论之后。科学的目的，是促成自发的现象转化为自觉的理论。修辞接受作为一种现象存在着，不等于我们已经认识了这种存在着的现象的全部意义，也不等于对修辞接受问题的理论误会不值得追问，更不等于被误读的理论不需要重新清理。

第五章　问题驱动的辞格研究：传统品种能否出新

51. 由于陈望道在中国修辞学界的学科奠基地位和广泛影响力，《修辞学发凡》的辞格研究模式，一直为其后的学者们效仿。今天的学者面对这一学术现实，既应该看到后来者对学术先驱的崇敬，也需要对学术传承过程中的学术创新以及学者心态和学术体制作深度透视——这里的负面因素不是上一代学者的缺失。因为一代学者有一代学者的学术使命，一代学者有完成自己学术使命的学术环境和理论背景。我曾经打过一个比方：当年陈望道的辞格研究，买进的是原始股。原始股炒作八十多年之后，跟进的股民如果套牢，应该反省的是自己，而不是陈望道的辞格研究模式。

52. 在"表达—接受"的互动过程中，"飞白"辞格生成的生成与理解经历了出错、仿错、纠错的流程：从辞格生成过程说，表达者 1 出错，表达者 2 仿错，因此"飞白"又称"拟误"。而从辞格理解过程看，"拟误"的命名并不确切，因为辞格理解的纠错是从辞格生成的认知偏误回复到正确认知。仿错或纠错，都经历潜在的语义还原，也就是说，表达者和接受者共同完成了隐形的语义变异和语义还原，这个还原过程有时观察不到。

53. "郎才女貌"婚恋故事中，两性相遇相知相悦有各种不同的机缘和表现方式,这是"可变项"。"貌"和"才/财"的角色分配和"郎才/郎财—女貌"的角色功能是"恒常体"。不同的婚恋故事,在同一个抽象的结构框架内进行开放性的叙述填空,这是仿拟结构的可变成分和不可变成分转换为"郎才女貌"婚恋故事的"可变项"和"恒常体"在修辞诗学层面的仿拟。

54. 如果"郎才女貌"的婚恋故事插入"郎财女貌"的角色安排,多半出于修辞诗学方面的考虑:让"郎才"和"郎财"围绕"女貌"的博弈成为推动语篇叙述的能量。中国民间故事中的财主,或角色功能相当于财主的有钱有势的恶少等,以"郎财"的角色身份PK"郎才",追逐"女貌",在不同的民间故事中被设计为不同的"可变项"。但这类叙述模式的"恒常体"多是土豪败阵、"郎财"出局,"郎才女貌"终成眷属。

55. "郎才女貌→郎财女貌"的修辞置换,宣告了社会婚恋心态中价值取向的物质升级。20世纪红色革命中受冷落的财神复出,击碎了传统意义上才子佳人的修辞幻象。消费时代解构着文人的话语权力,消费指数正在构建一种成为个人介入社会的价值指认系统。在这个指认系统中,蓝领的"郎才",很难进入白领"女貌"的婚恋档案。资本神话冲击着人们的价值标准,经济状况窘迫的男人与貌美女子的婚恋,要么是圣女的真爱,要么没有悬念。虽然在价值多元的婚恋观中,也有白领女士的择偶倾向"经济适用男",但并不意味着女方不在意男人的"才/财";"宠物女"可以宣称"把男人当宠物养",可是婚恋事实中,每月领取地板工资的"经济适用男"很少成为"宠物女"的"宠物"。

56. 比喻作为修辞格,首先是一种话语技巧。正因为如此,比喻研究之难,首先在于走出人人都能注意到的话语技巧。这方面最大气、最具颠覆性的研究,当属海登·怀特的历史哲学著作《元史学:19世纪欧洲的历史想象》,当兼有"真理之源"和"错误之源"的比喻成为海登·怀特历史哲学的核心概念时,我们不得不重新思考:历史与修辞相遇对于传统史学理论的改写所产生的巨大能量,更值得思考的是:比喻研究如何走出话语技巧而成就了一位有重要国际影响的后现代主义历史哲学家和新历史主义文学批评的代表人物?

57.《元史学:19世纪欧洲的历史想象》的译者陈新注意到三十年来海登·怀特的理论研究始终围绕"历史"、"比喻"、"想象"三个概念展开,《元史学:19世纪欧洲的历史想象》、《话语的比喻:文化批评论集》、《比喻实在论:模拟效果研究》、《形式的内容:叙事话语与历史表现》,借助比喻理论寻找想象与历史之间的联系,希望在真实与虚构之间确立一个话语连续统。陈新评述怀特的学术研究亦文亦史亦哲,也是广义修辞学希望找回的中国本土传统文史哲不分家的学术记忆。

第六章　问题驱动的语言教育研究: 修辞缺失及延伸探讨

58. 依据走出"修辞技巧论 / 表达中心论"的广义修辞观,本章所论语言教育的修辞缺失,不仅仅是基于狭义修辞观的"修辞"知识点。语言教育应重视而疏于重视的,是更值得挖掘和解释的修辞资源。

59. 2003 年,一本让语文教师"痛并快乐着"的《直谏中学语文教学》,以《炮轰全国统一高考体制》高调开篇,描述被称为"黑色"时间的高考如何成为全国考生和家长共同的精神炼狱,吐槽一些怪异的考题和自以为是的"标准答案"。作者孙绍振是我尊敬的年逾八旬的青春教授,他不老的学术青春很惹"火",个中缘分之一是不打不相识——他的"直谏"和"炮轰",曾以高分贝的音量,向中国教育体制说"不"。

60. 人生活在被定义的世界里,但定义世界的方式却可能因为认知的角度不同而体现出极大的差异:有概念化的认知;有修辞化的认知,后者对人把握世界的方式的影响比前者更大——这是一道高考语文试题中可挖掘的修辞问题。

61. 从高考优秀作文的语义修辞化重建,到拥有更为广泛的读者的精美语篇,被忽略的修辞问题值得我们思考:考场内外,认知 3 支持的语篇看点,很大程度上在于作者如何为语篇关键词重建修辞化的语义? 我们如何解释这些关键词承载的修辞义推动语篇建构的叙述能量? 与此相反,为什么考场之内相当多的考生选择认知 1 却不明白实际上接近"死亡选择"? 学生究竟需要什么样的语言训练? 这不仅仅是理念,更重要的是可操作的实践。

62. 培养学生的语言能力,起点可以是裸词或裸句,但终点不能回到裸词或裸句。诺贝尔文学奖得主米兰·昆德拉《生命中不可承受之轻》的写作密码,是参透了一个词"轻",这个成就了一部世界经典的词,不可能是裸词。

在"表达—接受"互动的读写交流中,更有助于开启心智的,是对携带了附加值的词句的感知,是对词句进入更大的语言结构——语段、语篇之后所承担的功能的感悟和认知。

63. 由于我们重视的语言能力偏于静态规则,疏于动态的运用;语言研究注重的"解释力"和"科学化",指向常规的言语运用和言语理解,言语的变异运用和理解每每成为修辞主体不按规则出牌的例外,可是言语运用中的出彩,常常是"例外"。这在一定程度上突出了一种现象:以提升语言能力为目标的母语教育在"例外"面前变得尴尬。语言教师"在囧途"的大概率事件,往往是学生的"例外",让教师有些晕。

64. 很多情况下,人际交流并不是将存在着的世界转化为抽象的表述,而是将真实世界转换为似真甚至失真的修辞世界。这意味着,在更多的情况下,认知主体不是沉于概念读写的"语言动物",而是鲜活的"修辞动物"。

65. 也许,正是较多地看到了修辞提供的是似真甚至失真的世界,柏拉图才偏狭地认为,修辞是语言的巫术,是用巧言设计的骗局和陷阱。柏拉图批评高吉阿斯,实际上是批评巧言。曾经担任雅典大使的高吉阿斯,在雅典人心中是能辩善言的偶像,但是在柏拉图看来,却是一个巧言令色者,在柏拉图的《高吉阿斯》中,这位当年西西里最负盛誉的雄辩之士,成为巧舌如簧的代名词。柏拉图认为制造巧言的修辞,是伪修辞。贺拉斯也批评过分的话语修饰是"大红补丁",巴克斯特则批评"经过粉饰的布道文像窗上的彩色玻璃隔绝了灵光",然而,这些批评修辞的话语,本身恰恰是修辞。无论是西方的柏拉图、贺拉斯、巴克斯特,还是中国古代批评"巧言"的老、庄,他们的批评话语,都是绝佳的修辞。此外,当厌倦了修辞的人们决心"反修辞"的时候,这反修辞本身别无选择地也还是一种修辞,这是一个深深的悖论,也是人无法逃离"修辞动物"的存在本质。

66. 修辞在美学上挑战默认的话语秩序,在哲学上改造公共经验,开发个人认知实验区。修辞的诞生,或许就是修辞主体不满于既定认知框架和既定话语秩序的一种另类表态。修辞热衷于换一个方位重新认知事物,并为之重新编码和解码。这决定了修辞思维的创新性本质。修辞不乏深刻的片面,拒绝面面俱到的肤浅——与其什么都说了却等于什么都没说,不如挖掘事物原先晦暗的一角,将其置放到聚光灯下。当然这也在一定程度上制造了潜心规则的语言研究对修辞的不满,修辞对新的表达方式的追求,使得规则的追认总是跟在修辞后面奔跑。更不安分的是,规则好不容易追认了修辞的创新追求,新一轮的追求又悄悄地开始了。相比之下,一些虽经历时性演变而最终以共时性方式凝固的语言现象,可控的程度大于不太可控的活语言。但是,惟其因为修辞现象的可控性低于语言学其他子学科的语言现象,所以修辞试图解释不可控的动因和机制,才是应该受到尊重的精神劳动。

67. 语言教育的对象是活生生的人,如何让人回到鲜活的生命状态享受语言教育? 如何挖掘隐性的修辞资源,使之融入可操作的教学脚本? 我们的理论滞后,实践也滞后——语言教育怎样以尽可能低的成本,获取尽可能高的成效? 语言教育课程资源怎样开发、配置和利用? 师生交往、学生交往、媒体信息、社会生活、公共事件、历史文化等课程资源,怎样转化为课内教材的延伸体,进入学生的修辞视野? 课程设计、教学思路、教学组织的调整、更新和多样化,怎样转化为相应的修辞形象融入语言教育的课堂细节? 语言教育的课堂训练、课外练习、考试命题思路怎样进行修辞化设计? 语言教育工作者怎样塑造自己的语言形象? 语言教育质量评估体系怎样构拟? 需要设计一套什么样的用于评估的元语言,这套元语言如何融入包括修辞元素在内的各种参数条件? 如何让修辞学研究更好地介入公众语言能力培养,提升修辞学研究的科学化、学术信度和影响因子,形成与公众语言生活的良性互动? 学者思考和行政决策在何种程度上碰撞? 专家行为和政府行为如何协调? 如何有利于产生建设性的成果,付诸可操作的语言教育实践? 这些,需要修辞学研究拿出有干预力和解释力的成果,需要广大语言教育工作者的积极参与。

附录 2　本书图表索引

（图 X–X、表 X–X 分属不同的序列）

附录 3 作者近十年广义修辞学研究系列论文目录

一、广义修辞学视野中的语言本体与应用研究

1.《语言教育:概念认知和修辞认知》,《语言教学与研究》2005 年第 5 期。

2.《比喻义释义模式及其认知理据——兼谈词义教学和辞典编撰中的比喻义处理》,《语言教学与研究》2008 年第 1 期。

3.《语用环境中的义位转移及其修辞解释》,《语言教学与研究》2011 年第 2 期。

4.《"这也是一种 X"补说:认知选择、修辞处理及语篇分析》,《语言教学与研究》2012 年第 5 期。

5.《全球化背景下的中国语言教育对策和话语权》,《语言文字应用》2006 年第 4 期。

6.《语用环境:语义变异和认知主体的信息处理模式》,《语言文字应用》2008 年第 1 期。

7.《亚义位和空义位:语用环境中的语义变异及其认知选择动因》,《语

言文字应用》2009 年第 4 期。

8.《这也是一种 X：从标题话语到语篇叙述》,《语言文字应用》2011 年第 2 期。

9.《语用环境中的语义变异研究：解释框架及模式提取》,《语言文字应用》2014 年第 1 期。

10.《"绿色～～"：表色语义修辞认知阐释》,《语言科学》2006 年第 3 期。

11.《"～～入侵"：修辞认知和术语创新》,《南大语言学》2008 年第 8 期。

二、文学理论与文学文本的广义修辞学阐释

12.《再思考：语言转向背景下的中国文学语言研究》,《文艺研究》2006 年第 6 期。

13.《身份符号：修辞元素及其文本建构功能》,《文艺研究》2008 年第 5 期。

14.《中国文学修辞研究：学术观察、思考与开发》,《文艺研究》2009 年第 12 期。

15.《小说修辞学批评："祈使—否定"推动的文本叙述》,《文艺研究》2013 年第 5 期。

16.《新世纪文学理论与批评：广义修辞学转向及其能量与屏障》,《文艺研究》2015 年第 5 期。

17.《"存在编码"：米兰·昆德拉文学语言观阐释》,《中国比较文学》2009 年第 1 期。

18.《巴赫金小说修辞观：理论阐释和问题意识》,《中国比较文学》2012 年第 2 期。

19.《巴金〈小狗包弟〉：关键词修辞义素分析和文本解读——兼谈文学修辞研究方法》,《华东师范大学学报》2007 年第 5 期。

20.《一个微型语篇的形式、功能和文体认证》,《华东师范大学学报》2011 年第 6 期。

三、基于广义修辞观的学科建设与发展问题探讨

21.《中国学术研究：呼唤学派意识》,《光明日报》2005 年 2 月 3 日。

22.《学术期刊：学术话语的集散地》,《光明日报》2005 年 2 月 24 日。

23.《历史与修辞相遇》,《光明日报》2005 年 9 月 29 日。

24.《学术传播和话语权》,《光明日报》2006 年 3 月 23 日。

25.《"修辞学转向"和中国修辞学的方向》,《中国社会科学报》2010 年 1 月 5 日。

26.《语言学研究与公共阅读》,《中国社会科学报》2010 年 7 月 1 日。

27.《全球视野和中国修辞学学科形象重建》,《福建师范大学学报》2007 年 6 月。

28.《中国修辞学：三个关联性概念及学科生态、学术空间》,《长江学术》2013 年 2 月。

29.《融入大生态：问题驱动的中国修辞学科观察及发展思路》,《山东大学学报》2013 年 6 月。

30.《融入大生态：修辞学研究突围十年回顾与反思——基于广义修辞观的学术逻辑和学术实践》,《当代修辞学》2014 年 2 月。

后 记

  2014 年春节刚过，母亲接受了股骨颈置换手术。两周后转入 ICU 重症救治，四个多月后转入 VIP 护理，此后至今，一直在老年医学内科综合观察诊治。这一切，仅仅因为母亲一次摔倒。

  安详地静卧病榻，是年届 90 的母亲每天与外部世界的羸弱对峙。跨越世纪沧桑，月圆月缺，如烟往事慢慢地褪回黑白影像。母亲的时间也许已经折叠：偶尔，她好像细察一切，更多的时候，她好像淡忘了一切，忘记了怎么坐立？忘记了怎么交谈？忘记了怎么大小便？仿佛回到了她来到这个世界的最初时光。这是母亲卸下生命不可承受之重的方式？还是她在混沌状态重新开始了生命的轮回？

  "父母在，不远游"，而我作为学术移民漂流十七年。三百多天异地守护，能不能算是远游之子的灵魂返乡？

  陪护母亲的日子，我放下各种缘分。唯一没有完全放下的，是眼前这本小书记录的思想片段及其外化的学术表达。初稿草成后断断续续地修改，倏忽经年。虽然有时只是一些细微的零星调整或删除可有可无的字句，但我以为这是对读者的尊重。如若邂逅一夕围炉，希望能够为不弃严峻生存的小同行燃起冬天里的一把火；也希望能够给关注和支持修辞学科建设的大同行、超同行的智性阅读提供值得品味的学术叙述。

谭学纯
2016 年秋

责任编辑:詹素娟
封面设计:周涛勇

图书在版编目(CIP)数据

问题驱动的广义修辞论/谭学纯 著. —北京:人民出版社,2016.11
ISBN 978 - 7 - 01 - 015738 - 2

Ⅰ.①问… Ⅱ.①谭… Ⅲ.①修辞学 Ⅳ.①H05

中国版本图书馆 CIP 数据核字(2016)第 010878 号

问题驱动的广义修辞论
WENTI QUDONG DE GUANGYI XIUCILUN

谭学纯 著

人民出版社 出版发行
(100706 北京市东城区隆福寺街 99 号)

北京中科印刷有限公司印刷 新华书店经销

2016 年 11 月第 1 版 2016 年 11 月北京第 1 次印刷
开本:710 毫米×1000 毫米 1/16 印张:17.5
字数:300 千字

ISBN 978 - 7 - 01 - 015738 - 2 定价:58.00 元

邮购地址 100706 北京市东城区隆福寺街 99 号
人民东方图书销售中心 电话 (010)65250042 65289539